明清科考墨卷集

第八冊

卷二十二

卷二十三

卷二十四

林祖藻 主編

蘭臺出版社

第八冊　卷二十二

止子路宿　子焉　史普

待賢甚殷隱士非無心也夫止宿矣而復雞黍是陳二子是見何丈人猶意之甚殷乎則謂之有心也可昔孔子與其徒周遊四方所遇多高人逸士而或諷或譏或歌或歎求其偶焉晉楚之際即舉禮意以相加若落落焉渺不可得不意子路當日乃竟得之丈人如丈人者而子路拱立斯時也欲離丈人而行乎固已夕陽在山矣欲追夫子而止乎杳不知其所之矣林壑蒼茫既棲止之無地雲山縹緲將稅駕其何方子路于此欲去而不能去者欲止而更無可止也乃丈人則前而致詞曰日暮途窮去此何之中田有廬與子同豪可手子

路曰唯唯行不數武第見雞豚在塒雞犬相聞田園廬舍盡居然有野人風子路心異者以之已而丈人致供焉曰田家況味無以分甘不腆雞黍設來高賢相對言歡之餘復見有雍容肅客者在子路亦未識為何如人詢之丈人乃知其為二子也嗟哉關山難越失路誰悲萍水相逢他鄉孫客子路當此罔有滿目蕭然感極而悲者矣孰意無端之邂逅竟成永夕之綢繆丈人固可謂有心人而子路者誠不遇中之一遇也哉我懷其時何管何笑岸然自異者如人也高冠劍佩偉然在望者子路也山禽野獸雜然而前陳者雞黍也而旋進退從容于几席間者二子之出見也賓主之間歡然恰得相與桃

而去

豬乎田間。不知東方之既白。

描寫情景古音歷落如讀唐宋人記事小紀。當不讓然時文目之也。

止子路宿　　杜蘅

留賓就宿可以則止也、蓋日之夕矣、能無宿乎、丈人之止子路、亦情有所必至耳且世之留賢者不可以求今朝則曰以求今夕、固非所望于農家者流也若夫以衛遊之客而忽憩息于高士之廬則此際之殷殷款洽者不可謂非世外之深情矣子路之過丈人而拱立也斯時子路祇見爲人之絕俗曾何心于長者之留賓而在丈人亦不過作偶爾之周旋寧遂得有終宵之繾綣則許作不違寧慮言別遽征偕得見夫子而共事馳驅躋途適亦形其適或欣言縱爲即喜寐亦覺其不意丈人則有殷然者烟凝山紫嘆

暮色之蒼然野老輟耕之頃亦是征人息駕之時矣而何必不止
乎矣況他鄉槪萍踪之偶寄幽人高卧之廬亦是遊子居停之地
矣而何必不宿乎于焉入其門祇覺宅幽而勢阻結廬人境如在
深山大谷之間殊不欲作田家想也于焉登其堂又覺心遠而地
偏蕭然高寄無復車塵馬足之喧更不欲作逆旅觀也離合何常
之有丈人與子路無端而合猶夫子與子路無端而離也而丈人
之止固非別有深心聚散何常之有子路與丈人不期而聚猶夫
子與子路不期而散也而子路之宿何妨承其雅意特是此一宿
也亦夜遲遲夫子能無繫思于子路乎丈人意中無夫子夫子意

止子路宿（論語） 杜蘅

中無丈人夭各一方安知後至者之棲踪何地此一宿也憂心歌

歎子路能無求遲於夫子乎丈人意中祇有子路子路意中更有

此、跪、子、路、說、是、三、

夫子不違假餘竊嘆先行者之寄跡何方要之子路之心雖迫而

東 比收入題面○作

子路之身已安去人情重何嫌下榻之慇懃丈人之詞雖倨而丈

人之意則恭竟夕鳴歎或且連床以滴語獨無如明日既行之後

有客宿宿者欲復為有客信信不可得矣

只就止宿描情繪景而隱士高風已想彷彿由丈人對照之妙

止子路回想夫子色色都到秀骨天成 曹楷批

雲南王宗師科
入阿迷州一名 吳騰鳳

○○○止子路宿 子焉

留賢者以禮而諷以家人之樂焉夫止宿而以雞黍進其常也至二子之見大人其有心矣乎且自避世者不能避于世外故雖蕭然高寄而未嘗無以為家觀其家之中羅羅有情焉秩秩有序焉豈惟是賓主相得示農家之况味乎意其人久不在恒情中矣子路之拱立矣為者或者曰子路喜於人告者也倨傲鮮腆而深析之俾其能有所忍也然後可以就大事或又曰丈人亦有心人也耗跡隴畝之中欲結天下奇士吾知其必有合也而當日相傳止者農門之宿受柳䕫于關吏令也田家之宿修款洽

○射○八節○潔○身○根○兒○獨○到○

虚籠下文隱者

筆意古淡

異其情異而同思孰為夫子之言其意同或其人亦
同來可知也一未幾而盤飧有進以速嘉賓意謂此從勤四體分五
穀中來也而丈人不復言以雞黍並陳而有客宿以為賢主之
情止此矣而未也一人情孤則思耦然師弟之追隨有時旁皇于岐
路何如父子之親相為晨夕也厥父菑厥子敢弗肯播柳人境寂
則思仳然察友之贊襄尚待策名于朝宁何如兄弟之情相依出
入小子承念天顯敢弗克恭厥兄爰命二子出見長者維時其容
肅然其序秩然與農家者流質錮荷來前後錯雜甚不相類丈人
蓋有家法焉當其進餘黍操心周旋之而今益不知其為何許人

也自子路之一宿而丈人以隱者傳矣
古致錯落。頗有慶曆小題風味。通章緊要只在長幼之節。致
句頻中見其二子。正是長幼之節也。覷定此旨。落筆自無閒句
矣。此作得之。原批
相題既精行文更雅艳其韵致如月滿林中風清琴上

止子路　吳

止子路宿　邵玘

記丈人之止宿而失路者得所歸矣夫日之夕矣丈人欲不止子路不忍也子路不暫得所歸乎且從來標出世之踪者一歌曰獨（纖○革）寐寤言再歌曰獨寐寤宿明乎巖穴幽居不令風塵之士偶一坐（天○然○典○切）臥其間也乃丈人之於子路異是想其一立一芸漸覺暮烟之橫（寫山晚景足）野一蓉一倨遥瞻夕照之銜山于是丈人復以杖荷篠焉始將歸（將宿時候）矣願我儕人其逝將去汝乎而丈人不爾也漠然者忽若穀然徼為和無謂子路曰我老人也之事畢矣今子失路

其下　之　遍子裁　亦暫大謝　夫四體之

勤○小題勤熟集

矣○夫人心乎遲途之與賭耘杖○何之乎舍鄉寒○宿諸子路

惟意自是而度阡越陌大人之指示歸途而裊裊炊烟一

所以○有○家

緩○釣○竿於林表○耰草被榛子路且流連晚景而丁丁舂杵數聲近

出乎舍旁丈人曰是予家也此也釋擔以揖彼也登堂而拜于斯

田○家○景○致○一○七○從○子○路○目○中○看○出○景○中○情○七○中

時也賓主皆坐餘霞映籬落以微紅遠樹帶原田而蒼綠數椽之

外梧桿在旁耰鋤在列圍牢不遠井竈非遥門庭舍溪磐之姿叢

簷○蒸○烟霞之色田家之趣歟逸士之風歟子路于此耶目一新殆

對至　則○行矣句

有喘息甫定繼以壽觴者其嗟乎大人之家於斯也不知其幾何

年矣眠雲高嘯諧時關床枕石孤清寥寬幽夢盖逍遥世外之居

非用世者所能也而此夕慘慘忽偕子路天涯倦客乃與野人有一宿之緣如是乎千載下猶令人思之不置云

文有賦心兼有畫意真是雅俗共賞之文　倪弁江

止字中有多少步驟宿字中有多少情景筆墨無多滿紙神韻　朱宇旗

部

第八冊　二十一

性靈學與科學事業

○○○止子路宿　以告

江南鄉宗師科
入高安三名　盛懋功

留賢多興情宜賢者之殷然樂道已夫止宿何心况復鷄黍與二子之殷々耶其情與矣此子路之告所由來也且吾人當時止之會而欲行其所爲之志則悠々斯世且不知税駕之何所矣安望有人焉無端而作知己之感我乃若以意外之遭逢而忽爲當前之作合未免有情安能恝然默々已也子路之遇丈人而拱立也皇々道左徒悲矣路々入茶々行踪盡是他鄉之客子路於此不亦欲止而無所止欲行而未可行也哉幸也丈人之不終遐棄也則見其徂矜隱々衆歸聽獨宇以止止愛進高賢而謂之曰日之夕矣行且止之彼鷄犬相聞稚子嘻々止止子家也耶子惜汝之勞々無已不如子之

優游自適也顧為徜徉聊予一夕之閒暫憩高軒共溯生之雅一
時丈人之廬從有子路之迹云噫丈人何許人哉而且家之作餉鷄
黍前陳其波及遊人者時五穀予播之餘也而且濡子延宿綢繆未
已其櫝前言笑者是四体勤劬之佐也噫丈人何許人哉雖然野竹（猥動隱者）
邂逅偶成永夕之嘉賓而岐路徘徊誰是素心之弟子之蹤方皇然
念此也其能無行無明日之行哉而獨是聽言止宿之地已昨是
而今非以思洪立之時何後恭而前倨言猶在耳今豈忘心是子路
之行也又焉能不以告之夫子耶津梁而久歷矣問誰慰我勞人乎
鼓何幸于丈人遇之也別投轄之殷懷諒不等於並耕之風溺矣而（陰寓丈人）
何可不以告河山而返照矣問訊躬迎周道乎哉何幸得之於丈人

止子　盛

也則縶維之雅誼似不作桴趋避之楚狂矣而又何可以不告以一告也將舉止宿之時止宿之事而歷〻詳之吾知雖鷄黍之款陳二嘅羡周道子之晉接要不得而畧焉矣揔之丈人之止子路也固隱寓其宜止之思而〻路之告夫子也已可見其偕行之志則两人行止之槩不從此可觀哉

纏綿悱惻宛合題情而骨秀神清具有疎落不群之致想其氣象殆如梅開月上時雅琴餘奏

止子路宿

癸巳　馮暠

留賓就宿可止則止也蓋日之夕矣能無宿乎丈人之止子路亦情有所必至耳且世之留賢者不曰以永今朝則曰以永今夕隱士固非其倫也而荊為以僕遊之客憩息于高士之廬則此際之殷殷欵洽者不可謂非世外之深情矣子路之遇丈人而拱立也斯時在子路之薰祓惧高人之絲俗又何心于長者之留賓諒丈人之心亦不過作偶爾之周旋遂得有終宵之綣繾則計惟不速寧處言別遄征倘得見夫子而共事馳驅雖行藏亦形其遑或既見夫子而欲言稅駕雖蒙寐亦覺其安乎而不意丈人則有殷

十科小題是真集　論語

然、者烟瀨山紫翠蔚。色之着然野老輟耕之候亦是征人息駕之時矣所何必不必乎失路彷彿悵徉徙之偶寄幽人高臥之塵亦是遊子暑停之地矣而何必不宿乎于、焉、入、其、門祇覺宅幽而幽阻矣結廬人境如在深山大谷之間殊不欲作農家想也于、焉、登、其、堂又覺心遠而地偏矣蕭然高寄無復車塵馬足之喧更不欲依迹旅觀也雖合何常之有文人與子路無端而合猶夫子與子路無端而離也而丈人然止固非別有深心聚散何常之有于路與丈人不期而聚猶夫子與子路不期而散亦而子路之宿何妨然其雜意此一宿也亦夜遇之夫子能無繫思於于路乎丈人意

止子路宿（論語） 馮暠

中無夫子，夫子意中無大人。天名一宿，安於門路之際，何妙語
一宿也，耿耿不寐，子路能無永懷于夫子乎？大人意中祇有子路
子路意中更有夫子，今女何久烏知夫子之奇遇何如，蓋子路之
心雖邇而子路之身已安，主人情動亦何嫌一榻之緣，纏丈人之
辭雖偶而大人之意則恭敬，女留賢自不厭連床之達旦，將無如
明日既行之後，有家宿宿者，欲復去有客信信，不可得矣。

清微雋永，不染纖塵。　側叔和

偶然留宿，在大人原無隱諷之意，稍涉機鋒，便失通脩歷窮了
無鮮色。此何其戛戛生新也。

止子路宿殺雞　鄒祖頊

止宿有深情而翰音不登於天矣、夫子路不意丈人之止宿也、可止則止、可宿則宿、殺雞胡為者、君子曰、是必有異、且吾黨負笄劌（倒起頓落）天下之具、而不得操刀而一試、蓋久矣、棲無寧止矣、乃何以日暮（小題作法）途窮、行踪靡定、而淡泊相遭之際、作逢門之信宿、如子路之於丈人、有足異者、一方其拱而立也、徘徊朧畔、似驚似喜、進退維谷、非偕非恭、嘻甚矣、儻丈人於此、其亦何以為情哉、進而曰、日之夕矣、雞（摹下處情景宛然）栖於塒、尚思稅駕于何方、行者休矣、雞栖于桀、寧追征夫於前路、彼夫雞犬迎門、而桑麻映户者、非予家也耶、雖無廊廟之巍峩、而敝廬數椽。蒿蔽風雨。有客戾止。何妨聊下野人一榻。適備山林之景象。而一廛托足。世守高節。爰得我所。敢祈暫憩。哲士芳蹤。於是止子路宿。而一獨計子路之與丈人。非有平生懽。而交相視莫逆。我有嘉賓。縶之維之。以永今夕。所謂風雨如晦。雞鳴不已者。未嘗不可為談心之一助也。而乃不為警夜之鳴。而為無晨之戒。雞之殺也。胡為哉。意者不為雄飛寧為雌伏。士之不得志於時。而衡門之下。予生予殺。可備不時之需者。有如此雞歟。而乃以冠雄之子路。念中夜之徬徨。思前途之杳渺。方且有聞聲起舞者。其毋乃驚旅人之夢。而乃寢乃興也哉。然而丈人之意。或非為此。蓋止宿者

詩。境。文。情。兩。臻。其。勝。

純。任。興。會。

丈人之曠致也而殺雞者丈人之深情也夫思子路之處此亦極難矣前者知津莫告致譏于沮溺不可而為見諷于晨門今者丈人辞蹤遂合始之相責者何心繼之留行者又何心即不能齋宿君門開雞而儆盈朝之會何僅庚止蓬蓽割雞而嘗野蔬之羨哉然而如丈人者其風高其道古蓋亦春秋之僅見也

點綴生姿大方家為小品舉動總是英邁

止子路

第十三卷　人世間

清末民初文學書系

止子路宿　見之

順天吳宗師科入葉　品

左衛學一名

隱者有留賢之舉、聖人不欲其終隱也、夫丈人既隱矣、止子路宿

胡為者畀、或其不終隱之機乎、子故使反見之、昔春秋多隱君子、

大約不欲與吾黨相周旋、當其偶焉作合、彼第付之於無心而一

入聖人之胸中、恒有不能已于其人者焉、如子路聞丈人之言而

拱立也、子路固不敢目丈人為何如人矣、無如日之將夕、嗟夫子

（空中一擊）

（映下無泛）

之不見、既欲去而無從、俄而耕者已休、蓑植杖之歸來、將欲反于

何所、斯時丈人固無意于子路也、然亦有不能恝然者、爰止子路

（二比已為隱者也反面寫照）

宿焉、昔者石門晨止、一聞孔氏、曾以知不可為者隱示譏訶、近、

耕侶問津詢及仲由焉以避世避人者來相勸勉永夜逍遥于

（開處著筆）

嘉客何丈人寂寂無一語及夫子與子路也惟是雞黍雞陳二

出見子路益不敢目丈人為何如人矣明日遂行丈人忽不復存

（又一醒）（妙）

止云兩乃度阡越陌師弟重逢兩馬一車數言疇昔子路不敢自

（頭折古）

丈人為何人夫子則深知丈人也喟然曰吾聞陳蔡間多碩隱

（着此二股有局）

此非其流亞耶爾其格與俱來然後知風塵勞攘之外不乏偉人

雖欸接之殷殷覺行踪之落落其視宇宙間無一為吾與者若曰

（五敘二股）（扣止宿）

彼沮溺隱何妨作世外之栖遲而馳驅道路以來別有深情苟机

會之可通必旋曲以相致其視斯世內無一非吾與者若曰子既

拈父見　再渡一筆點隱者句

有情或可為片時之旋轉使子路反見之于是子路始焉不敢目

交

丈人為何如人者乃今而知其果隱者也然則蓬門蒿徑其隱者

居乎野藪山林其隱者吟乎見先弟後賓主鳴歡其隱者家風乎

縮結首尾句以隱者為歸宿

無如夫子有心人無意若預料夫子之必使反見且甚悔止宿

之多此一事焉者而隱者終隱矣

止下情事反見胸懷兩兩寫照各開生面通篇以隱者句為主

四用複筆自成結構其映帶迴環都有雅韻真雋才也　原批

止宿節原為隱者立案一作鋪排便落下乘竟以雜黍雜陳

子出見二子括去兩句即止宿正面一句撇過反留在中峽

反見向對寫其情如天門挺持江水縈徊絕妙文心未暢又以
北宿節萩隱者作唱欸寔事皆化為烟波也一結忽有孤帆
影之意趣星渠
句雲在天煙波無極妙處俱在筆墨之外也體源應自廬陵序
記中出旁批遵校士録原本

止子路　葉

少師陽

吳學院歲取龍溪　林開秩希周
縣學第十名

樂府有良弼師之佐伶之望也夫少師之職固率群伶以佐大師者也陽也備官殆將以少師老乎嘗闚殷商之季有不甘去亂者父師之外厥惟少師尚已及訪魯伶官大師之下復有以少師著者抑何奇也然殷之少師以貴戚之卿剖心而匡君過魯之少師以優人之職盲目而守官懸名實之間古今人同不同未可知也然其人固有足誌者魯自大師竟齊諸伶繼去當時樂部幾無師矣間侍食於君者何人曰已寥闃抱器不逃者有幾曰過半珍羞不乏誰司君飯侍亦以置屢缺官常嗚呼噫嘻樂部幾無師矣何幸守曹部以踟蹰者

猶有陽在矣陽伊何人哉其姓氏不傳人間問其職則少師也吾聞少師之職掌六樂師佐之以聽命於六師故別之為少師夫師而別之以少則陽之為摯也佐可知然少而繫之以師則陽之非亞飯諸人也臣可知此亦如少尹之次於令尹少宰之次於家宰歟乃其稱名與於與爲與乎爾與乎其為陽也是豈有意於露之湛欲為天獻當陽乎抑豈寄興於簧之執僅效君子之陽陽乎是未可知然此不具論論陽之為樂師聞之春秋間典樂多奇人晉有師曠吹律而知不競衛有師涓聞鐘而識未調陽也少師也寧獨不憂宗國之陽而遂無意於此都哉則陽之為陽意別有在也雖然少師之職上

環森皆山也
以佐大師而下為伶人長者也佐大師則所視惟大師為伶人長則
又諸伶人之所觀望也㝢稽當日者倫伶星散樂府空虛摯也高蹈
遐方陽猶典樂故土諸伶遠烈異地陽猶守器宗邦夫古調雖莫彈
猶車缺宕
續叢其未改也使陽念周禮之在魯而與一二同志之人相與謹
守而維持之則少師尚在魯樂其猶未盡亡也孰意望洋而歎且有
去路安然
携手以同行者而樂部於是乎無人

吳大學院原評
竟體雅切次亦具有苦心
作傳記體平處忽破儉處得路會長顏青老

少師陽擊磬襄入於海

乾隆壬申　李祖惠

終誌二伶之逸蹤海以未亂也夫海視河漢而更遠矣擊與襄同入之耆自此其竟無諸伶之跡乎且吾嘗覧大東而至海邦則龜蒙鳧繹之區固皆近海之地也夫子固天下之無賢君而思浮海以泰意亦可悲矣乃稱日諸伶果有得其意以行者夫魯伶自太師以下不即為亞飯諸人也統其屬者以太名貳其長者以少異則勢非乎亦不僅方叔諸人也竦於堂下者有簫鼓鶬於堂上者有琴磬則襄非少太師已去少師何以不行逝將遠適意不在齊秦楚蔡之邦鼗鼓既虛擊磬胡然不去有客與俱又不止河漢翱

難之侶夫河源浩瀚以海為歸漢水朝宗觀海斯大而二人遂以
遊乎寥廓矣鐘虡其倦於陳也蟊亦橫大海以聽魚龍之悲嘯有
是哉生為島嶼之依沒任滄桑之易眇焉一粟獨浮鮑濱而杳冥
汩沒之鄉不識雲帆之真指矣中州其不足覽也蠡亦經漢海而
並黿鼉之窟宅有是哉身臨河漢之波心遊天池之外蕭然高寄
罕與同羣而東山泰岱之雄曾何芥蒂之可言矣蓋雖波濤萬頃
而仍有爾我以結世外之奇遺斯對語與亡撫侯相逢于白首一分
臯同官而洪作波臣以當三危之遠竄忍逢迎懸懸其將何望于
生還夫陽固不可知而襄則夫子所從學琴者也以擊始而以襄

終子於此盖傷之矣

稟讀七作出騷入雅色古韻香子美云蓬萊文章建安骨斯言洵足移贈　黄正衛

前路布置安閒中後離迷惝怳恰合題境視彼填砌海賦若雅俗天淵矣　吳興叅

少師陽擊　於海　紀昀

佐樂者而偕有所入惟二人有同心焉夫以陽而職在佐樂胡為乎與襄偕去哉入海之舉殆有感于魯樂之失乎嘗稽樂之作也佐樂之人與與樂之官並重故一時節奏之間各供乃職不至致嘆可音律之織終渴盛事也未幾而休風難再群伶散渙至以樂官之佐亦飄然遠逝且有一人焉偕以俱遯此其心誠有大不得已者當不使望洋之景慕也已如武師去亞飯諸人散叔與武丑各有所入維時一堂之上寂然絕響魯樂其亡已乎雖然猶幸而有少師在蓋少師者佐太師者也凡事有輔毅者道無以至之則俱其亂無以輔之又慮其衰而少師之責匡整飭事有始必有終律度之宜

不闢其始則無以倡後欲要其終更無以觀成而少師之何其重
少師為難則維陽焉誠使陽當日者觀於工之散失傷音樂之淪亡
偕披一二同心起而整飭之使洋洋之盛自我復睹也豈不甚快而
無如勢不能也可是亦慨然起曰魯不可以久留矣吾其從此去矣
考其自與偕行者更有擊磬襄其人夫襄吾不知為何許人嘗聞之
吾夫子所從學琴者有所謂師襄焉茲獨何為而以擊磬傳也夫磬
以近辭名邀劉還其無辭也寧甚吾意襄且欲以一擊謂之
鏗鏗以寓哀戚之廿因襄因非其何處也良多吾意襄並發之以一拳
寓之一奈之何竟與陽偕有去志也遐想昔年當陽徘徊欲去時應必
顧襄而謂之爾其去魯乎願與子偕隱襄曰唯唯其將為往于是瞻

言權遷之方西鐵北是之地曰吾其閒謫海濵憶海何地也而可入
哉龍漢渤之汪洋已不勝宗國之感聆波濤之衝激又何堪寥落之（畧托海字）
嗟陽與襄也而必入乎此則何也嗟因之有所感矣之二人者一職
少師一司擊磬阮不獲奏技公庭以大行所長亦已傷矣乃一之陽（無限悲感）
行衰徙悠然長往得毋有廿與世遺者乎胡爲竟以其身托諸寂寞
之濱也然其在魯之日僚友論散已足悲而人自無殊志即其去魯之
後音節美盛之感二人應有同心其入海也夫誠有大不得已者也（迴應不浮乞三字）
爲問使入之者誰則非夫子正樂之功不至此雖然魯其衰矣

絶不牽扯依傍直起直收大家風範且題面本平列而作者偏側
注結構迴與時蹊唐宗所不許

兩人雖同入海而少師爲樂宮之佐原與他人不同至襄則係以擊磬便須從此生情文次第挨講而入于海三字仍用合發一路層析頓宕如岩岫千重邐迤參差令人目不暇接真覺筆歌墨舞

章九儀

少師陽　郭照　虛若

甚矣有佐太師之流亞也夫以少師為太師之佐均佐也而職名亦並傳若領太師之旨宜結太師之蹤耳嘗論瞽瞍奏公亦藉贊助而能成樂蓋有統必有佐有士即有承苟職分闕矣官聯濟乎此論佐者必更紀其佐令人嘆部署之相屬而悼失佐之佐者亦更紀其叙蓋令人流連而不已也若河漢之遜叔與武入矣而踵其後者伊何人耶稽之周禮有少宰之名少宗之名皆佐乎太宰太宗者也今樂矣入奏而太師獨惕副貳之無人豈先王所以備官之意哉考之諸佐有笙師之職籥師之皆列在總干秉籥若也令籥管備舉而太師

仰軒試草　院歲取陝溪學第十六名　下論

○○○○○○○○○○○○○○○○○○○○○

猶嘆禁理之多員缺焉先王所以象成之心故魯伶亦有二師焉太

並侶而少主和也一師皆賢而隱伶者焉於是已著而陽亦傳也列國

之以師著者有師悝師曠未知其與陽優劣為何如然陽之與悝與

曠均名也而殊不同職夫固謂陽之上有總乎其屬者也向也熱伶

求而陽和聲積哉樂宗得毋奉命而恐後列國之以師著者有師襄

師慧未知其與陽軒輊為何如然陽之與襄與慧均司也而不無異

遇夫固謂陽之上有相引而去者也向也摯率贊而陽登歌睇彼擊

侶寧無觀法之與同伯隨之道少者無專成以師之少而屬乎陽廿

問陽知循名以蹈實而同僚辨叙不至有昧視長者之失耶不然分

哉。豈徒然耶。承順之義。少者易為守。以陽為師而屬乎少。抑謂陽能（名變）

（入名世）繇。喩於無言而兩人。衣背不至有彼此分背之虞耶。不然。共事豈細（追起愈緊）（諧有真諦不倖凡尚）

然耶。且也。荷陽之稱。宜秉文明之德。則炯炯之心。洞若觀火。奇托處（又就陽字生情映起下意）

於父母之邦。豈昧維桑與梓之義。有陽之名。必有剛健之實。而卓卓

自立。悼為人用。雖佐獄於師摯之始。難繼洋洋盈耳之音。何也。其長（[illegible]不奇）

既去其國。安歸宜其與擊磬之襄同入海焉。而海島有遺音也已

從容舉步。振將在九霄間。原評

典贍爾雅。卓然名貴。本學楊老師

起訖蘊藉。發議情味之無極。本學徐老師

前幅玉宇無塵中後紊濤拍岸而於題面無一字畧過尤為細心密理之文○業師西孜光先生

跟太師疏本題歩ゝ與下意有関會且善於生發能使枯窘題恢ゝ乎游刃有餘宜其穎脱而出也○業師毋舅李東叟先生

就少師陽三字渲染翻弄生發不窮頭ゝ是道不為題縛是有學有筆○業師楊次芳

根據與核陪襯貼切極小品之能事○叔雨庵

三字甲瀾翻浪疊情致不窮○兄亦階

少師陽　評

少師陽擊磬襄入於海

陳世治

終誌二伶之逸蹈海以去亂也夫海視河漢而更遠矣陽與襄同入之魯自此其竟無諸伶之跡乎且吾魯荒大東而至海邦則龜蒙鳧繹之區固皆近海之地也夫子因天下之無賢君而思浮海以去者亦可悲矣乃爾日諸伶果有得其意以行者夫魯伶自太師以下不即為亞飯諸人也統其屬者以太名戴其長者以少異則陽非乎亦不僅方叔諸人也陳于堂下者有鼗鼓薦于堂上者有玉磬則襄非乎太師已去少師何以不行逝將遠適意不在齊秦楚蔡之邦鼗鼓未虛擊磬胡然不去有客與俱又不止河漢鄭

翔之侶夫河流浩瀚以海為歸漢水朝宗觀海斯大而二人遂以
遊乎寥廓矣鏡廣其僊于陳也蓋亦積大海以聽魚龍之悲嘯有
是哉生為島嶼之依泛任滄桑之易眇為一粟獨滓窮溟而杳冥（入海情事）
汩沒之鄉不識雲帆之系指矣中州其不足覽也蓋亦經滄海而（入海物次）
並鼋鼉之家宅有是哉身隨汗漫之波心遊天地之外蕭然高寄
無與同群而東山泰岱之雄曾何蔕芥之可言矣蓋雖波湊萬頃（用開元天寶事）
而仍有爾我以結世外之奇遭斯對語興亡無從相逢于白首分
屬同官而共作波臣以當三危之遠竄恐逢迎魑魅其將何望于（用子瞻昌化軍謫上）
（表）生還夫陽固不可知而襄則夫子所從學琴者也以摯始而以襄

終于于此盖傷之矣

海水汨沒林木杳冥群鳥悲鳴能移我情不止水仙之操也頤

景歎

京戲

第八冊　卷二十二

清代學者象傳

少師陽擊磬襄入於海

朱太宗師取進連江縣李 名 楊廷奮

記魯伶之入海、二人有同心焉。夫海非可入之地也、乃陽與襄並入之。魯之庭洪終無人歟、嘗讀詩曰、漢之廣矣、不可泳思、江之永矣、不可方思。嗟夫、江漢之間、且如是之難濟也、而況聞諸海濤乎、乃不謂汪洋無際之區、在相率而行者、竟入而不返焉。蓋海濤也而洗濯之耳。如鼓方叔入於河、播鼗武入於漢已。夫河漢固朝宗之海者也、顧或步其後塵、與叔有同志者乎、無有也。抑或蹈其前轍、與武有同心者乎、無有也。秖見魯庭之上、又有少師與擊磬者、咸相謂曰、子能如是、吾與子偕隱、乃遂接踵而去、相與望海若而徜徉也彼傾人也斯毀陽虎襄是一態異哉陽襄何如人也竟乘桴浮海乎斯時也縱一葦之所如凌萬頃之茫然駕一葉之扁舟隨烟波以上下時而劃然長嘯山鳴谷應風起水湧毋亦蕭然而悲肅然而恐凜乎其不可留也耶而吾也考諸傳記彼少師陽擊磬襄者則已同入於海而不知其所之云獨是少師者太師之佐也襄典樂之經也其去留之所係亦綦重矣當此班部飄零晨星落落猶賴有一二同志宗一官抱一器更唱迭和振響雲霄庶幾摯干繚缺其將聞報而返乎即叔武二人亦將抱器而還乎陽襄弗顧也海之中波濤而洶湃者原屬危險之區而陽襄亦不違恤其

或觀乎浩瀚數其瀚汐不妨等泌水之洋洋借是以樂飢耶抑或與憑虛御風遺世獨立聆濤聲之噌吰嘡嗒聊作周景王之無射與覩韶子之歌鐘耶不然胡為而入於海也頤吾思及此而復因之有感也夫海之地大矣百谷歸王則擴乎其未窮也萬派朝宗則淵然其莫知所底也寧蔡如叔所入之河欲如武所入之漢乎觸目蒼茫杳無涯涘陽襄二人棄伶官之職而適於浩渺之濵其視入河入漢所入不更深哉

朱太宗師評

一氣呵成絕無犯乎想見落墨時定有一片神行之致

二十二　第六輯

高達美詮釋學研究

少師陽擊磬襄　　程珣

絕伶官而及兩人疑其有偕隱之志矣夫魯伶去國未有兩人共事者陽襄殆有偕隱之謀乎嘗觀聚散之感去者不若留者之悲況乎紛紛棲遲而僅留兩人也夫留者尚有兩人亦幸矣而一時相顧悽然欲留則義不可以獨留欲去則情不容以獨去流連繾綣倍難為懷國昔吾魯太師以迄鼗鼓諸伶相繼去位其時猶有少師擊磬兩人在焉夫少師者太師之佐也當隨師摯而遠行擊磬者又鼗鼓之倫也亦當其叔武而偕往乃皆不然相傳少師名陽擊磬名襄者兩人猶徘徊境上也豈其以太師以下諸賢各行其志矛爾長征感去

本朝歷科小題文選　論語　乙丑

（對兩人皆隱伏案）

國之孤蹤羈臣之無聊臨岐遠眺焉神傷向也聚首同官不知

僚友之樂今也分馳異地徒增故舊之思兩人所為相對欷歔不忍（二）

（曾）言別者也嗟乎維陽與襄能不悲哉假令當日者陽可辭官襄能承

之少師舊署尚有宮懸司磬分曹求無金石再典六代之樂（仍借上作波瀾起下）還成萬

舞之庭陽襄獨無意乎（又二曾貞惜）而不知有所不能也爾其東望臨淄太師之

（又林鶴賓激）轅不返南瞻憂澤亞飯之轍無歸繚乎一去下蔡道遙缺也不還函（三字未妥）

關終老而且龍門不見誰尋遷客之家蟠冢茫然莫辨騷人之宅蓋

（又二曾）乎陽襄亦獨何心能久居此乎此又兩人所為懷慨悲歌泣數行下

者也識者謂兩人有遐引之心焉彼念夫列國分鑣不離中土水濱

問度未遠神州無勞挈伴而遊自可單車而赴今觀陽結襄而歌招
隱襄待陽而賦卜居然將税駕于雲烟縹緲之鄉天地空濛之境而
人在焉以自解其弔影獨留之憾乎請從此隱長謝故人遂相與飄
然入海云

驚采絶艶當與湘纍並驅　徐果亭

從太師諸人去後摹寫陽襄兩人情事層以波瀾俱見情止文瀾

下句文筆哀艶動人

少師陽擊磬襄入於海

朱文宗科試江寧第一名　劉炳煥

人海有同心魯庭之司樂無人矣夫使陽與襄而未入于海即魯之司樂猶幸有人在也入海如是陽與襄何其遙相謀歟且誰令當吾國之時使為之後者不與同繼其蹤則猶終賴一二人以挽其趨乎乃含宗祊而長往不闢異地而逃倫有並域以處而其間氣類相應不至孤芳獨賞者如陽與襄之入海是今夫海天池也聞不揚波聖人出焉以救世之盛也海晏河清安瀾聽慶風何修欲使陽與襄不此思盛治之可復則亦抑是依何徘徊既倒之瀾振鼓吹于休明則好音可再識易作中流之柱而奚以飄飄長逝

遂爾駕一葉之扁自凌萬頃之茫然也何居吾因之有感矣東海
高踪亦動來歸之想以此知望治情深終難忍置而身雖遁迹切
與枚寧有日遣返搏拊休風也陽與襄之入海豈猶是此意乎頓
言偕阮宛若並轡而前一葦可帆何第臨岐以別飄然長往亦唯
是甘居高蹈者之為此相賞不孤也已此海懷情時仰聖明之治
以此知望治情殷長存寤想而寄身世外恒望亦清雅化媲美上
古淳風也陽與襄之入海則頗非其倫身遠遁與國既有相應以
同心作客他鄉奚患唱酬之寡偶超然舍去亦唯是甘守石阮若
亦樂此同調相賡也已是知六代之宮懸已倫而鐘鏞無恙簴業

長存方類一二英落再振此日好音何意曹部之終繼而逃而後廣有步司樂己空哉難屈指魯庭僭戴伶官之職陽也襄也雖後六師諸伶而入海揣其心而見夫或遠或入相習成風吾知陽與襄未入之時而早有去志也魯之伶工蓋至是而成難以得一矣

少師　刘

女

第二十二卷

第八冊

明鏡非臺澄明無事

曰夫子何哂　二節

安徽劉宗師歲入　于聲九
當塗縣學一名

欲知為國者之見哂明其故而不失為可與也夫由將為國黜也信之獨疑於夫子之哂之也明其故知所不足者言之讓耳豈曰不與哉從來見大意之人恒脫畧於形迹之表一堂笑語即不屑屑而深求其故也第當各見所長而一人覺有所短有心胡以釋然惟知為國自有才而和氣謙德聖人猶藹然流溢於言詞不應（筆○曲○轉○而○意○味○深○長○）輕遽乃爾也點豈不知三子各言其志問三子意專在由也想其鼓瑟時聆由所謂為千乘國有勇知方固知由也堪其任而無多（瑟○得○有○因○）讓而夙許以治賦之才如夫子亦寧有不足相信而驚為意外事

也而竟以哂也三子未出不敢問未問三子亦不敢專問由至是乃直舉其疑曰夫子何哂由也色笑雖微吾黨久欽為巠款而來經揭發終為含意而未申謦欬所及奕世猶想其風流而顯示終差胡為熟視而無睹噫點亦思已言志時何如其氣象也微獨春風沂水絕非師旅飢饉之倥偬童冠詠歸雅肖黃農虞夏之景色跡其一彈再鼓作止雍容問而對〻而不遜早所業剛者之容矜躁之色消歸烏有殆與吾夫子所云吾長一日毋吾或以世葆雅抱足相輝映即此意趣足當喟然之與無疑矣由之才非不足也投艱遺大非弗克堪也侃〻而談義氣形為方略磊〻〻〻奇智計

就○點○形○出○由○之○未○讓○

就○夫○子○形○出○由○之○未○讓○

突接由

出於萬全若其有勇知方又皆仁心為質而信孚於民所由三年中殊績可稱道如此是則何以哂也子曰哂其無礼也何以哂其無禮其言不讓也言之讓非即可以為國而以之通禮；即為安（為國與其言本分看）上全下之經民向方豈不足以知禮而禮惟其寧不有神聽（見言亦）和平之際默於此知向所以目笑而存之者非別有故矣由聞之（須謙）不且喻子之哂良亦有關治術耶然而子所指之不讓在率爾意氣間默乃曰是殆以其直任為國而不辭矣

全注其言不讓四字中忽以默之動靜從容及夫子誘之言志一片謙和語氣伴寫靈境之開渺在烟雲空際原評

字〻洗眉刷目。若斷若續。忽即忽離。惟深于古者知之 朱覲宸

以禮不讓。順口氣寔難吞吐。合二節可以斷而論議。尚可着筆。

寔難得此深微幽峭。骨節靈通。是之謂滌華氷甌。洗心雪碗

曰天子　　于

曰夫子何哂由也　四節　　尤世楠　人叔

哂可疑而不哂者亦疑不知皆聖人所與也、夫由之哂以不讓則非、不許其為國也、而求赤皆為邦才、又何必哂哉、述告之而點可釋矣且聖門未嘗不重有用之學而詞氣緩迫之閒性情寓焉要其才力之所勝固皆有不可誣者也旁觀者於已見而屢以献疑不知、聖人不言心許之微固久有樂觀其成者已子許三子之各言其志、即許其各言為邦國之志也而特是一堂之上或莞爾而若示微識或默然而無所可否微點問吾固疑由之何獨哂也而不知無疑也今夫庶務張弛非才不任萬端經綸非禮不成秩敘

者百度之綜紀也散其實於為惇為庸而用無可欽亦積其精於
為律為度而卑不可逾未聞疇咨方及而遽慷慨直前者也經曲
者天秩之節文也使萬物得其序而政教無凌雜之虞必一已物
其骯而志氣有養安之養未聞車乘方來而遽激昂自任者也為
國以禮其言不讓子之哂之所以進由者深矣而豈並謂為國之
非也哉夫如是由之哂非以為國則凡為國之不必皆哂而何唯
求惟赤然以慎疑夫由者復轉而相疑也夫求赤也而謂其非邦
也耶列爵五而分土三考周索者先視地方今壤或數圻服或千
里求亦何難賁陰雨之膏而斥斥於六七十五六十益十鑒於一

覽游行綽有餘又度

哂而讓讓未違者意可見也而實則何可沒也內事誠不外事繁

譬帶礪者守殺典方今維俯可于河陽可守亦不辨一禘禮樂之

褒而抑抑於非能於小相益其權於一哂而讓而受下者志可睹

者守俱雖

也而才實孰能駕也夫求亦難不必貫言邦而為邦之事只猶由

言難不讓而為國之才優大道之行三代之英將於三子乎是望

收元　二比束

而誣以與點之故遽薄夫有用之學也哉蓋點惟執夫子見與之

收明前後一切脈絡

故故視勛名皆長物而或以示教者轉為示識或以無言者即為

無當而一民一物總屬身外之虛圖子惟知三子各裕之才故視

晤語即先報而抗直者非徒壯趾而無貲退遜者亦非咨且而寡

濟而或驟或馳悉屬乘時之偉踸點知所以許三子者點其更進矣。

打疊穩老條緒綢摺處又能有發明可謂人忙我閒人畧我詳

得制勝之筭

蓋如飛鶴馬似游魚神與俱遠矣　又批

曰夫子

曰其言也訒

順治壬辰　張永祺

從言求訒則易視之矣夫以訒言為仁當不以言為訒也而胡為易視之哉若曰今之請業於子求仁而事之非求言而事之也而不意將使求言而事之然事乎言則訛有言之事也又不意予甚重乎言而又似不欲有事乎言則今日訒之子曰仁者其言也訒吾思憂世譯物之懷而言以宣之仁者必有所不自已矣如子言不自已者竟欲相已也然亦非所訒也且以明道勉人之思而言以將之仁者必能使為樂聞矣如子言使樂聞者竟欲無聞也然又非所計也則即以言計之其不訒也在言則其訒也亦止在言

且即以訒言計之其不訒也失在言也不訒則其訒也亦止得在言也訒即曰吉人之辭寡然欲其寡則竟可寡矣豈有為緘口者哉而與為如緘諒非業之甚難耳即曰躁人之辭多然戒其多則竟不多矣豈有相捫舌者哉而與為若捫廣亦事之差易耳而以為學艦齒曰巳也則於口之外不必別有所勅也繼自今其不再興哉乎顧猶是一口之為凜也設有籲默者固已坐收此譽矣而以為尚艮爾輔巳也則於輔之外無勞更有所毖也自茲後其永能出好乎顧祇此一輔之為嚴也即有誕率者何難躁合此修矣是以八周廟而觀金人相與嘆曰古有慎言之人如此哉然亦名

先揚一筆

江云見得訒字極易

再揚

從落後轉落出八比反對為之雖見得與仁無干

筆

下云為下句抬一層

訒字極易

亦反揚筆

下句白接倒鎖得好

之為吶吶焉如不能出者而一一盡其實也咏柳篇而及白圭又相
感曰近有謹言之俟如此哉然亦名之為繩繩焉若重有閉者而
更畢其義也而斯謂之仁何也
題有兩層意思說言明與仁字無下說訒又是言中極易他人
只作輕率語氣者於層次未見分曉　其筆妙只在兩縮其兩
縮不窮只在轉換得靈快　陸雯若
同是語也經人覆述一番便截然兩樣不得一筆混通此則語
語與上相反不特下句欲動并巳反照為之難意

曰其言也訒　張永祺

從言求訒則易視之矣夫以訒言爲仁當不以言爲訒也而胡爲易視之哉若曰今之請業於子求仁而事之非求言而事之也而不意將使求言而事之然事乎言則誠有言之事也又不意乎甚重乎言（轉到訒字恭壯甚致）而又欲不欲有事乎言則今且計之乎曰仁者其言也訒吾思憂也渾物之懷而言以宜之仁者必有所不自已矣如乎言不自已者意欲於之也然亦非所計也（轉筆添意欲捂）且以明道徇人之思爲言以將之仁者必從使爲樂聞矣如乎言使樂聞者竟欲無聞也然又非所計也則即（見得與仁無干）以言計之其不訒也在言則其訒也亦止在言且即以訒言計之其

訒也夫在言也不訒則其訒也亦止得在言也訒即曰吉人之辭
○是○消○訒○字○極○易○
寡然欲其寡則竟可寡矣豈有為緘口者哉而與為如緘諒非業之
甚難耳即曰躁人之辭多然戒其多則竟不多矣豈有相捫舌者哉
而與為結捫舌亦事之甚易耳而以為毋騰兩口已也則于口之外
○興○任○無○于○
○為○下○又○托○出○偏
不必別有所勅也戀自今其不可與戍乎頗猶是一口之為凜也設
有簡謐者圖已坐收此轡矣而以為尚艮爾輔已也則于輔之外無
○潤○字○極○易○
勞更有所飭也自茲後其永能出好乎頗秖此一輔之為嚴也即有
謔虐者何難躁合此修矣是以入周廟而觀金人相與歎曰古有慎
○縮○滑○住○下○句○可○援
言之人如此哉然亦名之為吶吶焉如不能出者而已盡其寔也咏

抑揚而及白之又相感曰近有諜言之候如此哉然亦名之為繩繩焉若重有閉者而更求其義也而斯謂之仁何也題有兩層意思說言明與仁字無干說訒又是言中極易他人只作輕率語氣者於層次來見分曉其筆妙只在兩縮其兩縮不窮只在轉換得靈快 呂晚村

兼此兩層意洗發故能處處如題縮住而下句斯矣乎神理躍躍不出

其言 張

曰冠曰奚冠　清湘集　黃連璧

異端固不能無冠也，大賢因即冠以詰之焉。夫許子而有冠，無異於有衣也。然冠則冠矣，冠而為許子，孟子能不以冠為詰乎？且事有為人所同然而不能獨異者，亦奚必為之再三致詰哉？若乃事有不能獨異者，既知在首之彌尊，而理有不必從同者，抑果置身之何等，取象其義幾歟？彼戴首者既無異於章身，豈顧名焉亦無煩思義也耶？許子而既衣褐矣，而謂能不進問及冠乎？獨是禮有之，男子二十始冠，則是詰許子者亦詰之以奚冠可耳，初何必以冠為問哉？然而許子固為神農之言者也。吾聞神農之世無冠，許子而習神農氏之教，則不當有冠，不謂相竟對之曰冠冠履之等威有必辨許子而亦若是奚必為許子疑第以冠之制自古常昭夫孰謂服之不衷而冠遂可廢惟相亦知其不可廢也冠裳之名分不容淆許子而亦若斯奚事為許子異第以冠之用於今甚溥豈敢謂服之無數而冠可無庸惟相亦知不能無庸也其對曰冠幾謂許子猶是人即猶是冠而奚必以冠為問哉而抑知不然冠之制實始自軒轅責草革之皮之髮遂延變絢髮之風久矣不遺於利用雖在立異矜言之筆一經夫詰問而理無可易果何能出一語以支吾之等乃嚴於昭代絻服垂繁露之文會弁著如星之美久矣名分之難淆故當尋常論之餘一為之推求而事其宜亦何妨進一言而相詰而謂奚冠之問孟子其能已哉

許子從事簡

綸無墜聖賢之業則布冠自守夫何事致其讃踵門來
害竟為放誕之詞儕以士而彼圖不倫也故而無冠則已
許子而有冠也安得不即其冠而深求之使許子覺情歔歔不
異農家之流則黃冠可風何煩致其疑詩不謂好古自矜竟出
無稽之論擬以農而彼若不願也故許子而不冠則已許子而
必冠也安得不即其冠而先詰之不然孟子豈不知許子之必
有冠而必以奚冠詰之也哉其冠素也亦猶之衣褐云

機圓法密詞旨清新

曰許子以釜甑　厲農夫哉　觀海集　唐樹焜

爨與耕必有所需相易固無偏廢也夫甑出於陶釜鐵出於冶農夫之爨與耕所必需也器可易則粟亦可易豈至有所偏廢哉且王者為斯民開利用之原而凝土為器鑠金為刃非好勤物也蓋當世者原有共賴耳故養生與治生攸係至纖者各審精而藝事與田事交資相成者更無相害論者未知先王器用之所垂利賴隱關軀命變通祇率故常而猶謂未能相與有成焉抑誤矣衣褐冠素許子不自為不幾同厲民者之所為乎然猶得曰此非力農之本務耳若即種粟而食推之則食待於爨爨必以釜甑粟待於耕耕必以鐵為之耶抑易之耶上

古未知火化聖人作而後教以烹飪漸更茹毛飲血之風而又以食用耗則倉庾易虛故斲木為耜揉木為耒使之務其作以自勤其業所以合土範金早合逐末務本之儔而羣蒙休養皇古習為抔汙知者出而後竭其心思創為瓦甑土缶之器而又恐生齒繁而田疇或曠故脩其稼政簡其稼器使之力耔耘以各植其生所以攻金摶埴更無此絀彼盈之患而共釋詐虞許子之饔飱何獨不然迨孟子以自為詰之則其不免以粟易者誠無庸辯矣且夫易亦豈足為厲哉萬物無交濟之方則弊滋壅塞百族必窮於生理故彼挾有餘此憂不足而閭閻之受困者深百產有流通之妙則利愈蓄興五　日獻其精華故出其所有濟其所無而儔類之獲益者大以粟易械器陶冶既不為

厲則以械器易粟。其必無厲於農夫也審矣。謂力田之獲利甚微。不若曲藝之飭材足恃。則境地似顯分畛域。而要不得入此也。世無陶冶。孰應鎡基之求。世無農夫。誰啓稼穡之寶。功相等即食相齊。其所易者有兩利之休。並無偏□之憾。如曰厲也。恐陶冶斂其能。而農夫將無所措手矣。夫豈事理之所宜哉。謂操技而居市廛。不若力穡而愛土物。則職業又不無重輕。而要亍、係入此也。陶冶之所備。皆屬田間必需之物。農夫之所積。莫非餼粟取給之資。藝相成即食相稱。其所易者有合同之化。並無歧視之情。如曰厲也。將農夫私其有。而陶冶轉無以為生矣。豈人情之所合哉。審是而不能自為者。又何必兼為乎。

曰禮後乎　一節

賢者於詩外言詩。而聖人即以言詩許之焉。夫禮之後固也。固言詩而及之。則非言禮也。而言詩也。此夫子之所以許之也。且夫聞人之言而即有得於其言中之意。其人未嘗不可與言也。然第得夫言中之意。而不得夫言外之意。則是其所得者少。而所不得者多也。是惟好學深思之士。能得夫言外之意。而使言之者愆驚以為意外之言也。若子夏之與夫子言詩是矣。今夫言詩而必執詩以言詩。非能言詩者也。夫子繪事後素之言。已不執詩以言詩矣。假而子貢於此。遽默焉而退乎。以篤信之士。得聖人而為之師。於一日之授受。而僅以

一言畢之非聖意也○又假而于晏於此○即受命如響乎○就問答之言○
又反覆而爲之說○是一言之義蘊○而僅此一詩當之非詩意也○而子
夏者忽恍然而有所自得焉○曰有是哉○天下何在而無素乎○亦何在
而無繪乎○則亦何在而非後乎○而不見夫禮乎禮也者素之繪也○繪
後○而禮安得非後也○禮也者素之絢也○絢後而禮安得非後也向也
終日誦詩而不得詩之解○不謂終日誦詩而不得禮之解也○向也就
禮覩禮而不得禮之說○不謂今日離詩言詩而已得禮之說也○嗟乎
○右○大○大○轉○身○
事也○相親切者○即在不相蒙之地也○理之互證明者○即在不相關之
語也○無端之悟○其義意○不如其何自而開○旁及之言○其奇變更精於

發論之始子夏若曰起商者夫子也而予曰起予者商也蓋受人之
人多寥去此們鋒剎入微
言者往往蓄其机以待而已不然一以言教人者往往人得其益以
去而已如故一如子夏者固予之所樂與言詩者也今夫古人之書不
二比意高識老讀書之法為文之道皆具之矣
必一語而定有數義之涵使一語也而定有數義之涵吾所涵者可
措數而盡也吾惟以變動不居者讀之而不妨轉而之他而若古人
之真有此義也如是而古人之書始不厭於學者之所求且夫吾人
讀書不必一時而預有更端之想使一時也而預有更端之想是所
想者已拘滯而不通也吾惟以卒然偶觸者遇之而不覺引伸其際
而悟今日之宜有此悟也如是而吾人讀書始不為陳言之所囿如

子夏者固子之所樂與言詩者也噫夫禮後之言豈詩說哉正惟非說詩而始可與言詩彼世之拘拘焉（前後迴環一氣）沾沾焉而說詩者豈復有詩乎學者觀於夫子之與子夏者而可以知詩之教矣

此吾家會課作也落筆如風其妙難況鑑驂鸞一片空明正恐面壁十年者未能有此超詣　蕃子本

吳次尾稱羅文止之文以為無一字無來本而無學問之氣無一語無法律而無繩墨之跡夫文至法不可見然後神傳神傳而意化矣看此文入化處何讓文止而飄忽縱逸則過之　藁菴先生

漳州府學月課題

禮後乎子　合下章

賢者因詩而悟禮深聖人述古之思矣夫禮必有所自來也周禮之衰則第存其後焉者矣吾夏殷而嘆無徵夫子深古思哉且萬物極盛之時最足伏極衰之患則夫有心斯道者苟不泝流而窮源將與世波靡何所終極乎是故明倫之代反古非可為也然不薄乎今而深愛乎古升降損益之間大聖人有極欲析衷者已繪事之後詩意耶亦禮意也夫禮自夏后殷周以來制作不大異乎物有其可後而後之之事乃有所依夫渾噩以為是三揖百拜以為非高而不可施矣然而未始有物者乃所以物物者也此禮之

斐源亭擬課

以無體爲貴也。物有其不可不後而後之之事乃有所止夫白賁
以爲真三千三百以爲僞簡而不可用矣然而必其果有物者乃
所以不物於物者也此禮之以無文爲至也然則禮非後焉者乎
商言詩而及於是真知詩矣商言禮而及於是柳亦真知禮矣起
予之嘆知言哉乃吾夫子言詩言禮何以遂穆然於夏殷之際也
真下古書
蓋三代之禮至周而極盛矣以文武作述之聖鑒二代之成規以
周公才藝之隆師兩朝之美意識大識小天地爲郎同軌同倫鬼
神可質蓋其因乎夏殷者多而夏殷可以不言其不因乎夏殷者
多而夏殷尤可以不言也然而郁郁者魯魏何年彬彬者無由後

睹後進為君子先進為野人玉帛鐘鼓之中其無禮也久矣據奉

已頌詩一筆姿態橫生

豈勸詩人三致意焉則我周之盛可以過於夏殷而我周之衰亦

不可不救以夏殷也夫子慨環以求數驅車杞宋徵簡策而咨名

野何容不汲汲歟夫有人焉後有忠有忠然後有質其能言者也

小正之外別著典型大輅之餘尤綠執物其必待於微者也忠之

後徵於忠質之後徵於質其能言者也將盤所紀故府異辭瑚璉

所陳考工殊器其必待於徵者也而杞宋如彼文獻如此蓋言之

非不精且詳而徵之究不足據夫子且奈禮何哉且夫天下之事

此下更為古道自偏西京

復古者恒不遠乎今甘可以受和而既和不可以為甘白可以受

逢源堂樓課

釆而既釆不可以爲白忠質之尚可以從文而既文不可以挽之於忠質蓋一言禮而夏殷固已後矣周之去夏殷又後之後焉者也然世變不可相狥而人窮必思反本禮勝則離之會直會之規雅禰新禮失求野之餘上代之衣冠可慕夫子深望於杞宋其卽于夏禮後之意也夫

有此文覺論語內應有此題洵乃天造地設溧陽先生

禮後乎　至　夏禮吾能言之

黎平府學第一
貴州徐學院歲入　石成瑛

禮主固而制禮主創非善悟者所能言也夫惟禮後於忠信所以制禮者必本於忠信之夏也商雖悟禮於詩其能以言詩者言禮哉且先王以禮教天下有禮意焉有禮制焉意可以因端而起悟制必由考訂而始明故執經請益惟賢者為能探無禮之原而曠代遐稽惟聖人為能闡無間之旨也昔夫子以繪事曉商言詩也非言禮也而商忽及于言禮夫亦謂甘受和白受采忠信之人可以學禮之後於忠信也猶繪之後於素也商於此恍若有尋源反始之思而神遊乎尚忠之世矣何其善悟若此耶論禮制之燦

原評開合之筆詩辭氣奪禮末可得法

設不惟唐虞以後始見儀文之備矣即在草昧初開之際已有五禮之脩三禮之典而山龍藻火大異土階茅茨之風論禮意之緣起不惟黃農以前第存渾朴之遺風即至水土既平以來不過爵禮以道民志定禮以節民心而辭遜撰恭非關質文損益之數商

伏下照應

原評乱後青亦醒

之以禮爲後源有得乎詩之所至禮亦至焉故舉予所不言之禮而商能言之并舉詩所不言之禮而商能言之也宜予以商爲起

用紛恰合過文淋漓即洪口出

即復上句轉身撥緊天然

予而欲與之言詩也哉雖然詩亦何嘗不言禮也風有采蘋采蘩雅有行葦泂酌昭忠信焉以迄式禮莫愆有禮既至何嘗不兼言禮獨可惜者夫子刪詩三百大抵皆周詩雖南山不遺爲甸東豐

振起後處

閑命長吟

寧追禹績乃夏以四百祀之貽典而不得見於三百篇之中默數
者遂疑為夏之詩不傳者夏之禮亦不傳遙遙千百年來誰悟之
借詩作波即撤去妙
而孰言之耶商即能悟禮後亦安必可與言詩者復可與言禮也
又頓上方落下
纔收纔提
不許切定夏礼
然而予能言之矣闢之禮以地制夏先王奠定山川因制禮以配
原評暗縮首句不剔開為
地其別嫌明微秩然而不紊者所以繼五帝之緒而漸啟其文
明闢之禮居成物夏先王任土作貢因制禮以辨物其殊事合款
翕然而從其簡者所以開三王之統而獨留其渾噩然則予之能
追上
言夏禮豈僅如王之制作已哉亦欲舉其精義以示後人闡其忠
拜撤詩且先從其後礼作
文質遂有存乎三千三百之先者亦偶詩言志而歌永言無非動

繪其溫柔敦厚之旨云耳厥後及門子夏得其緒論至今莫小匪
一書與詩小序並傳然後知可與言詩者亦必不可以言禮也
子夏章詩為主禮為賓今命題之起訖皆禮又詩為賓禮為主
矣作者只應以禮聯貫特上截須貼後下截須貼夏不比從可
與言詩句起無妨概將詩禮穿紐也中雖有言詩句不遽轉落
處略借作微波與回縮處略用作鉤帶可耳否則本位為客喧
奪矣文最得法偏有旁傳引詩語巧供役使恰切禮後從為
天造地設然非過巧心人莫能取也欲染夏禮先借夏詩作
波尤屬匠巧章正守詩曰織錦雖云周共斯之謂與
爲機抽梭起樣更奇

曰禮後乎　商也　庚午陝西　李汝梅

會心於聖言所未及者、宜其克當聖心也。夫商之悟及於禮、曰予之論繪事而通之、而子固未言及也、能不嘉其起予哉。且教學者以智相餉、遺之事也。惟善學者有會心之机。斯善教者亦有得心之契。夫緣情定制、原居經契之數。第于聖人含意未伸之妙、領契而長之。會心不必在遠乎、而相悅以解、詎得謂了不異人意也乎。之以繪事明素絢也。第就白之受采者發商之矇焉耳。而商遂浩乎其有得矣。今夫天下事之居于後者、不猶一繪而禮其較著者也。曰周旋於矩矱之中、而秩名文物之故、每習焉而若忘。夫象天

新粧徐脹照江東

悠之性何為以陶匏樸之脩衆庶之情何為以玉帛華之通于性情之原而知圓規折矩皆士大夫之所衍也夫宣效繡黼朱衣之効辟綱繆于典物之內而登降拜跪之文幾疑焉而未解夫陰媚兹之敬何為以紳笏尊之篤明發之愛何為以盥櫛親之密及愛敬之本而知繁文縟節皆都人士之所習也又豈致鼠皮蝣羽之訊蠡測者其識多蔽雖與覡儷皮之初夫商之人盡龍于褒後之人鏤虎于塩其致飾而亨者於言繪中已隱栝之而商也慧心所

莫上武以圭下

截

引既然動浸朔之念是深知礼意者也於子言發其凡矣秫守者其見多膠安能察秉石之精彼朝有捫心之圭家有銘者之則其

蹈事而增者于言繪時未明言之而商也靈府所濟翟然切反本之思是能窺礼[illegible]者也于子言闡其出矣而自子開之因之相得益彰也善歟總載善教總志亦同相視而善耳不謂先王典則之垂因質疑而直發其覆焉蓋不但蛾子之術而依然螟蛉之肖也（文絲咬含契蘭）同喟參唯之外獲一知心子於是結如蘭之臭而自子開之更覺相視莫逆也箭指知寸布肘知尋大抵靈犀瑩耳不謂斯人忠信之素即藉事而竟發其藏焉蓋不必兩端之叩而恍然三隅之反也柴愚由參之餘得此畏友予於是歎他山之攻石埋澹學人之酣取而拘文牽義者不自闢其蓬心何以領析疑賞奇之趣商

酬唱梵論下士直機

也片言之既一室恍遊異境孰謂删定纂修之旁一辞莫賛真解
為俗儒所壁封而旁捜遠紹者亦祇拾其糟粕又安覩說心所慮
之能商也一間之遠當前罔非化机將見四始六義之旨衆理俱
涵愬予之感豈不以商之會夫礼哉乃其悟寔自盼倩章来也其
深於詩教不又與予肓等乎

彰理彰神往復曲鬯而變數玉藻更復異樣精彩那滑不脱頴
於硃書千百卷中

田礼後　李

曰禮後乎　商也

庚午陝西　汪自榮

通後于礼而得新機、聖人亦因之啓其新焉、夫學弗獲其新、皆陳迹耳、礼後一悟、起予一嘆、子與商新機不互相發哉、嘗思理無定局、而入則善轉、心周萬象、而出乃不窮、為入為出、固視徑寸之新機以為運也、惟機之得新、著能破夙昔所未解而疑翻成悟、耶可擬當境之未闢、而弟亦助師、昔子夏疑素為絢、而子言繪事後素、斯時也、罕譬而喻、類取諸耳日之前、辭達則止、義辨于物情之近、予以所以起夫商者在是、而子之意亦即盡乎是也、不謂商至此而竟不復作素絢解矣、商至此而竟無不作繪事觀矣、今夫神明

得話于誰蛤細供化

者制作之本基也文章者性命之潤色也渾沕既闢而古初之意
象依然不雕之太璞也經曲殺陳而昭代之彬郁無非踵事之增
華也礼之為後也寧自今日昉哉第三千三百昔人非不知為貴

墨上蔵差地即下藏引

飾之資而意寓於文則其所謂後者未顯得商之說而其義揭矣
即器證道而渙若冰融遂闢創垂之所未逮即論倫論奢吾子亦
未懷夫本質之重而言有弗及則其所云後者誰知有商之說而

絕以神行

愈蘊著矣由象窮神而着然理解恍發函丈之所未聞此其所以
起乎礼者固至微矣礼目㒺于人之心人特襲其礼之迹于礼見
仗而無体之礼自有真也學問之途相薄而出庶為心得耳而其

所以起夫子者正無方也後雖在夫子之言中礼实引夫子于象
外通後于礼而礼有其質如將遇之聖人之心有感遂通斯沛然
莫禦耳故子曰予聞礼後之說而竟商意之深也予聞礼後之說
而竟予心之遠也蓋理本日新而不囿方從繪悟礼則繪既為故直（懇講中新字收局首尾一縂）
由礼見後則礼亦非新進境非為止境而物博時有揚詡之機將
德産罔非精微之致心惟知新而有功礼後之新機遝然獨往起
予之新睨適然共深會心更有惬心而大原已識修明之旨則徵
言悉擷制作之精叱則新機之相契于無巳者也厥後詩教之傳
寔歸卜氏或亦由礼後一悟伸其機欤

以虚運實上下神理𢥞恍而來文境如光風轉意蕙游絲裊空
一片好春天氣
礼後乎　汪

禮後乎　　岳度

後者不止一繪，貧者悟及於禮焉。夫禮之後也固矣，子夏而猶不知乎。子夏殆至是而始知乎。若曰：今日者商聞夫子之言而有淵然者矣，而不可以不思也（乎字之神）；亦有恍然者矣，而不敢以自決也。夫得之于語言之中，而偶有旁及于語言之外，商豈能默然而已耶。如商之有疑于絢也，特不知其為後也；既已知其為後也，夫復何疑于絢也。頓吾（頓折以逼乎字）（故為）念之，事之不以參伍而觀者，則後之說是也；理之可以觸類而明者，亦後之說是也。蓋商嘗學禮矣，習其儀文，嫺其度數，向以為禮不過如是焉已矣。即于亦雅言礼矣，礼儀三百，威儀三千，向亦未明言礼之所以為礼也而今由後之説推之礼獨無其所自出者乎得無更有居其先者存而商之所未學者乎獨無有所由始者乎得無更有處乎先者存而子之所未教者乎我聞曰有其實也即有其華也今而知華實不並茂而華獨後矣我聞曰文循質也質猶文也今而知質文不並立而文獨後矣然則觀繪事也如觀禮焉繪事而非後起也者何疑于禮然則吾無以喻禮也可喻以繪事焉繪事而果後起也者又何疑于禮信乎禮之後也則商于素絢得一解于禮又得一解也商之獲益良多矣假而禮非後也則素絢之解不可以解禮之之解不可以解素絢也商正不能無疑矣惜後乎

（折轉滄宕奇妙）（兩番收取乎字）

評

總在一乎字上。摹寫于褒恍然有悟光景。斯為入神之筆。

禮後乎　岳

曰禮後乎　商也　　庚午陝西　南宫鼎

通礼後之旨于繪得聖人之意矣蓋礼後之説與夫子觧詩之意同而子夏能悟及之子之許為起予也宜哉且學者之領悟賴聖人牖其端而聖人之淵微亦借學者揭其藴非聖人之初不及此也先王之精意聖人已早探其原而無以體驗之斯相賞無由學者苟見其會通而聖人之精神即著而教學之相需甚殷矣子以繪事後素釋詩子意中寧第以此釋詩哉天下之形名法迹依類以見義者不盡口耳之提撕苟蓄積未深而靈府莫闢安能着萬物之情以通其變吾人之意知聰明觸目而道存者豈在櫽儀之

清露晨流

技合荀信古惟堅而會心獨遠何難因已知之理以覩其深晉先王緣人情而制礼所以飾忠信也本不立則文不行夫子之諄復久矣無庸假他說以伸其意吾夫子從礼本乎先進抑以維中道也蓋有所先乃有所後吾黨之聆受深矣特未嘗緣物類以顯其倪乃于夏怳然有感曰礼後乎何其與夫子之旨大相符合哉溯人情于太古渺穆之初幾疑天地之精華至此而終閟耳而不知其為宇宙維新之兆也蓋荀非忠質文明孰自而啟荀非恭敬儀暫何由而將知斯意也雖一物一器皆得窺乎制作之始而周文郁郁猶致慨于采杞之無徵驗世故于滓靡相競之會或謂古制

之應酬俱屬形器耳而不知其為精誠衰竭之餘也夫經曲雖著
陶匏天地之情儀節何為玉帛達神明之德知斯意也雖尚文
尚質窮不沒其損益之宜而君子彬彬不致憂于野史之相勝趣（其言雅馴）
予者商乎之相契為何如乎聖作明述之與不悔于氣運之轉移
而晦于肅僞拘墟之見乃今者倫未通乎明倫而心直溯乎困草（詠嘆淫佚意味深長）
升降之端遺制雖遙我知其必有合也他日一堂訂礼而見及此
也亦且亟目為心知矣況其為無心之感發哉一反經修古之意不
沒于草野之簡陋而沒于學士風雅之流乃今者事不關乎度數
而論獨詳其內外本末之宜習俗雖靡我知其尚可挽也爾時儀

禮之本而解曲也亦將引爲助我矣況其爲觸類而旁通哉蓋信之篤者其機神非徒誇文人之聰穎而教之殷者其旨遠隨在識聖學之高深商誠善悟哉子之與之也意深矣

始躑躅于喋吻終流離于濡翰情文互茂無懈可乘

曰禮後　南

曰禮後乎　商也　　　庚午陝西　孫傅

賢者有會于禮、擴聖人所未發也、蓋子未嘗與商論禮、乃商因後素而進通之、起夫子者豈其微哉、嘗思情必有所由節、而機必有所由伸、同在此人ノ意料之中、猶不足以見領會之神也、即其絕不相屬之事、而深思遠會、悠然見制作之原、則感悟有真機、而當（敲尚貴）前皆剏獲聖人之心、于是乎一快、子論繪事而及後素、在理觀其會、固可觸類而通、而語不相蒙、誰克因端而悟、乃商聞後素之說、而以為天下之凡在後者、胥可作繪事觀也、（語據勉兩）委曲繁重之故、必非耗始之端、揖何以有三拜、何以有百、知其為後、而明聖作述宛屬踵事日增之華齋肅恭敬之忱斷開節目之事饑者何以泰節者何以和知其爲後而高下散殊豈徒緣飾浮情之具曰禮後商殆因所爲素者而通之矣合情飾貌禮繪其文飾紀敦倫禮繪其意

齋住言如玉層

謂繪即可悟禮而繪之所謂素者于禮將何處焉繪既居後禮豈居先官止于形而神遊于道比類以觀其會心誠非遠也賁之白也素居禮始來之度也素寓禮中謂禮亦有其素而素之所爲後者于禮又何稱焉人見爲禮商見爲後理遂逢故而語若獲斯引伸以求其觸發良獨深也起予者商子所以因禮後而亟許之哉理雖倫于聖人得所起而其機始顯夫刪修有大業而三禮未定

成書亦可知天性流通本無假于玉帛而誰意一朝賠對遂固緣
而獨攄其精思雖統夫萬有得所起而其趣方長夫文質矯時起
而知本獨推林放方且謂經世大法初無與于詞章而不謂片語
（綿合言詩仍妄留去步）
敷陳遂旁通而徵伸其緒是知賢者能見其大非謂礼後而禮盡
可廢正以礼後而礼乃可存亦惟聖人相契于微非謂起予而能
益聖人所本無正以起予而能啟聖人所固有而論者遂以此為
詩礼之傳後歸子夏良不誣也

清思遠致味之無極佳擬與君䏶一曲桐花落盡晚風涼

禮後乎

孫勷

華字是情語不是閒話閒筆便行神妙

經定後字下字筆便不脫縱

礼必有所付然所非虛付而行其此乎意說後乎乃

賢者得乎後之說而因以知禮焉夫天下不能無礼矣而抑知其為後焉者乎子夏以為亦猶絢也曰吾今而知天下事之必有其初也吾今而知天下事之不能徒有其初也初意亡而緣飾之風以熾天下蓋相競于其文也久矣窮于繪事者後說焉給固後也而事之凡居其後者皆如繪也素非後也而事之凡屬于後者皆有素也獨不見大世之所為礼乎向也日一首夫赦名文物之隆而恪焉守之曰礼在是也而不知此固其後焉者也蓋物必有其因茲礼之繁然也其必非無因而起者乎向也日蓿夫威儀度數之節而習焉安之曰礼

上論

鴻和堂讀本

詩寔落然其所以始所以行不外忠信為質之義
一號礼字帶定繪字絢字則素自在先而繪與絢必在後以此悟來每文之礼在先在心之礼在後一宜十也凡作文不宜牽上此則以映帯為佳
評云 能

盡是矣而不知此時其後焉者也蓋事必有所自為礼之爍然也其
點○此○意○識○更○妙○
又非無自而行者人情日即于靡而朝野之間遂以礼為屬階忘
默○崇○入○妙○
乎其先也夫無体之礼蚤存于饔飧王帛之先而礼則其繪也即曰
觴物之數不終于無先王亦黜乎勢之所以至而為之礼以達之然
妥○後○字○煩○
而後矣抑人心雖迈其淳而言嘉之會漸覺礼之多事失乎其始也
妙○　縱○闊○一○步○
天無文之礼自立于揖拜周旋之始而礼以為絢耳即归任質之過
或失則野先王亦恐太簡之不可以治而為之礼以彰之然而又後
出○奇○語○窮○不○破○天○
矣天地至高遠也而其消之為陰陽分之為儀象爍之為四時五行
者固有無極之理以默運乎於穆之初而日月山川皆屬後天之數

守舊形若及天論余增書及宋五子洛書及河洛并圖不能之甘從字甚天改作俾世之文不可不待覽請與也

也以此思礼其亦既殷之也黄也乎則書至燦列也而其別之爲卦爻衍之爲或家推之爲吉凶消乘者自有畫前之易以隱存乎奇偶之光而洫厚變化已屬後起之象矣以此思礼其亦不則之河洛也事然則如已之有乘者此礼乎有之有文者此礼乎商是以聞繪事後素之説而不禁進一解也

子貢礼後之言因夫子一個後字便悟到有本有文自然之理斯時先後之序瞭然明白繪自在素後絢必不在素先以爲二字解已不横硬胸中矣世人緣誤認後字遂看輕夫礼遂以礼爲忠信之薄倡爲重素之解何其謬也篇内止據夫礼有本有文自有

排習錄　上

鶴和延讀本

時習錄　上　鶴和延續本

先有後○路着實義既解○雖極淺論閱識俱不離本旨○所以得其終

傳○劉義丑

禮後乎　　本學課第一名　陳良佐克安

禮居其後賢者因繪事而悟及之焉蓋禮之文雖盛而不知特其
後者也言後則必有為之先豈獨繪事然哉想其恍然有悟曰凡
（開端是悟後光景）
起例者必更有例之可比也推類者必更有類之可通也學者生
古人後幸逢明倫幾身習焉而不知其故試為一溯其由來而知
（淡折）
事之後生而迭起者大抵皆可作繪事觀矣予以繪事後素解詩
（陡起變峰）
噫獨繪事也乎哉商於此中參一解焉今夫理以習而難忘其故
機以猝而乍遇其新肆業所及則雖什已就删翻多當堂之問難
故也而寧能忘耶得子解而物從其朔當尋諸聲希味淡之初佩

服已深則雖敎有專屬留待此日之引伸新也而不若遇郰聆子言而會通以行別有寓乎制度文為之始商悟矣事之居其後者獨繪事也乎哉禮後乎禮行于上則朝廟聘享先王之所以經國家者非不極美盛之觀也然而已處於後矣恃原以往而遞推遞行與氣數相權皆動於天之不容已故樸本無文而天下之至文由是生焉使徒飾乎其後而不沿流以溯源則郊用陶匏廟尚血

（風神頓宕）

腥而論者以為格帝歆祖之精禋何為也哉禮行于下則酬酢往來學士之所以通倚類者非不極情文之備也然而亦居於後矣先入為主而日積日詳視日用為準悉秉其理之所自然故太素

無華而天下之至華從此出焉使僅侈乎其後而不訊末以求本
則玉帛盈庭俎豆在几而論者以為文物器數之末務何為也哉
接○筆○神○來
于是益信子之論我者甚深也論踵事之增後起愈盛辭難趨象
外而別解其神而特以本旨所涵自有確然之處今試即子言而
紬繹之尚忠尚質于奺之風微猶有存乎監於二代豈數典而頓
忘其祖于是知人之領畧尤無盡也稽作服之制後事可師未可
題○神○活○露
據成見而自錮其靈則即茲當前所詒忽獲意外之投且更即子
言而旁推之周禮周官元公之創造何自始乎有開必先當脩古
態○閑○議○有○章○法
而不忘其初蓋一言後而後不獨繪受和受采起例即可比例一

言後而禮亦在後。三百三千。通。類。不。越。乎。推。類。商聞子之言而恍然悟矣。

文情茂美氣度絕佳如入清廟而聆雅奏使人浮躁之氣頓消

尤天輿

禮後乎　陳

曰禮後乎子曰　已矣　張天助

賢者悟禮于詩善言詩者也夫子亦第與商也言詩耳謂後一悟何其相長於不窮也故謂商之言禮即以言詩也可且自世之言詩者愈多而詩義愈晦非詩之不可言也善言詩者往往不必言詩而引伸觸類之下能舉先王制作之隆當世所習而不察者而一言以徵中焉此非詩人之深致不能與於斯矣繪事後素此予之與商言詩也與商言詩亦第乾商之疑以解前詩之義以說詩意商亦復舉詩詞以相質乎乃商竟不復與夫子言詩也以為天下之有詩於為者不獨一素絢為然而天下之必出於後者

皆可作繪事而蘊綮然明備之數孰不謂礼制之當遵而所遵者夫獨無所藉以行乎繁然致飾之具孰不謂禮儀之既備而所備若夫獨無所緣以起乎則後乎爲文明之貴必緣質而始彰而太樸之真乃無體所黙寓商而知此商真可與言禮矣而獨是夫子向所與商言者詩耶言詩而忽通於禮言禮而因悟其後此人所不能言亦不敢言夫子平日所欲言而尚未及與商言之者也夫予曰天下有起予如商者乎而不可與言詩乎夫六義之精微每以小儒之訓詁而取義也豈隱如商之言詩則誠有味乎其言之也無端之引觸此理倘得其至精若言詩焉者不言詩焉商惟不

（原評：頓挫有致。劉模。急掉。流入象出。峽。歸結言詩得）

必言詩商乃善于言詩也抑風雅之韻類每以專家之傳習而執
說也盖固與商也言詩則亦何往而非詩也無故而相遭往往忽
得其神解若可以言盡焉若不可以言盡焉商惟不專言詩乃
必與商言也蓋商惟得其趣於詩之外而遂悟其意于禮之先片
語會心已得六經之精蘊商因言詩而以禮相証子復因言禮而
以詩相許一堂授契足破俗士之拘牽安得世之言詩者而盡如
商之相長於不窮哉

氣若澄潭神如素月筆之清潔乃爾　原評

通篇只重言詩禮乃其悟處耳不必過纏極有斟酌文情綽約

出落頓宕處若輕燕受風固是名筆　旋閒

卷二十二　無人篇

明道語默考證彙編

曰禮後乎　一節　張曾裕

問詩而忽及於禮善言詩者也夫天下惟不執于詩乃可與言詩也
禮後之言商真起予哉今天下皆學人矣其能于渺不相關之中而
悠然有會者幾人哉夫古今之理惟無故而相遭忽焉而相及者往
往能得其至微苟非其人未可幾也夫子繪事之說亦第就詩釋之
耳何以子夏此時遂恍然有見于禮也曰有是哉天下之後焉者獨
繪也歟哉昔者先王蓋甚惧天下之有其意而不知所將也又甚惧
天下之無以將而遂至于相離相瀆也于是為之拜稽之節為之坐
立之儀為之三百三千之明且備若曰如是則可以導人之意而不
至于離與瀆耳夫拜稽既設不能去此以為恭坐立既嚴不能舍此

以言孝三百三千說具不能廢此以宣情而達性則禮之不可一日
祭者固人事之當然也然而拜稽雖設世不必皆致忠之臣坐立雖
嚴世不必皆純孝之子三百三千雖具世不必皆係乎情性之人則
禮之不可一日而徒行者又為學者所當重念也吾分聞夫子之言
而不覺感于斯也意者其後乎夫天下之聞言而不即解者多矣而
況引而伸之觸類而長之商于是時殆無復詩之見存哉而夫子則
曰此商之言詩也商誠起予也凡論詩之益非可迫而索也溫柔敦
厚乎日亦習其文偶焉相遇于不期之中若有意若無意覺數十年
之諷詠無非寔得則存乎其人之候也且說詩之趣非可以成見拘
也貞淫奢儉昔人久傳其說曠焉相即于離合之間若言詩若不言

詩覺二面篇之大義別有會心則存乎其人之識也商進矣商真可與言詩矣然後知聖門之學於無專家無端而說禮無端而評詩甚相契別自有在乃或因夫子一語踴躍為至相傳曰子夏氏詩人也而後世說詩者遂以託之夫商也誠善言詩矣將不得為言禮之士乎哉

曰禮後

合此人語別有真獨密往之致擬之先輩在董文敏湯遂昌之間

曰禮後乎　一節　　陶元淳

悟禮于詩之中者詩之所賴以明者也夫詩之教無不通也禮後之悟商真可以治詩矣今夫窮一經而止得一經之旨即盡解其義吾殊以為未也有進乎解者則能無乎不解雖博涉乎諸經吾知其能通也雖專治夫一經吾知其能深也是神明之事也子以繪事言素絢于解詩耳而吾不知子夏何以遂無乎不解也蓋機之所觸已亦不自知其所以而理之可通即反天下之常說而不以為怪天下之以禮相先也尚矣其以是為天之經也地之紀也民之行也使天下之人循其變習其儀秩然而不可亂者恃有此禮也胡一旦從而後

（淺語能活潑意）

（二股中用筆靈變只取大上文精然而去其粗率）

之而不知無體之禮已存于黼明文物之先而禮則其繪也猶白之
于采因其後焉者也天下之以禮爲楷也久矣其以是爲道之隱也
德之衰也治之薄也胥天下之人入于機遠于朴紛然日以多事者
謂有此礼也胡一旦又從而後之而不知任質之過或以開放達易
簡之風故礼以爲絢也猶文之附質特其後焉者也是說也周坤之
可通而機之所忽觸者也商自此解矣予起商而商更起予其已無
詩之見在意中矣夫天下之不可與言詩者以有詩之見也吾于此
白命專家而外此蕊無所得則猶是訓詁之學焉耳夫詩之說長于
變知其變者引伸觸類于以該古今之制作而特非章句之儒曲守

科大題一貫錄　　曰禮後　　陶

師說者之所能與乎此也故惟商而後可與言詩若曰能不執乎此
則正可深求乎此也乃天下之不可與言詩者又以其無詩之見也
昔乎此不求甚解而外此更無所求則猶是渉獵之學已耳夫詩之
致極于深得其深者反覆推求可以究天地之精微而正怨聰明之
士罕覩大意者之或忽乎此也故與商而仍與言詩若曰能更求乎（旭蟠云此篇中野紙精也）
此則起悟將不止此也蓋商之是亦無禮之見矣其後遂以詩學鳴
云

亦從大士作脫繫而灵變隨之特其後焉者也與商而仍與言詩
詞無燭源能發後生妙思　何以瞻

大科大題一貫錄　田礼後　陶

一味真率直造古人閫閾骨節珊珊絕塵而來其用筆灵逸酷類

前輩董文敏

曰禮後乎

楊昌平

賢者悟後於禮會心遠矣、誠後乎夏因繪事而悟及之會心殆遠矣哉一想其聞繪事後素之一言其素絢之見已不執於胸臆之內止覺先後之序恍然遇諸心目之前遂不禁浩乎有得也曰有是哉夫子之論我以解詩也不意夫子之論我以解禮也則古稱先日講求乎天則而推尋其故揚風花雅事事滯於乎準繩而如遇其漸則試即從以驗深由淵以究微本工人粉飾之末諸賢先王制作之精意禮其後矣乎禮屬天下所共由大而朝廟小而閭黨罔不奉禮為綱維此三百之所以三千也弟思拜跪何以不

等於虛浮玉帛何以不躋於繁縟節要必有胜然考以主宰乎其先
而後無窮之至文暢焉藉非然者區區曲是將無甘而誰受和
無白而誰受采也乎禮又古今所率履遠而帝世近而王朝罔不
本禮為則茲此聖作之所以明述也第思經權何以不入于汗漫
常變何以不流于僥托此必有維然者以主宰乎其始而後無盡
之儀節陳焉苟非然者拘拘文貌何異副笄之珈終愧於不淑如
雲之鬒徒羞夫邦媛也乎躬洌儒林何嘗以攜貳者務勝離之漸
然偶經指示而此中之旨[illegible]深故洪纖之數本屬燦設之形而
有形者實由無形以所始則無形者必先[illegible]有形于其後也而

何得倒而置之也斯㝠六非必以爲妄者悖從先之思然片語照乗而後此之崇尚彌切 曲之繁原爲範圍之象而有象者

是從禮質出後來非是作出先來乎字語氣最合

寔立無象之所自來則無象者其初而有象者其後也而胡得混而一之也天高地下而禮制與無往非本初之質萬物散殊而經曲著何日離純一之忱今而知夫子之教我良多矣

大註禮必以忠信爲質是朱子詁其所以然其寔子夏當日只因上節一箇後字悟出本句一箇後字若推求㡳於則非曰後而悟先矣道理未嘗不該而語氣已失此文處處從禮字看出後來觸類旁通最見言下會心之妙　雲舟

禮後乎　潘成雲

通乎後之說者，禮亦其繪焉者也。夫世方爭勝于禮，誰復知其後精商于繪事而通之，則後可還勝乎。恍然曰：甚矣，學者之所見爲乎一偏也。事理近在目前，而不能辨其所從生，推其所終極，則執將因乎天與者因乎人，無爲與有爲，比匹然而無據，安在其稱乎此可證乎彼也。今得夫子後素一言，而知天下一繪象也。先王知白質之無以爲光也，太素之無以見美也，有五采施于五色以繪物之形，即有五品施于五教以繪人之情。繪之以日月星辰山龍華蟲，而天下之質以數繪之，以玉帛組豆三揖百拜，而天下之文

進試小品 論語

以礙則禮也者其即繪之大為者乎繪月素何事無素繪為後何事非後而凡朝廟文章與夫周旋揖讓之間何一不可作繪事觀哉由結繩而揖讓由揖讓而文明亦亦華矣華而始知其為禮也亦華而斷溺其為禮也果若子所云後者乎則有禮者有所以禮者在本奪而逐乎旋背之儀為生本忠而濫乎拜揚之節焉豈非有素為者欲不然淬尊十散朴弥甚耳而茲于至公荐于鬼神何為者即根中心而言貌匪言貌而儀文亦亦繁矣繁而日習其為禮也亦繁而愈歎其為禮　不若小云後素者乎則有禮也者有本始有禮也者沿有激而後弭既誤吾有要而後要始樂焉豈

其皆繪焉者欤不然章沖澹會亦至青耳而飾以濃艷以旌贊
河以者耶是知世運日新、大抵有所藉而興者也藉之不已
又從而甚焉則靡靡無已時者是將以繪增繪也外飾已多緣飾
而刻畫者尤競出其奇天下有如是之繪乎有如是之禮乎人心
數术之思大抵騖其後而忘者也忘之不已又從而勝焉則繁然
無終窮者更將不素而繪也中藏曾無寔意而尚文者若曲致其
情天下有繪焉而可先焉者乎有禮也而非後焉於乎前也由備
形之姿想見其未有從焉歸衣錦褧之盛則後素一言夫子之撇
商多矣

禮後雖有寧衷。正須然聯會意作佐、但補難方、可乎字口吻、拙手填綴齊之套語。累牘皆不盡否則不倍後幾枘鑿口浮滑。題神隔千里矣。以此步虛運實、擒言然心淨人懷抱五紉、矣衣愛若銘之。周華苹

題之觸發在轉念。大之奧美在轉蘘。徵情焉致。一折便醒。尼語

日前宵課。邵肅濟

曰禮後乎　商也　庚午陝西　劉九德

知所後後者通于禮聖心與之俱遠矣夫人日習于禮而孰知其為後爲者乎子夏因繪事而悟及之子所以有起予之嘆哉嘗謂前聖制作之精意要皆後聖所黙喻特無人焉以發其緘則亦渾然而相忘耳夫惟善悟者由粗識精畧章句于不泥斯可以潛通黙契引數思於無窮矣繪事後素于但以之解素絢也豈欲借以啟予之悟哉光華其日闢矣宇宙尚仍屬黃農則敦龐亦病於喬野此詩人意中之言也商即會心應于斯索解矣文質可偏廢乎世運不易其忠質則制作第顯為郁文此夫子言外之意也商即神

契亦何事更端乎而孰知商則自此遠也物不得其所據則鮮所
麗發降拜𧨏具文也乎哉蓋必有裁乎此者以黙宰于隱微而天
事所(議字語)難已即為人事所由增探本者當實求諸受柔受和之地事
不原其朔則篡所緣周規折矩無端也乎哉蓋必有肇乎此者以
治結于日用而有不可假之本真即有不可畧之儀則窮源者可
前觀于聲希味淡之(好整以暇)初孔後之肯商悟及此〻固倚覽方策中未
聞有此篤論也既可補前聖所未及亦適求吾党中不聞有此確
議也更可發吾子所未傳而又寧容已哉繁文之勝也夤藉口于
先王之創垂乃先王因情而生文後人習文而滔情轗轉祠做亦

曰禮後乎　商也（論語）　劉九德

哉不可究詰矣不謂揚風扢雅竟得此意于四始六義之外也是宜予所驚為念不到此者也經術之敝也類訛傳于學士之附會蓋學士馳心於縟節當世遂烟沒其本原拘墟鮮通亦且莫能覺悟矣不謂倡歎淫泆獨得解人子三千三百之中也是又予所許流洋…而三溢為先得我心者也起予者商何能釋然于礼後一問也耶乃知窮經而神其解則篇什與經由悉融而精微可以相貺考古而識其要即教者與學者俱長而引伸妙于無垠予夏豈第可與議礼哉柳亦可與言詩矣

衆妙之門緘縢自啟會須息幾接踵叅之

曰禮後乎　商也　　庚午陝西　嚴慶雲

賢者會及於禮意遂動聖人之深心已夫礼後之觧夫子念切之未嘗言及之也子夏因繪事而發之其相契不已深哉且久矣斯人日遊於禮之中而不知礼之必有自起也不幾疑典章為強設乎抑知有象之陳設不先於無形之綢繆聖若賢隱繪其象於敚疑問雜中而太始之意昭焉而制作之原托焉而進德之序明焉乃不覺相深于無盡矣如子夏有疑於素絢子曰繪事明其後也夫宇宙有相因之机緘而兆端一歸于自然韡光闇淡胡為漸焕其采也則瀏渾麗於皇古而循生迭起之經猷固顯揭焉而本

可會當漸有內藏之暉吉而緣端或反以相掩文物泚虛胡為遽忘其朔也則驗忠信於人心而增高繼長之軏範固日呈焉而隱可思離時乎方黙然而商則瞶然曰嗟乎寧獨繪事哉彼夫拜跪之有節也揚襲之有文也聘享之必庭寔也天高地下萬物散殊禮黙寓于先而非人則無以行也親親之殺尊賢之等礼实居其後而由內因以達外也然則典則制度世宙之所以貴其观乎物采章一身之所以昭其麗乎威儀者繪之餙肫懇者素之質益至通其解于禮後而子夏之心至此遠也而夫子之心自此

精神發越抱安學可

蕭也今夫解人善悟之机必待因類而可推偶爾貫通絕與昔言

曰禮後乎 商也（論語） 嚴慶雲

不相蒙其會心寧有極也理緣神引知非恍惚而雜遝而至人中
涵之蘊每緣乍觸而鄉動無端相叩邃閻風懷所甚切其相餉豈
有窮也投之逸融不禁神怡而心暢淳悶之日遠也踵事而加哉
忘大羹元酒之味好古者有望栝棬而起慕耳商也何華談言從
中乎即粉飾之有本恍然動黃農虞夏之思是先進之遺意也與
是○而○華○穠○奧○情○思
之進于隆古可也而聲入心通感紫在神明之表耆靡之相競也
習焉不察頓少純純敦篤之風救時者有見衣冠而增悲耳商也
何幸一旦及此乎即添彩之繼起浩然發木本水源之想是迻始
之深心也與之觀于無体可也而相視莫逆契合在擬議之先類

予者商在子夏固意外會之在夫子則意中得之乎乃知先王制作之原有本有末探其本而末可兼攬焉切問切思一言而柔刪訂之微意學人進德之序有情有文篤其情而文可徐生焉敦厚崇礼片語而括四教之大全厥後詩學之垂惟卜氏得其傳蓋詩與禮一以貫之矣故曰可言詩也

精理内含實氣外爍筆〻光明後偉舉場中萬選錢

曰礼後　嚴

日月也

西闗邑 鄧之瀚
提南城三名

猶日月以微聖聆其峻也蓋日月之在天宜配之者窮也而聖德之崇高亦然是可即日月而並微之今夫物之麗乎天者不一而極形其至高者益少則天之所凝而載之者巍乎其可思杳乎其莫接亦本之貽質無虧真其神於不可升之境也乃若森然有象卓然可仰微而窺之謂猶有與之並其形者不誠難哉則盍思我仲尼物之貽於穹蒼者莫不有所附以呈其峻倘附之弗峻則托體猶未臻其極太未臻其極與臻其極者固大有間也烏得以拾級可登者髣髴聖之門牆物之超於昊昊者莫不有所繫以表

顏 按

其陰苛繁之極隆則抱質早已至其巔夫至其巔與至岂巔者固可（又一洞福引人入勝）
同倫也誰謂其仰而彌高者非即至聖之精微則試觀於日月乎
紀其徑以相遊而日月其孤焉者也孤則覺天載雖遙聲臭俱隔（二柱雲篤）
故常相示而不相薄者所以歷千古而靡變即謂曰微月微也而
其高之相標者祇安其素初不安與人為耦也夫不與人耦也而
誰其匹之實其程以相周而日月其尊焉者也尊則覺亭毒雖遲（道味理趣）
擬議悉泯故常相視而不相親者所以亘萬古而彌新安在不曰（對）
不居也而其高之相覆者祇藤其埴初不驟與人為伍也夫不與（奇而確）
人伍也而誰其配之宇宙浮空之處皆二曜之所縮結而流而示

焉者以聳其形於清虛之表雖以浮雲或蔽終無損於至高則知
升恆之象早超然於無聲無臭之體而夫子之與為同稱者始即
日月自成其日月已耳於穆不已之區皆陰陽之所凝聚而呈而
出焉者以表其質於廓清之境雖以紀次有窮極無累其極高則
知貞盈之道早燦然於風雨露雷之上而夫子之與為相印者又
即日月之難名其日月已耳是知並日月於仲尼兩有所受而寄
擅其尊置仲尼於日月併無所況而實有同然彼武叔者殆未嘗
觀於日月而一仰其高也乎
洞筋濯髓幽刻秀雋有遊絲千丈獨裊晴空之妙。歷觀諸覆皆極妍思入變。因合叅劉氏兄弟四卷。品雖不一。各臻美妙。漣生之文超古。漢生之文雄渾。澄生之文離奇。以豪邁勝。惟生獨靜穆。以鏤刻勝。幾等於空山無人。水流花謝之句。不能屬和。龍門之相百尺無枝。雖弟難兄。豈久羈籬下者。驥之子。鳳之雛。予將拭目以俟。原評

鑱削沉健。闊下處洒然意得。其文心清曠。如千仞寫喬木百尺見游龍。令人想見新安江上。弟奎父

日月有明　二句　陳用

觀日月之所照而道本可識矣夫照之所及者即明之所存也觀日月於容光而本不可識哉且古之智足知聖者有曰仲尼日月也蓋言其高也而即可悟其明也夫以為高則固憂絕於天而不可踰而以為明則更鴻察於地而不可掩人奈何日見之而日容之也則吾且由觀水以觀日月天之渾渾亦積氣耳自日月出而鴻濛之秘蘊始宣宣以明也天之蒼蒼其正色耶自日月出而造化之文章愈著著以明也若是乎日月之有明也當遊何術以觀之日月之去人不知其幾千里矣然觀山而明在於山觀水而明

明字頻得醒

則有字之神躍動

即以本章詮本題義理明豁

試草

試草

在於水即觀於山海俱窮耳目不經之地覺有以統冒乎物外者復有以分給乎物內且此內焉者原與外焉者齊耀而並輝初非有異候也何其照之必達也謂是其光為之與抑容光者為之與則明為之也斯固無假於圭測也人之去日月又不知其幾千里矣然觀一國而明在一國觀天下而明在天下即觀於聖作莫之言語難通之處覺有以紛著其至多者復有以獨見其至少且此少焉者固與多焉者同體而共貫初非有異用也何其照之必遍也謂是其光之為與抑容光者之為與則明之為也斯又豈等於管窺也天下有竊其明以為明者爝火之光是也此亦猶異端曲

日月有明 二句　陳用

試草

學乘吾道之偶晦以閃出其奇而不知皆其照之所必察者也維（劇○精○義○開○合○正○意○如○此）
日與月歷萬古而常新有與日月爭光者而日月原不禁有與日
月爭光者而日月益不磨矣天下有因其明以為明者目睫之光
是也此亦猶諸子百家具聖人之一體以共翼其盛而不知即其
照之所必存者也維〻與月亘千秋而若揭有為日月分光猶[illegible]
日月仍不減有為日月分光者而日月實不窮矣由今觀之或晝
或夜以一而神互陰互陽以兩而化其有明者不貳之體所以立（性○理○精○液）
也其必照者不測之用所以行也大矣哉而未嘗無本也若夫與
日月合其明者學者亦作如是觀焉可

試草

談理如容光之照而行以江河流水之筆故出語根極理要而
無有腐氣滓痕是有本原文字非餖飣弄唇吻得來　月階李先生

馴得鳴鳩拂其羽　得鳴[illegible]
何處戴勝降鳥鳳前[illegible]
柏翅[illegible]
[illegible]

越中虛字皆動

虛提明光尚未點日月

日月有明 二句 滚作八股文 黄越

知日月之照有本，而聖人可知矣。蓋明生乎日月，而光照乎天下，其容光必照也，惟其有明而已矣。聖道之有本，與日月何異哉！且自古之稱聖人者，莫不曰明哉日月，為其明之無所不及也。而使有及焉，又有所不及焉，或及乎大而遺乎小，是不可以為聖人也，先已不可以為日月。日月者，照臨下土者也；聖人者，旁燭無疆者也。今夫明以生光，光而後其明顯焉，非光將不見其明也，明與光一而二者也。天下之物之明者顯然也，光生乎明，明焉後其光盛焉，非明將不得有光也，光與明二而一者也。天下之物之明而有光

分剝明
光入細

昔類然也何況日月哉稱日月者曰光景亦可以日月為有光頭
明辨而光用無是至明者以為之體則亦無是大光者以為之用
也光則何遠之不届也尊日月者曰三光即可以日月為有光頌
明聚而光散無是至明者以為之聚則亦無是大光者以為之散
也光則何微之不入也日月有明矣而容光有不照者乎天無不
覆日月即無不照其何待言哉乃至容光之處或有不容之物斷
無不容之光既可以容光而光即照之餘是月來而日往則日不
亦日來而月往則月不照非然而經天之影必能無歸而不微也
光能及此照地無不載日月即無不照又何待言哉細及

細心密
理人不
辭適

旁觀愈
妙

黄太史宣稿

容光之物于物或不能受于光何所不容焉可以察光而光已照
之隙矣晦冥尾而則有照有不照薄蝕淦晦則或照或不照非然
而出地而升自必無隙而不乘必非至明其何能若是然俯而察
見先不見日而不得不謂為日之光見光不見月而不得不謂為
月之光其寔日月之本體去人尚遠而光以接之日月之光月月
之明也不可仰觀而識所照之無窮盡隙而窺日或入焉要不以
日之光為月之光月或入焉終不以月之光為日之光其寔日月
所翕聚詎人所及而光已被之日月之有光日月之有明也不可
靜息而情所照之有自哉藉使光之所照而無其本則爝火之明

黄太史宜稱　淶作
熠耀之光皆得起而争之矣聖道之大而有本何以畀是
深汝索形且使題無一字虚設一[illegible]以[illegible]皆生眼[illegible][illegible][illegible]

日月星辰繫焉　　劉巗

在天成象、天體然也。蓋天動而不息、而日月星辰麗之、天殆以此為體矣。且易曰天垂象、又曰懸象著明。夫象而垂之懸之、則必有所以繫之者矣。夫太虛無體、即以日月星辰為體、而乃曰繫焉者、蓋精相（精）感則相繫、類相從則相繫、其勢相上下則相繫、其機相隨轉則相繫（敘）

日星陽也、月辰陰也、然日月皆陰陽之極盛、而陽又陰之宗也、離乎天（原○語○用○）之神後乎日、而陽旂而陰受、故月受光于日焉、星日之餘也、亦受光（卿○字○呼○句○妙、乃是以天為○綱、不然則似月星○辰○单繫于日○矣）于日焉、辰月之餘也、故亦與月同受光于日焉。既受其光、則精為其（聲○字○創○闢○）所攝矣、然其相感召而繫者、猶神之運乎形而已矣。精凝矣、而又有（原○陰○分○慮○和○之○）

（此橫渠之說）
類焉日陽精而質本陰也月陰精而質本陽也故陰陽互根而相配（此張衡之說）
耦焉星陽屬則附乎日焉星陰屬則附乎月焉辰則日月之躔舍而（蔡沈之說）
為陰陽所會焉其象既有所屬而相合則其性必有所麗而相依矣
此其相順從而繫著猶方之各以類聚而已矣類敘矣而又有等焉
天行最疾日遲于天而行怠焉月遲于天而行緩焉衆星各有遠近（此朱子之說）
而其行自有遲速焉辰則隨日月之所會為次序焉其層級既有差
別而不淆則其布列必有條理而不散矣此其相上下而繫者猶物
之各以群分而已矣等定矣而又有機焉蓋圜轉之物動必有機惟（此邵子之說）
天不動而左旋而日月星辰亦動而右旋也日隨天而轉月隨日而運（此橫渠之說）

日月星辰繫焉（中庸）　劉巘

隨月而見辰晦日月而行天之數一歲而日月星辰不得不動也機既動而隨之則其根必不可得而遊之矣此其相隨時而繫者猶小紀之統于大綱而已矣況乎日月星辰繫于天而即為歲月日時（此演繹五紀之說）之所繫日周天而成歲則日主歲而歲之分至啟閉以繫焉月會日而成月則月主月而月之晦朔弦望以繫焉星紀于日而辰日則星主日而日之曉午暮夜以繫焉辰紀于月而成時則辰主時而時之參刻永短以繫焉此皆精氣之所貫通真理之所素審寔有以相維（此句繳繫字意）相攝而亘古不敝者也夫神守精存則處其體而宣其耀及其衰也神欺精散而即有隕墜之形蓋日月辰之體最大而星則有參細而

林翰篆行書踪雅集之盾

綠之高綠苔　華枝觸

不可名者猶有時乎繫之者不歷也而凡其所繫豈虛乎哉

取精于正䝉徵材于靈氣　朱霞

生填日月星辰與雲漢繫字者皆不深于古人之意而強作解事

者也取材既富而能運以精思他文皆浮滑想像耳

日月星　劉

日知其所亡月無忘其所能　　崇文　吳一渠

叅時敏之心有無間於日月者焉夫曰亡其所亡也曰能其所能也策其知與無忘而寺敏之課心於日月者如此今夫無窮者心而有限者時以心之無窮迫於時之有限故屢作而屢輟悠忽之修為何補也旋得而旋失蹉跎之歲何追也惟夫登之以之策之以氣持之以力守之以為斯真以無窮窮之自不以有限限之矣蓋自吾儒不安於亡故以知為得必極其能故以無忘為得然致功者每以未得為得而未得則終於未得矣以既得為得而既得或轉為未得矣其終於未得者自不知其所未得以其轉為未

得者自忘其所既得始而其所以不知其所未得與忘其所既得
者則自不濟心於日月始浮慕者貴涉獵以所亡為固有日復一
日而固有者昔盡屬茫然此安於所亡而不知者也君子病其疎淺
菅者域小成謂所能為皆備月復一月而皆備者旋不接武此情
其所能而遂忘者也君子哀其蕪然則何由而使知其所亡與無
忘其所能哉是非課心於日月不為功其心於可知可行之事日
懸一未知未行之想以策勵於無窮受之以漸受之以巽繼長增
高而晝夜有兼程焉故一日可貫百年其心於所知所行之脩月
存一已知已行之思以糾繩于靡盡法之以乾法之以恒程功積

事而時序有交勉焉故期月已該乎畢世宜夫勿與無忘之禀於日月者有分致焉有合勵焉一念勉其亡一念又勉其能則此心已紛而不靜一時最共知一時又最其忘則此心更雜而不專惟（二義清嚴分明）分致之日就者不以其所亡自安月將考不以其所能自昧優而柔之饜而飫之裕如也而所得不已益哉日積焉而不以能自者則持之宥容者已疎月累焉而不以亡自思則課之性天者何在惟合勵之不以後之月盛者滿吾志仍以紿之日新者鼓吾神研緒心焉說諸慮焉怡如也而此中復何慊哉可謂好學也矣

氣體清醇說理無蒙混語

第二十二課　第八冊

物理學概要講義

日知其所　三句　　許自沈大中

論好學之心每而未去者也夫心所不好不能强其心之而不忘也日月無所非上學自深好乎今夫人業之所託與神之所居往往而不相涉者非其人樂空其而藝無能也天下之理來而所遊以言必出入其間而感其久之不可以待其然故淺嘗輒止而世多不好學之人矣何則人莫不有所亡自亦莫不有所能者乃每是學也或亡則終亡或亡不終亡異也頓何以同一亡而亦異也焉或能不終能或能則終能異也頓何以同一能而亦異也哉則非學不學之故而好不好之故也然則好學者殆必自知始矣爾

知自此始亦不自此始是知猶未充乎亡之數也而亡者正多也又並自無處止矣頭無處自此亦自此止是無念爾以隱微之畢也而能者有限也茲前果何如而後可謂好學哉夫逝者如斯吾得失相隨而俱積於空虛之地來者無已吾新故相習而益見其無盡之處此其道在合知能以並進而其功當計日月以為程順逆相因者學之機吾心空空焉日探其理之未有者而致之是逆而取之從乎日後以徵其前之所獲是又順而守之天下之理取之愈易則守之倍難然日計之而不足則所以月計之而有餘則守者又在也分合相參者學之功吾心欲焉日察其

理之散見者而課之是分而獲也至立乎日後而總其力之所加
是人分而共矣天下之理獲之不約則藏之甚豐蓋當日而適得
所亡則慮名實之計月而多見所餘而實若不可虛之也由是而
知所謂好學者必不至自與之廉者也新舊相易如貿遷然數日
爲○但○乃○才○學○精○語○不○可○多得○
無一日之積故必知之而後可言無忘蓋日之功總計於月而以
妙○音○清○絡○　貌○
無累之則吾心有擇善之明然必不爲之補之追者也漸遠而失
若貴廉然後日不見存前此之半故既知之而必極乎無忘蓋月
之功散見於日而以無忘統之則功能有固執之效矣其不謂之
通○身○入○情○
學乎誠將之事而必有所甚勉而總必有所甚安知能之功始

一家之散殊而後必歸於一致不然其大玩日揭月幾何也

層層如折如旋生螺赤中　陳公小朱批

寧奇與異雋味無窮饒振人見之如嚼木屑矣　殷俊眉

中立而不倚強哉矯　杜光先

以中立觀君子必不倚而始見其強也夫中立似強而無如其易倚也不倚如君子斯其強有矯然者耳且人見尚同者之近于弱也于是激為尚異之習者天下隨俗附和之人而聾其意然而未可恃也我欲脅人亦制奪而奪之以天下之同聲一人之異則其勢不得不折是亦未嘗折衷于君子矣和而不流君子之強也猶未也夫君子不又有中立時乎有一事之中立焉從容而謀衆安乎不盡然也而一節獨然則必于此事之中始之終之而皆不渝吾見以素定有畢生之中立焉嘗溯而獨清夫節既已然也而細行亦然則必于此

（從中字立字擠出不字倚字看分外清醒也）

（層層推出如登階下上之級）

（似真如畫山水法縱者是）

生之內發之收之而揔勿負吾意之謂則無所雜乎人情莫不樂于
見是不樂于見非中立矣非之者眾矣自一人非之以至于千百為
羣而適亦有此慶中立者之情夫亦何樂乎此不與則疑：心一生
而進觸然失其所依據故中立與倚相相召也君子乃果于自信而
一無所疑也人情莫不安于相從不安于相離中立者距之者至矣
一家距之以繼諸鄉邦之外而動輒得阻度中立者之情夫亦何安
乎此不安則悔：心齊動而乃詫然喪其所據依故中立而倚勢相
循也君子乃持之益堅而絕無所惕也其不疑也有所以不疑者在
也人惟無見乎天下之理故不疑而：寔見乎所信者理而已彼其

介介焉不背俾論以儕落豈好已勝哉好已之理勝焉耳理勝則一（以下字字內透出強字）人之力自可原天下之人之衆而譜其衆之其不悔也有所以不悔者在也人惟無當于千古之義故一折而不撓君子所持者義而已彼其靳靳焉不屑與世以浮沈能必已勝哉必已之氣勝焉耳義勝則一人之力漸可轉天下之人之衆而難能尚之強哉矯乎君子之中立也君子之強固必待不倚而後定而要其中立時則已不倚矣（從國意若）

彼不察其本未晶晶快意氣之私而尚與以為強者亦獨何哉

中立即似不倚卻又恭而字一折者或問謂中立而無依則必至于倚合之語類氣弱不能自持從若中立必有一物憑依乃能不

倚不然則傾側而傾仆一條是分曉至所旁不倚猶中立然中立時亦自有所依靠乃能之即是倚此意思極難分曉文瞻用伯夷事乃朱子之說筆意凌空蓋得之昌黎

中立而　社

中次食亡、、

浙江何宗師科試　常山縣學一名　汪鱗

中農復有次其所食亦次于中焉夫中而曰次亦猶上之有次然已不逮于中矣而謂所食有不次于中哉故別之以六人云且夫爵之班于國者其等固有六矣而農之給其家者豈必準諸此哉（借摘。）然亦居于農之中而甘進于中之農則所恃以給其家者不得不讓于中而豈敢沾沾曰我能食七人也乎（中次二字清新雅切。修妙穩勢原上句。）夫國而曰次國以其別于大國也而茲之稍農于次者亦特別于上而且別于中士而曰中士明其異于上士也而茲之次列于農者非惟異其名于上之次而直異其名（頓上二句并稍上下農夫二句。中次二字收折。）于稽其食殆六人云思一家之中曰父子曰兄弟曰夫婦子女以六而止夫農也受王朝百畝之田而佐以終歲之勤動遂以充六人之需不可謂不多矣雖饁耕者有思媚之情候門者有稚子之戚分勞者有手足之誼而總在此六人之中不能更贍于六人之外由是而稱梁六種之歲入者僅僅焉弟一家不見盈也已計家人之數曰主伯曰亞旅曰疆以類亦以六而盡夫農也隸籍于數口之家而加以朝夕之需塗止以給六人之求不可謂不嗇矣雖于家事有贊襄之利于田功有友助之勞于畝畝有分理之當而祇給此六人之所需不聞淨六人之所與自是國家六府之經畫者斤斤焉遂為農人劑其盈虛也

內省不疚

江南法宗師歲考　印光任

嘉定縣學二名

惟君子能問心無積其功于內省之前者矣蓋君子之不疚于內
省驗之而其所以不疚者非于內省致之也司馬氏可不深求乎
且夫神明之地本無所累而動履之間每多所違遂有撫衷清夜
而愳然其自病者矣至于自病之深欲苟安焉而不可強制焉而
筆意清辣
不能夫乃嘆平時之制行者無術而中心之引慝者不遑也子疑
我言之未足以盡若予盍進而求君子之心乎天懷豈謬同于淡
漠而惴惴于夙夜者惟恐倫紀之乘違以深其罪戾而一心之詬
病常自儆于旦明襟期豈漫誇夫高寰而惕惕于隱微者惟恐天

觀之睽施以重致懲尤而方寸之返觀常不容于寬假吾得以想
君子之內省焉內省則志無可歉微特揹行多疵不堪辭證苟刷
旋骨肉之際有纖毫之未得其安將不免漸開間隙而中心之負
疚者即轆轤而不寧內省則情無可遁積特疑謗交集難以捫心
隱曲全倫物之間有幾微之未協于則雖不必遂啓猜嫌而隱慮
之懷衛者寔悚惶而莫釋甚矣內省之難免于疚也而君子則不
疚矣疚生于一時之拘焉而非此一時之可得而消君子惟操持
于夙昔而朝而乾也夕而惕也凡夫敦倫飭紀之事無論順逆必
無一時或失其經則不必幽為人知自無所拂于人即無所拂于

已而獨為于一時者，亦難舉乎時之措履以自信其無他疚。（所謂縱有非意之來亦非己所自召）負于一念之自知，而非此一念之可得而去。君子惟黽勉于踐脩而龍存也，動有察也，凡夫至誠至情之地，無論經權，必無一念或乖行理，則不必遁為外飾。自私所戾于外，即無所疚于中，而自慊于一念者，不離合衆念之不欺，以共徵其快足。由是境不必其盡適，苟中懷之坦白，自有天地可告、鬼神可質之情，即門內雖多嚚傲，而孝友之克諧，且共試于雷雨烈風之會，抑遇不必其皆安，苟隱念之不虧，自有衾影無愧、俯仰無慚之致，即國中雖布流言，而不顧慮，且共白于缺斨破斧之餘。此則君子之不憂不懼也。予

朝考墨文選

奈何不思其故而忽于袁言也乎
內省在臨時說不〻以在平日所向上見向〻嚴迫入裏方寫得
君子全身出也體心既精發揮復透通體切對向雅之亂說于
上下文漫擺言亦〻著落

內省不疚 二句　　楊名時

君子絕憂懼之原惟其心之無愧而已夫中有所疚將憂懼之端即伏于內省時矣若云不憂懼易能豈不疚之事亦易能哉今學者未嘗用力于自治之事動曰無累易則耳及實驗之而後知其難也蓋累之生也不從外而生則累之絕也亦不從外而絕審乎其識之有在而得其所以致此之不詎乎時雖凜凜加虞而猶慮其疎矣子乃輕言不憂不懼乎夫是諸也使可以强制而能之則一矯情鎮物之事耳使可以達觀而致之則亦一冥情絕物之事耳曾何足以為君子哉若子之不憂不懼者不因强制達觀而得

不動未發中節　評語

也蓋人之憂懼由心之疚而起若此心當未有事之時若平有一（分明）
事焉隱隱而多所慚是疚也疚伏于未有事之先憂即生于未有
事之先此無他理有所餒氣從而歉矣氣有所歉物乘而入矣欲（學映）
却物以却憂憂不可却即欲制氣以却憂憂亦不可却適在以理
自勝而已矣心當既有事之時若仍有一事焉耿耿而難自恕是
疚也疚積于既有事之後懼即形于既有事之後此無幽意有未
慊心從而動矣心有所動境得而原矣欲忘境以忘懼懼未可忘
即欲持心以忘懼懼亦未可忘適在積誠自慊而已矣是以君子（側折出內省人公分持說）
未嘗有治憂治懼之學而能絕所以憂所以懼之哉非未嘗有欲

不憂欲不俱之心而能進于自然不憂自然不惧之地吾于其内
省時驗之天下矜躁之儒每謂心性之閑存可以無失迨返觀密
察曾不能以一日安者豈少乎而修已既至者舉生平之學力一
一可以默參但覺念慮既懲則寧淡之衷坦然而自得慾既窒則靜
虛之体悠然而可究夫乃自信其無所疚于隱微也天下浮夸之
士每謂人已之應酬可幸無過迨證懷殘參曾不可以一刻寬者
豈少乎而應世無愆者舉一身之閱歷事事堪為共對但覺倫既
盡則邦家之大不生尤悔物既体則患難之遭可泯懼怍夫乃寡
証其無所疚于身世也所謂以理自勝者此也理純則氣自充而

未有事之先物自無因而入也夫何憂所謂積誠自慊者此也意
慊則心有主而既有事之后境自無得而屈也夫何懼是豈矯情
鎮物與寡情絶物者所得而語此哉吾故曰不憂不懼難君子體
也

前半篇從疚字抉出憂懼病根深痛快其功一棒一條痕一
掴一掌血也說理文字了斯極矣若後二比發内省正醒題緒
功定論當前賢亦應斂手避之

內省不疚　二句　丙戌　穎川文　馮詠

憂懼由疚而生，惟君子絕其源矣。夫疚者憂懼之源也，內省焉而其源絕矣。人不能如君子之不疚，頤能為君子之不憂懼乎？且人不能自有其德，情緣境生，而險由心造，門上而却之，無險可却也。況門上而招之，而何險可避也？故夫所謂憂懼者，大率自疚來耳。天較人情較天，天較則人情愈熾，出王游衍之處，早有明神鑒我，我其畏何以自全？一爾室較世路孰近，爾室惆則世路益惕，不睹不聞之地，常有起滅隨我者，又將何以自信？仁義道德之美，天地之所愛，為士窮而去之世人尊其貌，天地見其心，惴惴乎本心難滅矣。君子內省焉

論語

而寧有是忠信廉潔之舉鬼神之所譏奸人詐而冒之舉世高其名

鬼神殛其意凛凛乎返身自訟知君子內省爲而寧有是明旦有天

方寸即其地一生光明洞徹此心之內爲昭明爲平旦則無欺矣夫

羣慚于清夜一屋漏有神念慮即其神生平謹小慎微此心之中具靈

爽爲幽獨其無惡矣人寧作於大庭是故終身之憂則有之而一朝

之患何憂也蓋既問心知警入世奚所不可安見樂貧賤患難之遂

懸揣而遠慮臨事之懼則有之而無妄之災何懼也蓋既冰淵知畏

履險其又奚辭鄉復樂刀鋸鼎鑊之慘來至而先驚彼小人日作威

福夢寐若有雷霆之至患得患失患利患害疚心之事已多常恐其

理之必報一惟聖賢自守禮義孤孽亦獲寢食之安可進可退可生可死不疚之神已定自覺世宙之常寬蓋必存誠以謹几故能樂天而知命夫是以謂之君子

命意必奇敘句必險以徐夫人七首試魯勾踐劍術

內省不

內省不疚　二句　馮詠

憂懼由疚而生，惟君子絕其源矣。夫疚者，憂懼之源也。內省焉而其源絕矣。人不能如君子之不疚，顧能為君子之不憂懼乎？且人不能自有其德，情緣境生，而險由心造，日日而却之，無險可却也。況日日而招之，而何險可避也？故夫所謂憂懼者，大率自疚來耳。昊天較人情，孰尊昊天，怒則人情愈懸。出王游衍之處，早有明替繫我者，其果何以自全？兩直較世路，孰近闇室，愧則世路益愧。不睹不聞之地，常有起滅隨我者，又將何以自信？仁義道德之美，天地之所覆，偽士竊而去之。世人尊其貌，天地見其心，惴惴乎本心難減矣君子內省焉而寧有是惡信鹿漈之鼓畀神之所冀好人許而冒之舉世寫其名畏神殛其意㴱之乎返身自訟矣君子內省焉而寧有是明旦有天方寸即其天一生光明洞達此心之內為昭明焉乎曰則無欺矣夫寧慚於清夜屋漏有神念慮即其神生平謹小慎微此心之中具靈爽焉幽獨其無愧矣夫寧怍於大庭是故終身之憂則有之而一朝之患何憂也蓋既問心知警入世奚所不可安見華貴賤患難之途隱端而達處臨事之懼則有之而無妄之災何懼也蓋[illegible]知畏幾除其文妄譎復舉刀鋸鼎鑊之慘未至而[illegible]作[illegible]若有需[illegible]

得患失患利患害疚心之事已多常恐天理之必報惟聖賢自守違義孤孽亦獲寢食之安可進可退可生可死不疚之神已定自覺世宙之常寬蓋必存誠以謹几故能樂天而知命夫是以謂之君子

柳河東論文云抑之欲其奥揚之欲其明文以精銳之筆達沉摯之思深入顯出快利無傷　趙星瞻

內省不

仁人心也　二節

張太宗師歲考泉州府學一等第一名　黃允肅

即仁義而切指之而不由不求者深可嘆也夫仁曰人心所當求也義曰人路所當由也而乃舍之放之不深可嘆乎今天下有求則得之舍則失之者其莫甚於吾心之仁義乎乃高視仁義者或以仁義為聖賢獨得之理卑視仁義者或以仁義為生人後起之端而人之於仁義遂離而去之矣夫獨不思天之予人以為何如乎哉而可以不由不求乎哉使仁而可不求是無人心而後可也方吾身之酬酢萬變無一不本於心而吾心之所以酬酢萬變者無一不本於仁則謂心自心仁自仁備而歧之也即心

即仁吾得直指之曰仁人心也一使義而可不由是必廢人路而後
可也。乃吾身之日用動靜不能舍路而別有所履吾行之所以日
用動靜者。不能舍義而別有所循則謂義自義路自路猶泛言之
也。即義即路吾得直指之曰義人路也惟為人路故為天下之正
路。而以其人之義率其人之路義即其路也夫人雖至愚未有敢
越其路者。豈於人路之外別尋一路而竟舍其路乎惟為人心哉
為天下之公心而以其人之心具其人之仁仁即其心也夫人雖
至愚。未有不愛其心者。豈於人心之中莫保厥心而竟放其心乎
果不舍之也則必由之矣果不使放也則知求之矣取我生身具

之理而望之以為歸依之以為宅由是而遵道蕩蕩焉由是而涉
止安安焉率乎路而始有其路欲吾心而始有其心也誠深可羨
也而無如其舍之也亦終於不由而已矣無如其放之也亦終不
知求而已矣衆當躬固有之矣而或入於岐途或馳於他務由是
而步履多乖焉由是而神明惝怳焉非其路即無以為路非其心
即無以為心也不重可哀乎哀哉舍其路而弗由放其心
心而不知求如吾仁何夫苟返而思曰仁人心也義人路也而豈
甘於自棄耶

太宗師原評

仁人心也　　　　蔣拭之

大賢論仁之切于人直指其心而名之焉夫仁者心之理也既為心之理而仁不即心而是哉孟子切指之以示人曰人稟性于天地其理無所不滿而得之最先是以包四端而統萬善者仁是也然人共有此仁而養慕乎名則雖同天命之本然且茫然而無據人共有此仁而不知其實則雖曰民彞之各足亦汎然而不親而吾謂仁者非

仁與心是一是二流得秀句

他人心也就心而言之心其載乎仁者也指心而即謂之仁不可也然惟有心以載乎仁而仁之所全者乃非虛而無憑之物則舍心而言仁不可也就仁而言之仁其麗于心者也指仁而竟謂之心不可

□墨有篇　孟子
所謂心如穀種者也
也然惟有仁以麗于心而心之所主者乃有生而不息之機則舍仁
而言心不可也蓋心統乎性情而性情即仁之動靜人心之所以孚
寓得融洽到十分
乎一身也夫人未有離性情而為心者則豈有離仁而別具夫性情
並張子之說以足之
者耶心兼乎知覺而知覺本仁之虛靈人心之所以別于萬物也夫
人未有無知覺而為心者則豈有無仁而徒恃此知覺者耶是故形
而上者仁也而心固非形下之粗郛廓之中而仁于是乎在焉則心
通到心不可放意已比体貼語意
之感通乎萬變者皆仁之酬酢而不窮者矣全而受者仁也而心即
其全歸之体神明之内而仁于是乎依焉則心之貫徹于百為者皆
邵子曰心者性之郛郭　朱子曰心者人之神明下字
以新不峭
仁之流行而無間者矣然則人能知心之不外乎仁所謂操之則存

〇〇〇〇人〇能〇存〇心〇者〇存〇其〇心〇之〇仁〇也〇單說存心便無外〇道〇〇〇〇
者仁不可以不存故心不可以不操也知仁之不外于心所謂恭之〇
〇〇〇〇〇〇〇〇〇〇〇〇〇〇〇
則長者仁不容于不長故心不容于不恭也而奈何有放而不求者
哉〇

坊英指示分疏交黏皆濂洛關閩之蘊而股法層次亦一步緊一
步董次歐

宬苦發揮不出文能鑿鑿言之固由理精亦由筆妙　袁眉少

仁人心

孟子

仁言不如　全章　　順治乙未會試　汪琬

觀治道之難齊、而詳著得民之辨焉。蓋言聲固難以並較、而政教亦有不相及者。可不推詳其所得耶。且一代之民風、即一代之主術見也。善擇術者、貴審其偏全以圖之、而後大化以成。蓋虛文既不足以感孚、而實治猶未臻於和洽。相形以觀、而知奏效有獨隆

〇從〇仁〇字〇首〇節〇另敘

者。今人之孰不競稱仁哉。然而降溫良之詔、非不足鼓舞閭閻、而德意未孚、則相漸者猶淺。循樂愷之文、非不足激揚下土、而謳吟

〇首〇節〇不〇知〇用〇正〇點〇〇〇〇〇〇〇〇以〇仁〇

未適、則相感者猶疏。以言視聲、是固有不如者。若夫舉仁而被之

〇守〇來〇出〇第〇政〇善〇教〇〇〇〇〇〇〇〇以〇政〇教〇合〇一〇逸〇鋤〇起〇不〇如〇

於政、斯為善政。洽之于教、斯為善教。從來惟立政之朝、為能惇其

孝友作其君師亦惟脩教之主為能布其典章昭其文物豈非異名而同實殊途而一致者哉以是言不如也其誰信之（次節不如用轉點）抑知風尚所傳或互變者不同俗而觀々尚功遂區為數傳之風化觀感所說或謳思者不同情而明作惇大遂別為百世之模猷則且分政教之民觀之民一也何以聲靈赫濯恒出自文法誕布之餘而動以天性者獨藹乎一人之誼焉咏豈弟而思父母未嘗無畏而畏（補法）不足盡也則所以愛者可思也抑分政教之得民觀之得民亦一也何以筐篚來王恒得自法紀修明之日而漸以德化者獨惻乎痌瘝之思焉懷樂只而輸悃素未嘗無財而財不足言也則所以

得心者可思也然後知政亦有聲法度修而興誦作是即政之仁聲也教亦有聲耕鑿寘而康謠興是即教之仁聲也然且升降異時遲速異效于蓋不勝王伯之感焉而況區區仁言乃欲以文詁之空名絜撫循之實化豈可得哉

其柜要處在前路將政教說得合一翻出不如隱隱為下二節分剖政教處打照通身筋節在此起手從仁聲出政教後轄將聲串入政教亦自玲瓏飛舞

仁言不如　全章

順治乙未會試　徐旭齡

亟欲以仁予天下、所以結民心也。蓋天下何者謂之仁哉。得教而

呂云粗疎

急政、得愛而急與、得心而急財而已矣。奈何其弗計之、且儒者論

天下之太勢、攬天下之大機、必歸其意于仁、豈好為迂遠哉。恂然

呂評、擒、安、仁、字、滴、篇、作法正要不費詞旋

而求天下之心何如、實有以動天下之心、惻然而動天下之心何

如、實有以濟天下之心、權制術使从矣、非聖賢之經術矣。雖然聖

高一層說八立身題外

予之仁天下、蓋不計天下之效者也。措天下之法以見其不忍散

籠得下二節

天下之物、以見其不貪百官、以立天下之廢事、禮樂以化天下之

暴戾、民歸焉而求吾仁、民即不歸焉、愈以求吾仁、而不忍計其向

本朝墨選

從言字側出政字畏字財

胥也是何也恐以天下日賴之仁而止為言也止為政也止為畏

字來奇橫之極

而為財也夫然而吾之教仝天下之仁豈非善與而來可以是槩

此亹將首句洗刮以下省多少照管

天下也吾即計天下之效而天下之行仁者尚寡矣吾不計天下

轉得分明亦轉得筋節

之效而天下之行仁者愈寡矣莫如分仁之淺深以見政教之得

失東郊之命不若江漢之歌也新田之頌不若苑雨之慕也仁言

呂評側筆解縛

之不如仁聲天下所共知也何獨于政教而疑之謂政不足以致

不無語病要自痛快

民之畏此不然也即使民畏矣以天子之尊即不用政而人未嘗

不畏也何至恃政以使之畏不觀夫教乎君猶是民猶是也向之

赫〻者今且親〻矣君愛民〻愈以自愛民自愛益之以愛君以

視善政者何如哉謂畏不足以致民之財此不然也即致其財矣
以民之畀即不必畏而無不貢其財也胡為因畏而取其財不重
觀夫教乎民猶是民之心猶是也向之出物力者今出其性情矣
積愛而成心化乎畏矣積心而成治化乎財矣以視得財者又何
如哉天下政不能兼教而教能兼乎政禮樂矣農桿天下之患而
與天下之利非無政也政化于教之中者也天下財不可兼心而
心可兼乎財六府九功以之為天下之私不以為一人之欲非無
（憶使人皆句）
財也財化乎心之中者也夫聖王之心要有以仁天下而已矣豈
計其得乎哉

通篇用仁字連貫。又是一不補〻法。畏愛財心。總是孟子點醒世主說法。若人君着意在此。便入一雖虞假仁一路。此正誼明道。不謀利計功。江都之所以為儒也。于題前發此意。極高微孅

說善政。太眨入苛政相似。呂晚村

以我馭題。不為題縛。相其筆勢。譬則天馬行空。神龍攪海。真奇觀也。

仁言不如　全章　許獬

大賢較治效而獨許政教之辨焉夫得民以得心為上則以政視教孰如也而仁言仁聲孟可知已嘗謂計功算效非純王之治也而善言治者不諱言之蓋治術之污隆有因治效而後見者則君子貴別白焉是故天下有均之為仁均之為入人而言不如聲有均之為善均之為得民而政不如教夫人主惟無意為治也人主而有意為治則必蘄以慈祥豈第之名聞吾謂仁聲之深于言也猶可言也人主惟無意為治也人主而有意為治則必喜于束縛馳驟以見功吾謂善政之不如然也維能信之不知此仁聲也然口起于畏于起

於愛乎而吾之欲得之也以何為先之得財乎　行心乎政誠善民、
畏之而已民畏而君不益尊君有作民元后作民父母而令天下以
共成其尊者則愛之故也苟非善教之不得矣民誠畏得其財已耳
財聚而君不益富君有積之不涸之倉藏之不竭之府而合天下以
長守其富者則心之以也苟非善教之不得矣蓋吾之所謂教者必
格薦　上二股○就畏愛等字說○此乃從政教發揮
率之孝弟萬之忠信耳目之所濡染無非尊君親上之芳規沒其民
躍馬而自動夫政則未有不計功利者也而何以得此于民也教之
所稱善者又必出之舒徐俟之永久歲月之所漸漬無非淪肌浹髓
之瀏情故其民若馬而不知夫以則未有不急督責者也而何以得

以亦民之故必得民則政不如教而入人者益信矣吾願爲之者審所尚焉

此題本以言聲起政教以愛湛起財心以善政形善教故如此鍊格看之馳驟變幻不可端倪其寔節節一定不易筆筆端妙有鼓舞乎額明仲

題局文局宛轉相傳而縱横變化不可端倪韓求仲

明是謂不如說作渾然大雅吾謂有意無意間此作更高一頭馬君常

只無意爲合二段說要爭奇以後便任意以無不中規中矩

第八冊　第二十一集

清末民初教育政策事業

仁言不如　深也

湖南吳學院歲試
城步縣學一名　龍吟

于仁辨所入之深其不如者可先揣也夫為言為聲均之仁之入人而其中有深焉者為治者盡審所不如哉且王者挾進退治道之思亦問出之已者奚若耳其入乎人者曷計焉頓天下所入之數未有不視所出以為程蓋體仁所以長人而達道難以千慮此中泱洽之故各自有本量焉為相提論之其所入有可測也而所出亦從可按矣今夫治本于仁此固上下相維之大機也而仁之宣于上者則為言仁之被于下者則為聲既已任痌瘝之責政由宅里偕期共愉乎群黎詃雖寔惠未孚而大號所傳亦翹首而

（如○養○得○麻○姑○仄）
（平、中○滯、側）

聖明之詔一出之存彝秉之公父母神明豈其不孚于有衆誠使
樂所積而元良共慶遂稽首而陳頌禱之歌若然則非特仁聲有
以入人也即在仁言亦寧無入人之一日也雖然而此中正自有
辨矣二文誥亦聖朝所不廢況在愷悌之敷陳試思里黨以忠厚相
規而不率之人且有感激而泣下者則苟有鶴如之風肯就不傾
斂意況擊
耳而聽也然而恩綸之沛果即為膏澤之下乎古來悖大之朝才
波關絕大
時多家諭户曉之語而或則事機所會藉以為收拾之圖或則國
事已非特以為補救之計即使至誠惻怛足動父老之欷歔而扶
灑古入化
杖而觀德化者或尚俟須臾之無死也而豈遂淪于骩而決于髓

也乎諒本賢主所自為豈與頌聲之洋溢頑念比閭之周瞻維歟而長厚之風且有咨嗟而樂道者則苟有愷澤之覃敷從可知德音不已也使偉明詔之下頌能必美名之上獻乎自古郅隆之世（兩面寫來不如）絕不存謨聞動衆之思而或耕鑿與歌野老克繪太平之象式乃（意自透）疇致頌匠夫亦寫忠愛之誠想其食德飲和直覺濡綿之難已而擊壤而稱帝力者誠不禁有味乎其言也而卑第輯則懌而洽則莫也是故究仁聲之所起或亦本于嘉言而惠以示烝民之惠與（還他分際）寔而被元后之恩等仁也而差數觀焉矣王言愷切草野亦切觀光而惠未得于郷親則第視為詔令之頒而其情不永是何如

勵徳

洋恩普者之共樂仁人之宇也哉即仁言之所在或亦播為風
而暫以謀四境之安與久而飫百年之澤等亦也而功效殊焉矣
聖訓慈和黎獻亦欽主德而恩非其所素被則作動于訓詞之學
而其趣不恃是何如沐齊咏勤者之長食仁人之利也哉無他其
入人深也有所以致之非一朝夕之故也為治者尚其從此切究
之乎

清還仁言仁聲分際指點處事近情邊徵引處才宏識博能運
寔勘出所以不如之故來　張點溪

仁者不憂　三句　　崇文　許士豪　葉帆

能盡道者能無累聖人懸其詣而神往矣夫必合仁知勇然後為君子而非不憂不惑不懼不足以副仁知勇之實也此夫子所以慨想其道而以無能自勉歟且人必去其心之所本無而後能全其心之所固有固有者何曰道也道可樂而人自擾之道易信而人自蔽之道本坦而人自危之累乎心日甚斯去乎道日遠顧欲以道渾涵於心而不與道相閒此詣正未易幾耳君子道者三而我無能豈君子阻人以不能哉君子亦恍其道而已明其道而已遵其道而已以君子而切言之則曰仁者知者勇者以君子之道

而析言之則日不憂不惑不懼感於境遇者無論已第思至樂之地先有其至苦者以相嘗尤悔何以寡身名何以立雖自嚴失造次顛沛之頃而其憂隱然日生且即類曠達者之一無凝滯而自謂無憂所憂正多焉其憂也其不仁也而道何有也仁者則安其游於虛者心自泰凝於神者志不紛縱處家國危疑之際憂亦何敢盡忘而任其責者無累於心蓋道本無可憂而不憂始完乎道之本量也吾一念不憂之仁者而竊歎望道未見也迷於異端者無論已第思可信之端轉有其可疑者以相難理或異其說物或別其名雖自勉夫致知格物之功而其惑積而莫解且嘗見幽閒

者。之。有。時。騷。通。而。一。惑。甫。去。他。惑。潛。滋。焉。其。惑。也。其。不。知。也。而。道。安。在。也。知。者。則。達。甚。袪。物。欲。以。見。夫。心。會。萬。殊。而。歸。一。貫。縱。於。古。迩。悔。吝。之。故。惑。亦。未。能。盡。泯。而。存。其。理。者。弗。鑿。其。說。蓋。道。本。無。所。惑。而。不。惑。能。備。夫。道。之。全。體。也。吾。一。念。不。惑。之。知。者。而。始。覺。至。道。甚。難。也。撓。於。勢。利。者。無。論。已。第。思。至。坦。之。途。必。有。其。至。險。者。以。相。抗。力。欲。爭。而。已。阻。氣。欲。奪。而。仍。留。賠。自。附。於。任。重。致。遠。之。名。而。其。懼。生。於。不。覺。且。即。效。剛。暴。者。之。逞。其。維。心。而。矜。言。無。懼。可。懼。實。深。焉。其。懼。也。其。不。勇。也。而。道。已。非。也。勇。者。則。壯。其。勢。能。屈。而。亦。能。伸。力。可。進。而。亦。可。退。縱。於。屋。漏。旦。明。之。地。懼。亦。何。嘗。不。生。而。戕。於。心。

者弗餒於氣蓋道本無可懼惟不懼斯顯乎道之真際也吾一念不懼之勇者而自覺入道未深也我思君子何日忘之

樸實說理無蒙頭蓋脚語斯爲真實本領

仁者　許

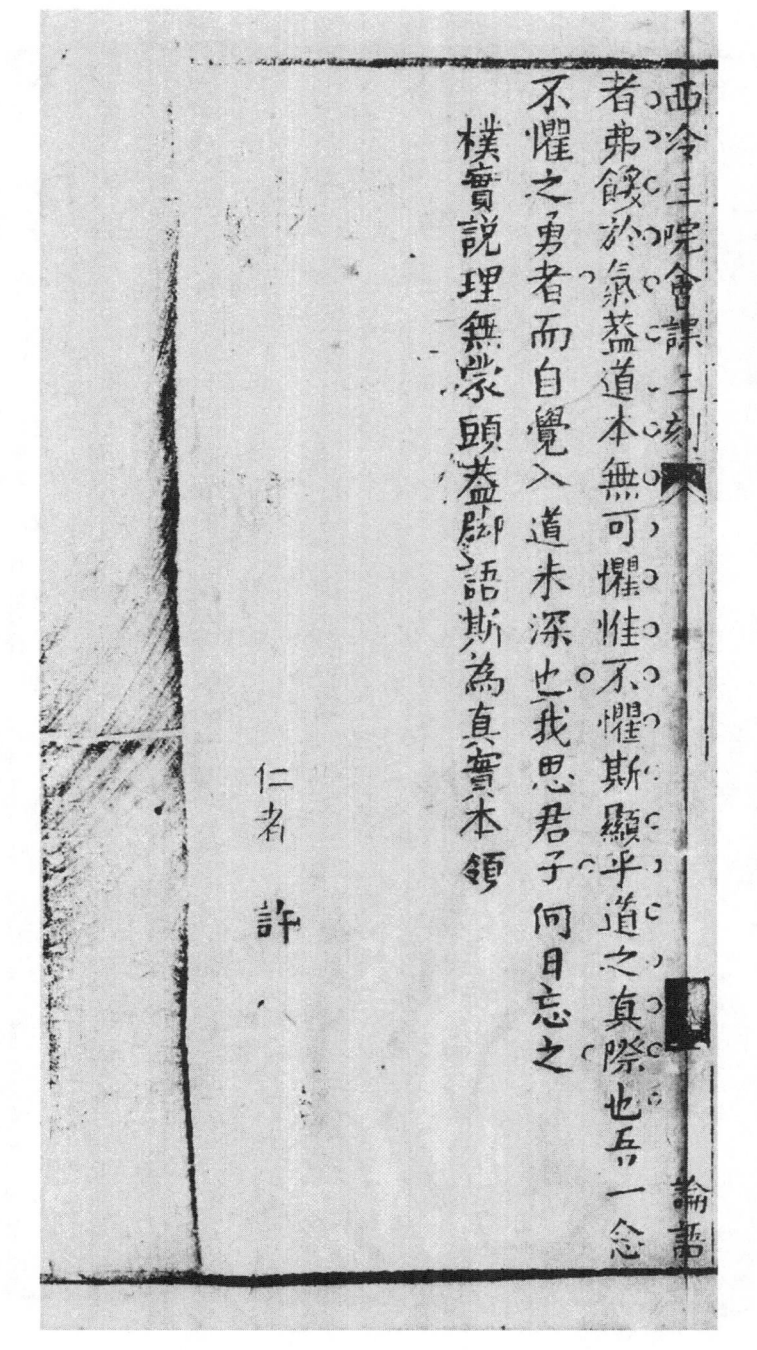

仁者其言也訒　　鄭際唐

與多言者言仁即於言可想見之焉夫觀仁於言特一端耳然言之訒也非仁者其能若是乎告牛若曰子問仁大求仁於隱不若於人所易見者思之求仁於深不若於人所易忽者驗之知此意者可與觀仁者仁者之於仁無所見其然也而可以想像而知其然仁者之於仁不自覺其然也而祗於體驗而見其然夫仁者果何如乎今夫有所得而自宣者言也仁者之所得者厚矣則其宣之也慶無患其不達有所藉而欲發者言也仁者之所藉者深矣則其發之也當不慮其不詳而仁者何如乎但見其言也人皆訒

榕江會課　不出四　論語　仞刻

一句一析有大士風味

不可已仁者非敢謂可已也固亦懷欲陳之矣而精神之所見默

訒字真諦

鄭重焉歛之不必其寂也縱之不必其躁也則見以為訒而已矣

且於其言也人皆謂在所後仁者非必以為後也固亦念欲証之

神味無盡令人味之後不

矣而英華之所發倍堅凝焉黙非有所隱也語如有所餘也則直

更精

以為訒而已矣是故仁求之理則甚精求之言則已粗而仁者之

言可於粗而悟其精仁者觀其言則已淺觀其言之訒則已深其

言也訒即其深之所著於淺微文大義闡發豈復留餘要皆其訒

中之所流而出之者也往訓前謨功德並垂不朽實由其訒中之

所酌而擇焉者也求仁而不覲仁者之言乎其何以驗仁者也

語約而精筆簡而逸文品高人數倍　原評

約是言訒不是訒言認題之精不失銖黍至其行文之清妙雋

折雜之太乙山房集中幾無以辨　陳農民

反其旄倪

倪時躬

思有以安燕民而旄倪不容留已夫民莫不思故土而旄倪尤[illegible]
速令反之其安燕民之要策乎且王師所至扶老攜幼以迎者以
其有老老幼幼之政也今即不聞有此而忽於其失所之人[illegible]
之得所則其道有不利於留而利於遷者旦工速出令盖莫[illegible]於
安燕民民亂於城門不閉冒矢石者殘鯨鯢延死則羸依[illegible]字
而生則人在他鄉疇不飄零辛苦心驚異地之山川民讀此[illegible]
未交被刼略者幾瞽沖鳰顧中丁則自能竄匿老小則未暇[illegible]攣
孰不餌啗顛連奔逃故鄉之頌語然則旄也倪也日隕來書不[illegible]

小題綉虎

小題繡虎

時企反國之踵倘旋里無期詎獲安怙於齊境下存欲反之思上
靳許反之命而恩給之逮奚能生聚於燕郊亦祇民所眷戀者室
家之歡洽曩此堂前榆景膝下歡聲樂何如者自剽掠之餘誰增
蒲琵於是思父兄懷子弟之儔遂捐軀而盡列三單則旋倪不足
脩齊國之干城而念旋倪者爭欲伸燕邦之挫折也夫丁壯者哉
葯黄瀏發西出動天下之兵聲勢來
咸失父而生悲甲士衆墉誰棄兒而忍痛不反而何以慰瞻眷
戀之私民所慘傷者骨月之仳離爾時蒼顏何託黃口誰依乎可
知矣况羈縻而後未卜沒存於是仰無事俯無育之侶流應亦
脊操五刃則旋倪不足張勝燕之軍次而惟旋倪者自能以效

之兵勢也夫耄年瘝羸居閫外者輒伶屬離弱歲伶仃孑孑弗忘提抱不反而曷以辭戚戚慘傷之隱且精已銷亡矣忽忽中之納齒方齠齔何堪聽道左之啼旌倪在齊而齊之景象多京非所以示慈祥也一旦王曰反而胡耇仍安饘粥童子復識（恍○離）遊則瑣兮尾兮未必不手額而頌殊恩且覃詩載路還幼者而（更○慘○痛）非我兒孫出入扶笻遇老者而總非余父祖齊有旌倪而旌倪之影形單隻非所以昭豈弟也一旦王曰速反亡台背再逢反哺維斷重入慈懷則歸哉歸哉未必不滯零而歌再造而不特此也

寫旄倪少寫思旄倪有多便覺行墨間有千軍萬馬奔江

小題繡虎

射得其字的。牽一髮而動全身。不獨工麗跨梁作之工。

倪反

反其旄倪　梁與

為出令者計亦先就散者聚之而已夫凡倪為齊有而燕民治[illegible]

充相聚故反之誠亟亟也且從來成大業者他務不遑必以[illegible]

旄倪

慈幼為急若是乎老幼之宜卹也然布德於安全者必顯數以意

主　實　此句有深意

外之仁而施恩於危難者亦求遂其意中之願臣同為燕民計而

即點　此數題前

不止為燕民計耳王速出令亦盡於旄倪加之意乎方齊師之未

說入　寫得旄倪憐憫則宜反之意自見

入旄倪固依然無恙也迨干戈起而父老嘆子弟之安歸于鋒傷

父兄之焉往致家人憂寐不勝其存其沒之悲即齊師之將入旄

倪亦欣然屬望也迨湯火然而扶杖之老憂童稚之被殘提攜之

予痛祖父之莫覩致湮路傳聞實有將疑將信之條至今日者亦

惟夭之而已大抵民之念生更甚於念死死者無望其生全積久

斬一生者猶冀其保聚須臾弗忘彼燕之旄倪登高而望燕關徉

隕[illegible]曰燕井里得復乎王試思之即不反而無害於齊猶有惻然

（熄及止意）

七[illegible]怨者況不反而未必無害反之而亦必無救也此布諸之所

（徵逮出）

[illegible]緩者也民之思遠更甚於思近近即固若不堪而日見則備

[illegible]慰遠即綏安無事而睽違則自爾多虞彼燕之旄倪[illegible]而

（愈折愈遠）

臨[illegible]故都常竊念曰燕生歸有日乎王試思之即反之而有損於[illegible]

[illegible]有戚然大不安者況反之而不止於無損不反而不止於無益

也。此誠吾之所不容緩者也。蓋旄倪之在齊。亦吾無辨矣。前

誰為力耕而相養。誰為撫循而顧復。豈能舍齊而從王。此亦何訢而

反也。且不反自齊。必反自燕。與其反自燕而使旄倪啟之之患。

孰若反自齊而使旄倪頌吾王之德也哉。抑旄倪之在齊。其可

極意形容

悲矣。白首而客他鄉。則疾痛死亡無時不媿。遲慮暮年。隔適異鄉。

則山川烽火舉目悉可驚心。此亦何忍令不反也。且不反自王。

反自諸侯。與其反自諸侯而王之旄倪或更為諸侯有。孰若反自

王。而燕之旄倪終得為燕有也哉。

此是為齊王置轍敗之策。以情理言。則旄倪不可不反。以事勢

言刪穠悅老不可不反。文中步步從情理說到筆筆上真上節。遠出令下句筆可反止。意紫桐黑鷹。其筆寫淋漓處。真令人目擊神傷。

第八冊　卷二十三

今之人修其天爵　　天爵　　方苞

欲得人爵者其情之變可睹也蓋以要人爵則修之將以棄其天爵矣特既得而其情益著耳凡人未有于其所迫欲棄之事而汲汲以為之者也而亦有之蓋有所欲得于彼而不得不為之于此若而人也固不待其得之時而知其棄之雖忍不速矣若今人之于天爵是也夫今人知有人爵耳而其於天爵則未嘗不修也蓋自王尚德之跡之風雖泯而流弊餘思之所被亦尚知德術以為高即一時從人橫人之術方張而巖處奇士之所歸亦嘗其虛聲以補而一名仁義忠信亦有特為公卿大夫之階而從而要之者相望也夫仁義忠信之

可樂非今人所知也以人欲橫決之身而強閒于義理亦不勝其自

觀擇發句意夫苦句奏要諸字入微

苦焉久欲無其有套心焉以為吾不歷夫修之之苦無以與夫得之

之甘也錯未身于其中以俟他日之獲吾所欲而快然自恣以適己

蓋縣而謝之所然一仁義忠信人也仁義忠信之可樂而不倦己生

今人所知也守邊心佛意之事而相待于久是亦不勝其相厭而猶

勉之無有色色焉以為得之之朗一日未至則修之之事一日難已

也婧抑心以自緩安知吾顧不負慕可副而決然捨去而無傷蓋雖

久而視之仍然一仁義忠信人也而人爵既得矣而所修者一切不

本截題以從字作法字意一絲點出無不切無不

然矣不獨求其從人爵之衆而不與如古人之處而不可得也即欲

焉
其如向之假道于仁託宿于義矯作修飾于忠信而亦不可得也蓋
其棄之也決矣以為匹夫而語仁義焉以仁義為鑿枘[illegible]而有公
卿大夫以自鎮雖出入于小節而何傷哉且所謂為快意之事者苟
今以為仁為義為忠為信之說皆與背馳而無一可為者矣乃向
之于仁義忠信亦第再求非決不敢行而何為兼戀[illegible]於富貴而不
忍雖是以富貴為桎梏也使常用仁義忠信以自撓雖無之以天下
而何樂哉且所貴乎富明也者亦[illegible]仁不義不忠不信之事雖
所欲為而一無所忌也矣仁義忠信之[illegible]務[illegible]今乃無
所願處而與為是慨[illegible]蓋是富貴其修之時自謂已審其[illegible]也及其修之

特己爵之也噫嘻與古易傳莫知所感未存故徑古則去之要人爵

而循必于天爵之修君子謂其事已古矣

用意深奇遺言俊拔蓋取諸蘇韓二子　韓慕廬先生

拔地倚天句々欲活誰有軒轅銅古鏡爲持相並照妖眷

今之人々　方

行同倫　　　　于辰

天下宗周無異禮也夫上制之謂禮下行之謂行其倫具在敢有不
此述化示人以自然之礼制
同且自天高地下萬物散殊而禮制行焉其間親踈之次貴賤之等
王者豈能意為輕重哉然而天下必奉一天子之禮何也王奉天而
語必透宗
民奉王自創制以來未之有遺也今天下何如哉一變禮則民流于是
有四巡之制今也時邁不聞矣然而守府其猶尊也考禮以一德于
始註分晰
是有述職之文今也載見不歇矣然而大物猶未改也以親踈言之
原許從
則親踈之倫同也宗廟之次掌于宗人燕朝之次掌于庶子王者自
上啟下直捺紅綿之原
治其親踈之序而凡厥庶姓皆奉此禮以行焉所謂姓以綴之民以

别之新今猶昔也以貴賤言之則貴賤之倫同也五儀之等掌于典
命九儀之等掌于行人王者統治其貴賤之體而凡厥庶邦皆奉此
禮以行焉所謂位以列之服以章之者今如故也且夫親踈之難齊
即○見○大○行○人○　交互洗發
也莫大乎以貴賤參之而臨之以先王之禮則内朝以世不嫌于踰
尊外朝以官不嫌于踰戚蓋同則從親異則從貴我文武本天道以
屈○評○同○字○精○蘊○曲○暢○
酌同異之宜而于情安于義協故一定而天下遂奉為章程貴賤之
雖一也莫大乎以親踈間之而治以先王之禮則再命不齒位有時
而伸三命不踰爵有時而屈蓋國則從貴家則從親我文武奉天則
以酌家國之中而其理得其心安故一定而後世尚沿為風俗所以
步○丁○縮○住○今○天○下○

異代不無委創而我周鑒而精之則于氏貴富以氏貴爵僅傳有客

之深威一刻邦亦有殊風而天子統而齊之則象政尚覲齊政尚功不

越司徒之教典雖法以積而大倫儒生亦可酌文質之中要亦惟立

是不倍本

大法以俟後王而非敢輕言改革道以時而異宜百世未必無損益

古

之用要亦惟待總周而王之聖而莫敢遽為變更誠以非天子不議

禮則九自文武以下貴亦賤智亦愚也此為下不倍之道也

類聚群分有倫有脊綜括閑肆廢不讓思泉同文二句作

天高三句本禮記中樂記篇民流禮王制變禮易樂者為不從不從者君流華制度衣服者為畔畔者君討四

巡謂東南西非四巡守亦見王制別見虞書考禮王制天子無事與諸侯相見曰朝考禮正刑一德以尊于天子宗人

典制画程二作　中庸　行同倫　于　亦叢閒

庶子

礼文王世子庶子之正于公族者教之以孝弟睦友子愛明父子之義長幼之序其朝于公內朝則東而北上臣有貴者以齒其在外朝則以官司士為之其在宗廟之中則如外朝之位宗人授事以爵以官○庶子司馬之屬官掌國子之副貳者內朝路寢之庭公族均為同姓之臣一以昭穆為序子弟雖貴必莅下外朝與異姓雜列則仍以官宗人之官掌禮及宗廟中授百官以職事者以爵隨其爵為前后以官隨其職掌使供其事也

姓綴

禮大傳繫之以姓而弗別綴之以食而弗殊又左傳因生賜姓胙土命氏按釋例別而稱之曰氏合而言之同姓

典命

周禮春官典命掌諸侯之五儀諸侯之五等之命命王命也五儀公侯伯子男之儀五等之命公之孤以下四命二命再命一命不命是也以国之大小為差等

大行

周禮秋官大行人以九儀辨諸侯之命等諸臣之爵以同邦国之禮而待其賓客○九儀公侯伯子男及孤卿大夫士也

不齒

禮一命齒于鄉里再命齒于父族三命不齒○此以在外燕會言再命不與鄉里計年三命并不與父族計年燕會則別席獨坐在賓之東

不踰

文王世子庶子治之雖有三命不踰父兄○庶子治公族朝內朝之禮雖有三命之貴而其位次不敢踰越無爵之次兄而居其上即上

所言臣有貴子以夏姓如淫威詩周頌有客篇既有淫威降福孔
者以爵也子如商姓子淫威衷○客微子也淫大也純承先王
用天子禮樂本史
所謂淫威也尚親尚功記

行同倫　　于三

今天下車同軌

任芝發

觀度于今車可見也夫今天下已非制度之時矣而同軌者何弗改乎此度也亦曰猶是天子所制云耳且吾嘗憶遵道遵路之風而慨然歎也曰夫非古天子創制天下之日乎何軌物之皆同也至于今而已不復然矣然今天下非周先王創制之天下也而今天下未嘗非周子孫守府之天下也夫不見有悠悠而過者猶是輿人之掌耶彼栗車致慨天下已不復西歸之好音然而我來自東依然周道之如砥也軌可觀也不聞有轔轔而至者猶是輪人之式耶彼遣使求車天下已不見會同之有繹然而行李往來依然同軌之畢至也車

原評　影射軌字

今天下句包下三項精韻得体

節節入有手法

下句緊緒上句

前今生動

與制與雅十集　中有

如一也且先王之制是車也而豈徒哉蓋圖以象天也軫方以象地（見考工記輈人）

也即一車而備三才之義焉今天下有能達三才之義如先王者乎

未之有也則法物其未可改也春駕蒼馬車取諸虞也秋駕戎車取諸（本禮記月令）

商也即一車而集四代之成焉今天下有能集四代之成如先王者

乎未之有也則各從其未可更也雖彝識簞茀衛假繁纓今之乘此

車者多不稱矣然而車則猶是車也問後車之何師即前轍而可鑒

曰惟先王之制度則然耳雖晉參偏車楚分二廣今之乘此車者更

非法矣然而軌則猶是軌也雖閉戶而造車可出門而合轍亦曰惟

先王之制度則然耳惟其然也故服牛軺馬其可周四方者豈乏之前

民之制而至于今則凡所謂鈎車元犢幾同文獻之無徵渾堅朴素
假借更疑是綴不爲傚下　若啖好
其類而得中者豈惟百世之規而與于今亦不過與小正韶箾僅此
箾作
護乃兼甚殷　應乎前成結撰
儒生之論說蓋今天下固非周先王創制之天下而周于孫守府之
天下也車之同軌誰敢倍焉

着眼今天下不徒撥衍考工繪染下句相題有識行文馳騁進退
不至局促轅下絆有駕輕就熟之樂

遵道遵路　周書洪範、無有作好、遵王之道、無有作惡、遵王之路、
守府　國語周襄王曰余一人僅亦守府、
渠車　詩匪風、匪車嘌兮、顧瞻周道、中心弔兮、末章、誰將西歸、懷之好音。○嘌嘌搖不安貌、西歸、：：于周也、
求車　春秋桓十五年、天王使家父來求車、
有繹　詩車攻、駕彼四牡、四牡奕奕、赤芾金舄、會同有繹、繹、陳列聯屬貌、
同軌　句見左傳　本言天子

也月而獲海內同軌　取虞　礼明堂位、鸞車、有虞氏之路也、鉤車、夏
之諸侯莫不盡至　后氏之路也、大路、殷路也、乘路、周路也、
鸞、鈴也、鉤、曲也、輿之前闌　篳茀　許蘇風篳茀朱鞹、篳、方文席、茀、車
曲也、大路、木路、乘路、五路、　後戶、蓋、刺魯文姜與州而來會齊
襄、繁纓　按左傳衛新築人仲叔于奚、請繁纓以朝、後車　漢書、前車
也、○繁音盤、諸侯馬飾、于奚大夫而僭用之、　覆、後車鑒、
偏車　按左傳、巫臣自晉以車遷吳、舍偏兩之一、二廣　按左傳、楚有
○兵車九乘為小偏、十五乘為大偏、　左右兩廣、：
音蘋、亦　服牛軺馬　按黃帝始作車、少昊駕牛、夏奚仲駕馬、易服小
兵車也、　牛乘馬、○軺音遙、一馬曰軺車、二馬曰軺傳、
即夏時　韶箾　舜樂名、湯
正之書、　樂名韶濩、

今天下

書同文　吳世學

更徵文於天下而書無不同矣以齊天下之耳目者也而書皆同焉其敢有倍乎哉且夫文所以載道也其大者垂為典章其纖者成於點畫觀天察變而以出於當王之制作為至精篋而疑執簡而嘆不將啟愚賤之心成古今之惑哉何今人朝稽考之餘凜然於綸綍之遺而無有作異也一如今之天下寧但車同非車之軌固經涂環涂可驗至草茅荒陋之有造為奇字而貽誤於經生者未必非人心之累也車之軌固輪輿論之可稽至服物采章之外有矜其刻畫而爭能於札者亦必

俗之變也而今之書則何如哉今夫書之有文也古聖人初[illegible]
跡以造形亦繪蟲書以作字至後而作者益盛有形同而音不同
者以然嚴於相別為類有音而意不同者更加辨所從之文
於事為數於義為理或辨之渺忽或差之毫釐是固可任意為
之哉而吾見今之為書者矣自朝廷編輯已成而士大夫之家先
奉為世守之典彼其口授手畫以廣布其楷模殆不啻布帛[illegible]
之日常御焉間有小知自用者人即指為不祥則知藝苑之一道
也久矣自天下渙號所及而黔首姓衆俱仰其誥制之文彼其
耳濡目染以教導其子孫實不啻日用飲食之不能離焉間有違

觚率爾者世共責其不順則知版章之成化也久矣雖下士溺於

南北有不相同之語然不過各派一二焉而於字句之文則無不通

也敢云人自為其書即書自為其文也哉雖遐陬僻處重譯有不

可解之篇然不過自成風俗而於訓詁之文則無不順也詎待

書而不如無書即言文而不如無文也哉同文之盛一考文之驗

也嗚呼至矣

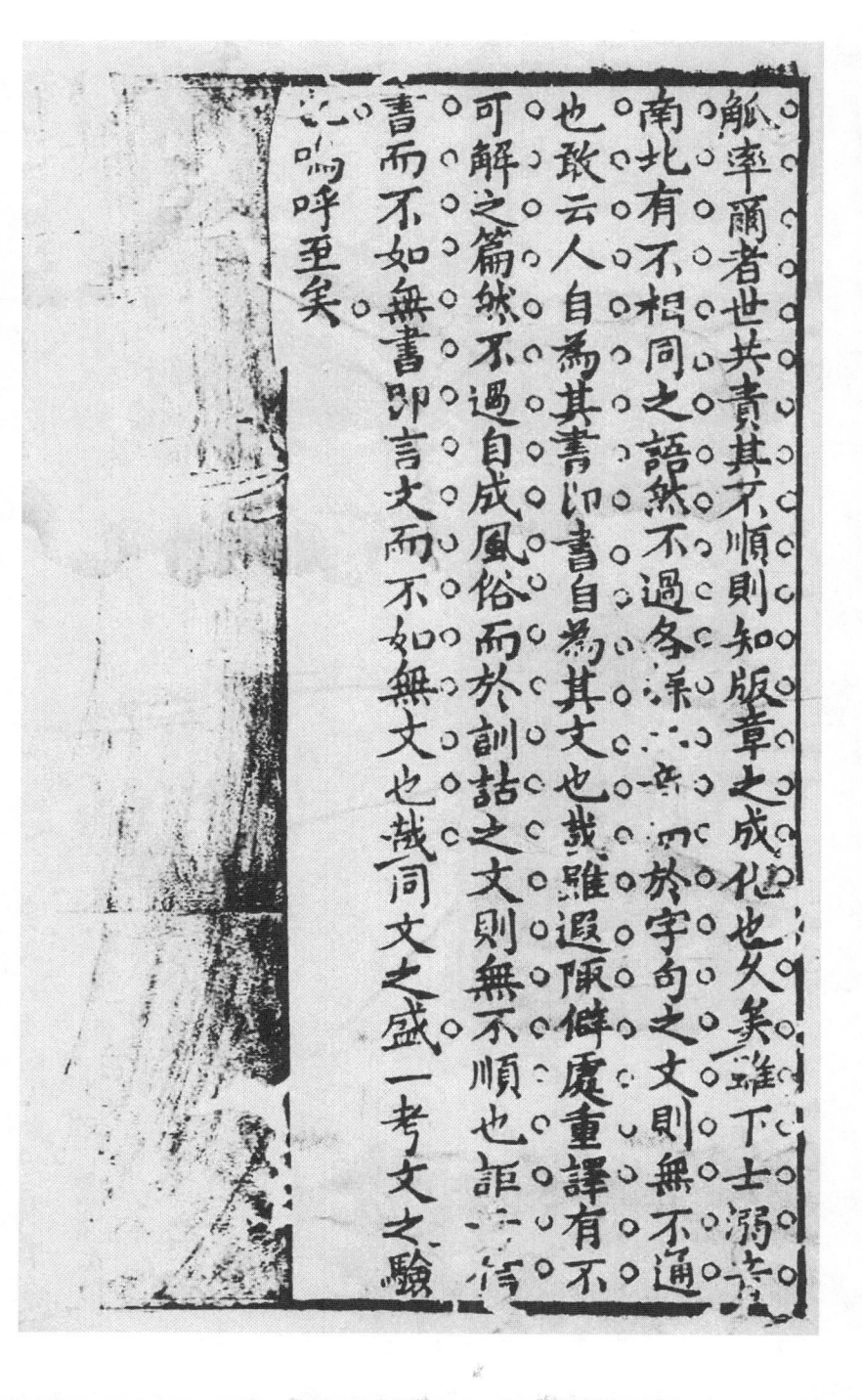

今天下車　一節　　永康周景灝聖瀾

徵大同於天下、歷世常新矣、夫今之天下、歷聖相傳之天下也、觀於車書與行、而大同之治法、不累世常新哉、嘗聞大君有命、蓺極陳常、而大帝紘於一統、即垂王會於萬年、凡以為天下計、為歷世之天下計也、故以垂厥範、世遵王路焉、以昭厥聲、世誦王言焉、以修厥紀、世仰王綱焉、是何也、制而用之謂之法、推而行之謂之道、可大可久而成天下之亹亹、謂之事業也、禮度文必自天子、蓋天子者、有天下之一人也、建邦啓土以来、篤烈者有人、肇基者有人、歷十八王而功德之留遺者遠、省山作對、而後夢卜既協於上官

二比古從輕勁

今○天○下○句○
禮繼作於下卜三十世而聲靈之震疊者長蓋我周天子創制顯
庸聖子神孫繼繼承承以至於今之天下也以言乎度一器而工
落○得○鄭○重○
聚者莫如車粵自六等之數察於輪人而行澤行山遂有尺寸莫
講○同○軌○句○句○切○轍○迮○之○度○並○無○一○
踰者無論兵車結旌德車綏旌異其宜不異其矩也而輪崇則人
句○法○說○車○字○
病輪庳則馬病軌而少差攻木者以為前事之鑒矣迄於今轉蓬
觀斗之義雖微乎我周上輿之制可考也衛車乘鶴秦車載猶車
之用已褻而行地之宜無能偭規而錯矩素車來享樓車致命車
推○廣○言○之○
之貌各殊而徵至之法不能離方而遁圓即栞篳路變易為乘驥
警○句○
小戎誇耀夫梁輈智者之物可創也而天下之轍必不可亂乃知

奉世守於高曾猶程梓材於天府欲求匹馬隻輪之異而無有也
則執同也以言乎文記久而明遠者莫如書粵自六書之教掌於
保氏而辨體正譌遂有較若畫一者無論連山首艮歸藏首坤異
其序不異其畫也而象形則皿蟲為蠱會意則止戈為武文而少
講同文句句切書名並無一句俁入著書立說上去
差典書者方有異言之察矣迄於今雨粟泣鬼之事邈乎外史
諧聲之典未亡也具山敖山問字者不知所諱而守匱保殘之子
猶考證於二首六身烏官雲官問奇者顧聞其略而書名四達之
强對
餘且兼通乎三墳五典即至五篇之頌而有那六成之舞而有賚
其義可等之以疑傳疑其名不可失之一悞再悞乃知徵佔嗶于
警句意義亦甚深

名山即凜天章于杵下欲求分文析字之異而不得也則文同也以言乎禮別嫌而明微者莫如行粵自六禮之教修於司徒而經等曲殺遂有均平而秩序之者無論卅穴人信崆峒人武異其質不異其宜也而毗於陽者剛氣而怒毗於陰者柔氣而懾倫有少差典禮者以為無方之民矣迄於今關雎麟趾之意雖微乎建官

講同倫句ㄟ切尊卑貴賤相接次序之精並

立政之制具在也公會諸侯之禮六伯子男會公之禮六獻之宋

無一句誤作倫常倫序實用

鄭者猶世守其典而不敢失享以上卿則辭二守來非命卿則降一等受之王室者雖日失其序而不敢踰他如彤弓湛露之不答

強對

文王肆夏之不拜雖工歌或紊其舊章而行人尚識其典禮乃知

脩德而昭下土之式不過訓行以近天子之光欲求飾智驚愚之為而無有也則倫同也周東煌煌周書噩噩周道親親而文明之治既整服教畏神之下猶然大畏小懷之風家父求車榮叔錫命滕薛爭長而名器之重不假雅亡風降之餘無改大烈耿光之舊同軌同文同倫則以聖天子之制作盡善有以安愚賤之心也非甚盛德孰能當此受命而帝而世法世則乎

莊亦精警

無一字不典核無一義不切實樸屬微至渾脫瀏漓不是無頭學問無主覇才所能妄下一筆

○書同文行同倫　　胡友信

天下之宗周於文於禮見之也夫文也禮也皆周天子考之議之（上句落空）以統一臣民者也而今皆無不同焉可以觀為下之不倍矣且夫（二句頭却似一節起此在萬曆以前則可今則節不宜爾）制作有一定之權上下有相安之分在古帝王之世罔不皆然今稽周道尤其燦然者矣彼五方之異音不相通矣列國之紀載不（直出德字位）相襲矣宜乎文有不同也而不知是文也乃周文武以聖人之德（字在昔年則可）居天子之位而考之以違數百年人文之極天固縱之以奕世無窮者也今何時也而敢有不同乎是故天子為先世守謨訓諸侯（直出故字在昔年則可）為天子守圖籍卿大夫以下為諸侯守天子之典章點畫形象不（正謂點畫）

慶曆小題文行遠集

同而所以效法者無不同也。輕清重濁不同而所以諧聲者無不

同也。雖魯有春秋晉有乘楚有檮杌莫非二史之餘編至於杞有

夏時宋有坤乾亦無俟禹謨湯誥之可言矣蓋周家開斯文之統

則天下蜀斯文之運順之者昌逆之者亡此周天之道也世之紀

也而致有不同者哉一五方之風氣異齊矣民生其間異俗矣宜乎

禮有不同也殊不知是禮也乃周文武以聖人之德居天子之位

而議之以開數百年人道之端天固啓之以垂範無已者也今何

時也而敢有不同乎是故君臣莫不同敬父子莫不同親夫婦昆

弟朋友莫不同序别信小而周旋裼襲之儀無不同也微而進退

出入之度無不同也雖魯之尚親齊之尚賢衛之尚儉（杜撰）莫非司徒之遺教至於杞有典則宋有風慾（誤用）亦無後夏忠商質之可言矣蓋周家為皇極之主則萬世在皇極之中循之則治失之則亂此固天之道也世之紀也而敢有不同者哉

極力使學問文字看他引晉楚齊衛俱提會在前極有次第此又先輩細心安頓處　張爾公

艾千子謂兩扇無一字不對無一對不確吾謂以不對為大家衿此近日庸妄人之談前輩初無此法但此文亦不能無一對不確耳尊賢上功親親上恩見於呂氏春秋舉賢而上功尊尊

而見之。見於漢書地理志者也。今欲對魯有春秋三向。而杜撰衛之尚儉以足之意者。因詩言魏俗儉嗇而譏乎有典有則。祀可借用。三風十愆。有一則喪家亡國。伊尹以墨刑加臣下之不匡者。而以此為宋之世守。何也。艾氏自負讀書。而於此等無一言是正。而汪鈍翁明文弋。亦稱其對仗字字斟酌。愚所未喻。

今天下車　一節　　徐用錫

天下尊王而著禮度文之同焉夫天下奉一天子也同軌同文同倫亦以為天子之制則然而歆久而停之乎中庸若謂一王之制（領今字翻同字）當世奉而行之宜也至數傳而後所為前民用而一民德者徒見其迹而精意之不存已久似亦可以蓬而去之矣而卒不能也乃（戛填今）知其不倍也有不敢倍者亦有不可倍者試即今日觀之今之天（天下三字喝起三同字）下猶是文武之天下也今之禮度文猶是文武之禮度文也天下之形跡既殊統之以赫聲濯靈而勢定勢定則不可以復搖天下之性命本一納之乎物則民彝而情順情順則不可以驟易一器

而工聚焉者車為多今天下之度無二制矣車不必同也而軌之

（領得醒）

廣狹則同倘或不同不特有司討而訓之而行之而不利其亦無

取乎覆轍矣蓋聖人以身為度既為規矩所自出而作而行之者

（晴藏得德位而層）

又共凛于王章之不可易焉夫是以輿人之所飭輪人之所攻冬

官之所頒至今無失尺寸耳一物生而象滋焉者書為甚今天下之

文不更考矣書不必同也而文之形聲則同倘或不同不特太史

諭而正之而傳之而不通其亦何異乎結繩矣蓋聖人觀乎人文

既為名物所自興而布之方策者又群震于王迹之不容替焉夫

是以保氏之所司外史之所達行人之所協至今從其品類耳陳

嘗而錫極焉者行為大今天下之禮不再議矣行不必同也而倫之等殺則同倘或不同不特郤遂懲其不率而衆指為不類其亦何樂乎潰亂矣蓋聖人躬行于上既為惇庸所自起而懸之象魏者又昭範于王道之不可越焉夫是以師氏之所詔州長之所考

六一節先言議禮此節末言同

司樂之所教至今不外秩叙耳一蓋議道自上必經緯人倫無所失

倫經此流剔卻經文非無故錯綜

而後簡器用謹書與則由大及小而不失其序一風行于下必法度文章莫之惇而後重禮教叙彝倫則由粗及精而乃觀其成一以今時言之不必作聰明以亂舊章不愆不忘已足履高位而不疚以

逆、繳、到上御恰好起下節

當月言之自必建皇極以大數錫有典有則始足貽萬世而不窮

德位兼乃可以作禮樂今天下孰敢倍乎哉應起亦焉可倍乎哉後幅上下縈拂脉絡精細如此讀經自然寔處處虛處轉換順逆處莫不有着落無一字粗心綿畧滚過

何義門先生

是題着感慨語固非即泛寫大一統規模亦祇鋪排題面也埋藏得有德無有位故能一道同風斯起下節鎖束語乃順文則字字熨貼後半尤善搜剔

今天下　徐

今天下　一節　甲戌　徐葆光

不信之見於今者天下無不同也夫車也書也行也有一不同即咎矣而今天下豈有是哉且夫一王奮興法制既定使天下之耳目無所遷心思純于一而有所據依以永久故一道同風之盛至于百千年而不變如今天下是已雒邑東遷紀綱已弛于恪守府子孫雖不能保祖宗之舊而臣民尚不失奉共主之常西京雖黍離頌已降于風詩然天下雖潛惷大業之陵微而人心猶翊戴王室之轍還今天下不有車乎始則以車之大小成軌之廣狹迄于今造車輪之式未必夫人而能為也然而軌已深于塗矣成于

車書轉以限乎車而能不同者誰令天下不有書乎始則以書之
變化究交之形聲迄于今命意諧聲之故未必夫人而能通也然
而其已繫于口矣究于書者反以準乎書而能不同者誰令天下
不有行乎始則以行之尊卑裁倫之隆殺迄于今華威度數之辨
未必夫人而能諧也然而倫已習于身矣裁于行者即以制乎行
而能不同者久誰立法更制之初天下震動恪恭周將泰行而恐
後令則守侯服者皆旗禁無忌其勢凡以反土宜更簡策易典章
淑氣嘔寫迄矣容妖
而與民為變革矣然而五禁課轄小就之制不聞獨創其規模也
列邦所紀雖赴告異辭乘史異載而未嘗有異文也聘問有同之

際尚親親者亦不開遠先乎同姓也乃知以守府之天王而未甞
毫于列國其莫不震疊者儼然豐鎬之聲靈也文武成康之舊不
猶未泯歟創造顓庸之始天下誦習傳周將效法而不違令則
念前王者皆世遠年湮其弊將謂冬官之尺寸可減篆書之點畫
可更曲禮之節文可變而才智以自雄矣然而經涂野涂轍迹之
度不開大異乎考工也行人所掌雖清濁異宜語言殊致而未甞
有異文也威儀習接之間秉周禮者亦不開遠委諸草莽也乃知
北此更歷累朝之舊法猶足震懾當世之雄心其無不率服者依
然萬里之奔走也遵道遵路之遺不猶如故歟一不倍之說蓋猶可

書同文

孫榮基六考

即書以驗所同、而考文之治一矣、夫文固周天子所考而制者也、而書不同而文同軌、其倍上哉、且夫紛然錯出之故一經學士之聰明而掺觚每多作偽矣、蓋意見既多岐出之情斯著述難言體格之一、乃一禀以時王之法制而奉其典章者無異形、是可必既大同之象也、吾試由車之同軌而驗之於書、結繩降而書契以興、會意諧聲、遂為不易之準、乃時既隔於異代而或以去繁就簡、者號奇字以名家、王者作而圖書最重、太史籀史遂一代之程、乃世既閱乎數傳而或以因訛仍誤者、作偽體以欺世、然則文

之不同也亦甚矣而非所論於今之天下朝廷之創制命隨氣運
爲轉移而文不與之俱移者其體備也夫羲皇出震觀象[illegible]以法
天史頡佐軒察蹄迹而取地則記言記事何難託跡於龍篋龜感
以自成其一體而司徒所掌恪守文武之憲章則天命維新學校
不自爲其風氣故一書爲大於穆默受其範圍重譯來朝遐荒亦道
其音義則踐土而覲光者無論也曲策之昭垂每因傳聞而舛誤
而文未見其有誤者其義精也夫竹書簡斷僅傳譜牒於洪荒石
鼓文殘尚証車攻於大雅則[illegible]古好音之士何難假名於金泥玉
檢以自炫其新裁而列史所陳悉經聖神之釐定則維皇建極之

無所羈其材能故時傳小正不參月令之篇易首歸藏罔罠乾之義則服教而畏神者可知也卽詭人情厭故於耳目之所不經恒矜為黠畫之多奇乃觀於今縱峋嶁有傳碑博古者止愛其書而不敢亂其籍試觀絳縣耆老猶能明於二首六身之義以自記其年則文之同也不且與九軌七軌共禀王章也哉抑謂習尚多誣於形象之偶乖遂指記載之可疑乃觀於今縱名山有藏籍好古者勤求其故而未嘗不闕其疑試觀洙土儒生嘗辨乎三豕已亥之譌以求証於史則文之同也不更與經涂環涂共其[illegible]制也哉故觀於同文之書而愈曉然於今之天下矣

書同文　　張藻　一六六

文無不同書之已有所考也六書爲天子所考之書而文尚有異焉者乎是又可以徵大同之象已且夫最難制者文人學士之心耳上之人將以著作範一世之聰明而下之人或以聰明參一王之著作是仍未足徵大同之盛也而非所論於今天下試由車而進驗之書自結繩而文字以興爰易結繩之舊乃象形會意繼本斬之筆削而體詳則畫必嚴如截七靈而俱出體奇偶而文章漸啟粵鶯而衆之奇乃銘帶書矛與近代之鶯篆而精神倍永則丹鉛生色實僭憲典常昭蓋文者書之所由成也今之文

第一房

其果同焉否耶且夫文亦一也鄭同矣謂乳爲穀呼得爲登三方之
風土各殊而重濁輕清且各隨其聲而變其文者又況魯魚亥豕
披亂白黑於上之根甘口之不可信此亦文治光昭之朝所爲
然可如何自昔然而今之文固無不同矣亥詳身首蠱蓍皿蟲一
人之剖別既精而智巧術數并有按其文而推其義者又以爲不
譬諸誦習者耳其書而不啻其文之如在曰此尤潤色太平之業
所爲不謀而合者也蓋書者藝之分聖天子明睿所照其釐剔已
百倍於後人而學以小史通以象胥又有以杜更張之漸夫是以
擅珥筆之才直等閑門之合也觀於通雲鳥之紀者來荒裔之侯

[今天下車同軌]書同文　張藻

讀墳索之書者重巒荆之史而誰不守本朝之文字也哉書者國之華古聖王撰著所遺其紳明亦欲自壽於穴壤而峋嶁名碑盤銘志器終無以維剥蝕之窮夫是以對博古之書尤重當王之貴也我觀識止戈之爲武遠域不少名通驗在手之有文大造黙遵擘畫而誰弗欽昭代之文章也哉大同之象文於書見之泚然而猶不止此也

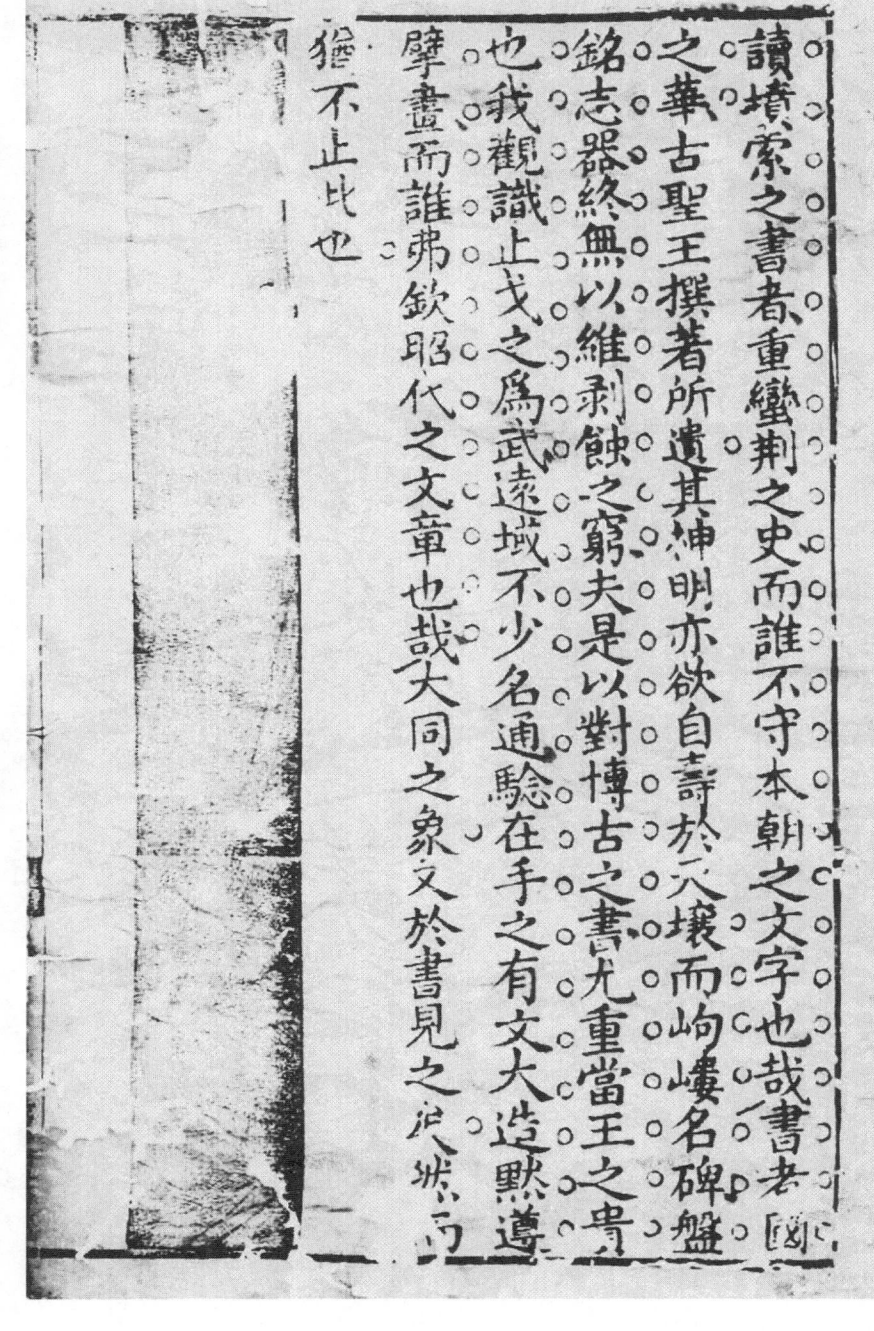

易上古結繩而治後世聖人易之以書契百官以治万民以察六書象形指事会意諧声轉注假借成于交

書同文　三字

江南張學院科　入嘉定一名　張蓉咸

觀書之無異文愈以見治之同矣夫書不同而同于文以有考之者在也今天下孰能外焉且上古之世結繩而理後之聖人易以（書字來歷）書契而天下治蓋文教之數于斯為烈也乃書足以治天下而聽（為下不倍正在同字上見）明自用私學日興則其為禍也滋甚而正不然今非文武成康之世矣詞人學士苟欲自矜獨絕且將異取以為高而何以會意諧聲者曾不異乎西京之舊今非辟雍鐘鼓之時矣荒徼僻壤苟其自外風聲豈能戶說以渺論而何以象形指事者無不遵夫鄭卿（直操本發）之遺蓋以文同考之天子者也自帝羲臣頡倡闢三古天地豈有

嘗于鄭
鄭伏羲
會頡
易奇而
法詩正
而葩史
記三五
者三皇
五帝也

洛誥周
官周書
篇名

遵科書卷文憲　中府　詞華典麗文　稚集

（眼〇考〇文）

未洩之奇乃稽漢一京王言而爲辭斟書契敢復參以僞禮自爲
咢湯盤折衷二代在昔豈乏名山之勝乃規畫一經帝制而象胥
輶史未嘗感志于文人一書有不同文者哉一文有執一以齊萬者夭

（大〇處〇立〇義）

府之典章圖籍尚焉今雖易奇詩正義各有取而文初無異致也

（承〇批〇二〇字〇轉〇遞）

吾見掌與墳之三五外史攸司教國子以六書保民所職以至一

（形〇聲〇合〇說）

涉筆而成趣一矣口而成韻其有駭然不可識者衆必怪之矣一文
有掾近而託遠者正朝之政教號令赫焉今雖洛誥周官時異時

（來〇掾〇近〇託〇遠〇意）

昔而文初無殊歸也吾見達書名于四方必衆國史協辭命于七
嶽不襍方言以至一字之無稍立說一音之不必喜新荀將自我

此此言字義尚書大嚌有則風淮兩亦王世紀有列風緩兩列列淮深字似稷易對心皆方言信函古乎字不頓口也○重譯來朝

（一評類旋奇深鑄自）

而作古者旋亦豁然矣止戈之為武也皿蟲之為蠱也二首六身

之為亥也其形百虫而莫可窮詰者豈必無別風淮雨之淆聖子

（此以上字義言）

予正其舛訛闕其疑似雖有愛博之士而按寔循名循將伏然于

（同字乃勘深尽）

奇字之為崇邾人之以豬為都也齊人之以得為登也楚人之以

（此以音韻言）

邪為穀也其穀遼瀾而不相問間者悉在非借承聲牙之響聖天

（雋妙）

子諭以語言通以辭令雖在重譯之遠而徵辭考義猶得釋然于

（乃深）

土音之是攙文之同也如是此又不借之一徵矣

自鑄偉詞秉光四起　原評

書是字文是字之聲音然盡此二字分得清總得真隨所運用

近科考卷文憲　中府

無不諦當中以形声合說後以形声分寫又處〻跟定天子考文抉出同字跟源尤能不脫為下不倍本旨許叅其跟定天子考文同字乃見根據詮文字雕鏤入細徵引典故有班駁陸離之色奇而不失其正逸而不傷乎雅極新極異可法可傳　許賢吉

車同軌書同文行同倫　　己卯江南　陸錫熊

織大同於王制而一統之模立矣夫車書行三者王者治天下之具也同軌同文同倫不可以徵大一統之天下乎嘗觀王者宅中圖治而四海嚮風其所以控馭天下之規模抑何宏且遠也蓋制作等威之別百王各有其章程而人心俗尚之同一代不為其風氣朝廷之一名一物皆是範圍兆庶心思而斯民日用之間恍識（起講泛說起比○切）聖天子之聲靈而俱出爾試以觀於今天下披圖籍而質歲成象魏懸書猶是周官三百則和鈞關石倍惕心於天府典章陳羽籥（今識○便不是頭上安○頭）而拜王命四時和會共欽姬籙三千則大訓天球宜凜志於四方

新辟自王者法行地無疆而制為車圓蓋象天方輿象地獨至審
推行之利則樸遫微至其辨尤詳故梓輿皆統命其官而輪人獨
專攝其職則軌之義大矣今之逐水曲而舞交衢者有不本考工
制作乎越裳御指南而邁巳卜彼往於南轅竒肱控飛轡而來又
見率由於西轍而金輅以賜同姓革輅以賜異姓者更無論也況
天垂枉矢山出器車后土皇天亦且共獻嘉祥以助聖朝之尺度
而誰能破輪轅之飾以别擅精能故其軌同自王者易結繩之治
而制為書掌以小史適以象胥而獨至考篆刺之微則惟爾别風
其訛滋甚故諧聲尚虛詳其說而會意必實舉其形則文之體重

矣今之抽賨册而誦鄉函者有不本秘府故藏乎識止戈之為武
荒裔羣奉其文章見蒼手之有名天地默遵其文字而師氏所以
教國子八年所以就小學者更無論也況岣嶁碑湮盤銘器蝕即
古王哲后亦若共留依稀以備一代之漆稽而誰能棄波磔之正
而別滋詐偽故其文同自王皆奉不易之法而制為行司徒率其
教宗伯掌其文而獨至於秩敘之宜則黨正閭師其權彌重故親
親上原於周道而貴貴下總於鄉人則倫之典鉅矣今之齒於鄉
而教於學者有不奉昭代彝常乎觀海而知有君戴尊親於蠻貊
繪虎而取其孝感至性於禽魚而六經之所載五典之所敷者更

無論也況監于有夏監于有殷即上古神靈猶若備極經營以俟一王之裁定而誰能外蕩平之治而更事新奇故其倫同若是者薄海共率由之路而風同道一不容自作其聰明亦制作本祖述之精而萃偃雲從無自別成其風會猶歟盛哉其殆所謂海隅日出罔不率俾者歟

卷軸磊胸佐以才氣國初諸老中可參一席

車同軌

江蘇高撫院觀風　陳基成

長洲縣一名

觀度于今可驗其同於軌焉夫欲明乎度之同觀于車之軌而可知也孰敢倍天子之所制哉且自稽周謹權審度參考乎上梓上匠而冬上以與故一器而工聚焉然創制者祖宗由舊者子孫數百年後即至周轍既東而滿道滿路之夙悠然猶遇諸目前矣聞之察車必自輪始而察輪亦必自軌始（軌字象歷）吾不知今之轍轍而至者其果圓中規而方中萬也第以任載既重則或經或緯歲月久而行跡常留吾不知今之悠悠而過者其果立中懸而衡中水也特以輻輳日集則一縱一橫道里遠而循塗如矢是以別其車固六

等之有異準其軌寬八尺之制同云聞嘗遠而徵諸會盟征伐之
周衰已後挾天子以爲霸伸其勝德者莫于政衆之重言
聞則兵車之會六乘車之會三志切尊王者固無敢稍軼成規耳
而乘廣肇荊鑾鑣幰不聞改步小戎來沂渭輪轅仍見同歸以至
衛歌葺弟彝蹄魚軒其往來焉而四達不悖者猶想見西京軌物
禀之乎其參前而倚衡也崎不蹟我車程號又嘗從而驗諸閭閻
下意自然整齊
鄉井之中則大夫不可徒行弟子願從執轡夢想東周者洵不敢
少㡿于車耳而服牛軺馬轙聯豈有緋䌷轂轄有摩推挽寧多阮
隘以至行周道而有棧輿悲不失馳而騁塵如首其周遊焉而利
有攸往者猶恍見衛公與則乎之乎其右有而左宜也孰敢奈我

尺寸欵爰舞交衢則交衢同舞爰逐水曲則水曲同逐天子而乘
同字點綴如荼如火
我以周行矣曾見有馬動而鑾不鳴鑾鳴而應不和終日在道而
半塗以返忽發懸車之想者乎逦迤君表則君表同逦迤逐禽左
則禽左同逐天子而乘我以舊章矣幾見有進不與馬謀退不與
人謀所如不合而掉鞅以還致慨何塗之從者乎一是以司南有作
後自用自專生今反古照出筆勁而通
惟堪海外之遊北闕有貢祇列明堂之末蓋至誦有客之詩而白
馬素車儼供助祭于周京也今天下孰敢倍天子所制之度哉

貼定軌字領章上下乃如雲山四映又能以氣舉辭故朗健絕
人也

今天下　一節　秀水陶汪鈺爾音

昭大同之治於天下、於今為烈矣、夫自文武以迄於今、天下固大一統也、車也書也行也治之大同、不赫〻若前日事哉。嘗思威福之柄操於王。而子孫之謀就乎祖。何則事權為代秉之資。道器有一定之守。前天子制度數議德行、治萬世而有餘。後天子繩祖武由舊章。治一朝而自足。則觀其一道同風之盛。已有以範圍乎愚賤之心思、而不過也。已議禮制度考文、必自天子、盡觀今日之天下乎、我周自后稷開基以來、十五王而文始平之。十八王而康克。

〇二〇比〇彈〇發〇今〇天〇下〇三〇字〇氣〇象〇雄〇偉〇頗〇有〇草〇創之遺

安之、蓋列祖列宗經營創造、以撫有此天下也、今即運會稍殊矣

而莫不來享莫不來王戴共主者猶合蟜木以東流沙以西之遠
而大其聲靈我周自武成大告以後官禮定於姬旦雅頌作于成
康益聖子神孫繼承勿替以迄於今日也夫而未厭周德矣將卜
世三十卜年七百書即位者猶追丁未祀廟庚戌柴望之時而同
其景運益令天下固大一統之天下也一徵其度於車上古服牛
三○比中原○○木○根楓既確詳○濃○波瀾又闊　○車字還他來歷
乘馬義取諸隨聖王所為引重致遠以利天下者此也洵是而有
虞曰鸞夏后曰鉤殷人曰輅累朝之造車各殊至于周人所尚在
輿工聚於一器焉吾觀巾車之掌玉輅以祀金輅以賓象輅以朝
執○字○同○字○還○他○着○落○
其物有辨而其軌無辨大夫乘墨士人乘棧庶人乘役其用無常

而其軌有常一王之度于是乎昭焉迄於今秦倚小戎楚忘篳路（緐一筆興會淋漓音節高響）

幾有帝制自為之心然而數車轍于穆滿周行之跡猶存綏車垓

於宣王徂東之駕如故牽牛服賈天下咸望王路而馳驅既多既

好大物其未可改也徵世業于工倕不依然岐豐之故轍也哉二

徵其文于書上古書契之易義取諸夬聖王所為以治百官以察（書字還他來歷）

萬民者此也由是而伏羲曰龍少昊曰鳥伊耆曰寵歷代之作書

互易爰及我周所尚在文名達於四方焉吾觀保氏之教象形指（文字同字還他着落）

事為一耦會意諧聲為一耦轉注假借為一耦其義各殊而其文

不殊形不可象則屬諸事事不可指則屬諸意意不可會則屬諸

聲其法屢變而其文不變一代之文于是乎燏焉迄于今齊人以

字之是書名

得為登郲人以都為豬錢有習俗難移之勢然而披鶵書于赤雀

鳩鴿猶合其形聲覧虎書於騶虞四蟲尚端其形體象胥瞽史天

下咸禀王章而諭教藝言魚籙方策其猶未墜也迺典墳于外史

不猶然鎬洛之章程也哉一徵其禮於行上古垂裳而治義取諸

行字　還他來歷

乾坤聖王所以神而化之使民宜之者此也下此而許由為其讓

龍逄為其忠伯夷為其義先民之制行不一迨於周人所尊在禮

賓興於三物焉吾觀宗伯之職嘉禮以親民燕饗以親賓飲食以

倫字同字還他着落

親族其倫甚紛而用倫者不紛九儀以正位六瑞以等國六摯以

今天下　一節（中庸）　陶汪鈺（爾音）

筭臣其倫不一而用倫者則一、朝之禮於是乎秩焉迄於今六
（[illegible]）
羽考仲子之宮八佾舞倍臣之室幾有冑上無等之患然而擇濟
禮於宗盟庶姓不先乎卜正辦饗禮於王室士季得悉夫殽烝長
神服教天下咸仰皇極而會歸式玉式金周德其猶未衰也彼木
鐸於道人不儼然辟雍之鐘鼓也哉吾於是而知今天下有道之
長矣創業之閱歷既深有以窮極人情而為之制則念功繼序習
故之人心自怗所以度軌量而章物采奇才異能無或作聰明以
亂舊開國之規模既遠有以兼綜百代而立其程則覩光揚烈數
傳而神味猶新所以紀文物而發聲明悍辟強藩無或干大典以

取變今天下之大同若此然則禮樂之作夫豈愚賤所得與哉

其氣雄渾其味醇厚其義典則合劉克猷章雲李為一手

今天下三　陶

書同文行同倫　黃景昉

天下之宗周於文於禮見之也夫文禮其燦然者不同則倍矣誰（似一節破）
為考之議之而敢倍之乎蓋聖人之治不輕恃人之情而恃吾有
以勝之如以情而已聖人豈能盡一世之口耳之步趨而斤斤畫
之即斤斤畫之彼且悍然以學古為高而更出其所行以相勝也（前半殊率）
亦何厭之有而以視今日何如也文不自我周始而自我周考之
則所考同倫不自我周設而自我周議之則所議同吾於是而嘆
周之制書與其所行之倫之妙也易為彖書為疇詩為雅頌經
（對偶工妙句）
有六幾據其全文為父武為子周公為弟倫有五後極其至夫豈

不知蟲書鳥迹之文其體甚繁而後世之點畫必且變而簡易也
夫總簡易一開之後冊籍日多而天地之奇乃愈削則毋寧以其
繁且深者做之而因以同之一夫豈不知拜跪坐立之數其事近迂
而後世之名數必且易而坦畧也特謂坦畧一縱之後跳蕩不正
之若文之尊乃愈卑則毋寧以其勞且迂者遠之而因以同之一則
試起而徵之十五國之風斯〻如也左以紀言右以紀動雖以夏
謨殷誥而猶將釋其渾〻灝〻之遺焉而從噩〻況於諸子百家
此與書名尚屬　此句方是正面
乎且諸子百家能異其書也亦能譌其字乎一則試循而問之三千
三百之約縄〻如也孝近乎王弟近乎伯雖以夏忠殷質而猶將

冀其尚書尚宮之舊焉而爲焉視況於諸侯大夫乎。且諸侯大夫敢褻其章也，亦敢改其步乎。書冥多於柱下，藏之而已。儀冥備於東魯，守之而已。道法莫備於禮，春秋述之、定之而已。噫乎，此眞周先王之治，而可以覩為下不倍者此也。

中二股識論殊切周末時勢，不空上作聖人天子等語，易為彖書，為疇詩，蕪飛頌，此六藝非六書，失却題中書字本義也。特愛其豹屬之奴，如經稱等。

書同文　八十七名　黃蕙田

再徵之書其文無不同也夫書者考文之所在也而敢有不同哉是亦可以徵信從者耳且自書契肇興以來代有制作鳥跡蟲形不無異文矣至我周文運日隆考之至精故人不敢自為書而同文之治以著豈特車同軌已哉再徵之于書考之周禮保氏養國子以六藝而其五曰六書說者曰六書象形諧聲會意指事轉注假借是也知其形則日月山川耳目口足林木鳥魚之文無不同知其聲則露雷岑深聰眡比跐森松鶯鯉之文無不同知其意則明晦峻淺聾瞶噬跌禁汾鶯鯀之文無不同知其事則旦

桃島沙聽睹咬跟樊杲鷺鮮之文無不同若夫轉注假借之文或有其音而無其義或無其義而借其字或無其字而借其音則轉夫形聲六書之字而注其音則假夫形聲意事之義而借其字雖其字亦傳注假借之異知其意者通而用之而文無不同也此固周天子考而定之使點畫之詳明悉載聲靈之赫濯而同文之治成也不借之義蓋可見矣

詞簡而達骨貌俱古

書同文　　馮得聞

文同于今以其考自天子也天文之考自先王也久矣于今豈能異乎書之同也奚疑哉且自結繩之後易以書契而百官以治萬民以察斯誠王者所以一天下也夫本建官立政之意以定乎語言文字之規固將範天下後世之好異者而卒之歷久而不異斯文教之數氣象何簡嚴晴明乃見君舞亂劍底詎于以海宇既同于今而文則何如十年就傅即誦簡而受書幼而學之者智愚無別也然操縱在運指之間剞劂或作聰明而求變態絕有淵源來九歲論書乃察音而審聽期而須之者貴賤無殊也然轉移任虛響不但以修辭為工之發則且廢聲律而操土音於我觀天下之書其文固已無不同者

與制題之至雅中肯　亦抵開
何也蓋鳥之遺形已觚當日遠取諸物而一畫以開先者一世而下
烏覩其非象形之祖也而兩郊漢易之年爰以定一王之制范于今
形殺對來乃盡文之妙
歲籍雖備于往代形體不殊乎一書欲以開天禮奇而啟易天闢之
同字之溢着
模楷者無有矣依永之和聲自昔當日近取諸身而五音以宣變者
千載而遠烏在其非諧聲之本也而清廟陳詩而後賓以新一代之
模近于今雅奏雖興于先朝音聲不殊乎往昔欲以運其標新而重
諸明盛之釐訂者無有矣是故稽字形于歷代似本朝秉聽不煩更
勒為成書然而六書之憲不可以無壺也夫大訓河圖列于寶玉盤
盂几杖亦有箴銘蓋惟有所守者斯有所法而後斟酌之摹畫無改

此金石

先型亦與閎石和鈞并脩遵侯國憲採方言于異域以開代綴霆不必盡通于重譯然而衆體之奇不可以為正也夫丘索與墳掌于外史語言辭命協自象胥蓋惟不可參者斯不可易而後缺吾之嘆焉不姦各教亦與國風雅頌共取式于元奇傳記之編紛出而諸于百家別裁偽體則辭雖異而文自同也尚何嫌于今也删定之業猶存而家藏國典轉益多師雖異其書未嘗不同其文也夫何疑于天下也自非考自王者孰能大同如斯

振雅錄首載張孫文致為宋傳斯則秀鍊無不響集永有餘味故是一時瑜亮以集臨且登此張作則先錄其前後四比并註簡末

典制題文孟英　中甫

以饗衆好自帝嚳臣頡獨開三古天地盡有未洩之奇乃稽模一

原評：瑩光選增

稟王言而鳥跡蟲書莫欵晏綦以僞體自爲羼揚疊析中二代在

昔宣之名山之勝乃規畫一經帝制而系嗇瞽史未寧意志于文

人止戈之爲武也皿蟲之爲蠱也二首六身之爲亥也其形百出

形声分勘聚料育史不厭其多

莫可窮詰者豈必無別風淮雨之治聖天子正其外說闕其疑

原評

似難有愛博之士而按塞循名循將怵然于奇字之爲崇郁之之

同字乃勘詩書　將亦叶登

以豬爲都也齊人之以得爲登也楚人之以乳爲穀也其艘潦淵

而不相明問者烏在非佶屈聱牙之響聖天子諭以語言通以詞

命難在重譯之遠而微詞考義猶得釋然于土音之是操

鷃鵡不譬

今天下車同軌 一節 賈兆鳳

天下之治無不同出於天子者不敢僭也夫今之天下天子所臨之天下也車書文圖有不同其敢有僭焉者乎且天下有大勢焉有大權焉勢可共諸天下王者必與天下分治之故封建（有律其論）行而天下服其公權不可共諸天下天子必以一人獨攬之故政教頒而天下定於一然則議禮制度考文何以必歸諸天子哉吾蓋觀今之天下而知之矣（重以贊首三字識議既高聲光並集）氣運以風流相尚則先民之釆章服物漸覺其平乃今天下去還豈定鎬歷幾何年矣而矜奇立異之輩終不敢妄用其聰明亦可知天子之才之足範圍也諸侯以材力爭雄則列邦之風俗人心豈

中庸

能無異乃令天下守周官隆誥歷幾何年矣而分疆畫土之君總不
敢自為其風氣亦可知天子之權之有專屬也則試觀令天下之車
是天子制之以前民用者也夫其朴屬辨其微至問冬官之尺寸其
有違焉者乎而軌孰有不同試觀令天下之書是天子考之以昭文
治者也外史播之四方行人諭之九歲問形聲之建詳其有異焉者
乎而文孰有不同試觀令天下之行是天子議之以昭國紀者也君
臣父子別其體等威品節明其序問秩宗之典則其有外焉者乎而
倫孰有不同若是者何也天下無衆愚不能以相長有賢者出總覈百
代之綱維而為之計則愚者之心思服矣我周父子兄弟皆質神靈

絶物之姿。故一時開國之規模，皆求盡其為祖宗；盡其為元后者也。然（際原肅品）則可以治遲潤，總則可以挽共和。至於今而習見熟聞之事，皆見王者之施為，則兩京之軌物，居然來於西漆，妥者潛消矣。天下衆瞭不能以相服，有貴者出乘一時之景運，而闡其先，則瞭者之耳目齊矣。我周膺圖受命，實符帝王有真之驗，故當時創造之精神，直貫於卜世三十、卜年八百者也。以宣之才而無所紛更，（具有詩書留世之概）以平之徽而可以修守。至於今而九州四海之外，猶仰共主之聲靈，則禹會之規矩，自在人心，而僭竊者晉化矣。則信乎天下者，天子之天下也。

弘敞鉅麗，雅與題稱。不得不以著作手推遠。高文典冊，用相如斯。

其選矣。汪武曹

英詞壯采。絡繹紛披。若奏金石以破蟋蟀之鳴。蠅飛之聲。唇巖

合天下

書同文　一名葉修昌

即書以驗其同、以文之考於天子也。夫文定於一王、而書通於天下、庶其至今同然者、非不信之實哉。且自書契代結繩之治、而文字日出、其奇變古者、輒有不同之憾焉。雖然、此合百世而言耳。若夫一朝之初、文誥所頒、既定當王之制、即文教所被、不殊薄海之風。則亦何以魚蟲殊形、雲龍異紀、謂本朝之所尚亦然。是請以書驗不信之說。夫旅文人學士好騁聰明、故卯索典墳、不難採上世之奇文、以誇其博與。然以擴見聞之助、不厭其奇、而以為載籍之美有嫌其駁者。則範其心思者同也。從來閭里顓蒙、稽習俗故

已亥科

都登得不憚守方言之固陋自達其言辭然求之聲音周鷰其
不與為接諸文義久覺其無殊者則通其風俗者一也以言乎文
顧有不同者乎其有不同者則簡冊之傳與訓詁之別是也歟
為曉言原為邊六官實多奇僻甚為聽而卷為難四詩間有旁通
載籍極博之餘百家不妨於互見則合不同以為同者天下所以
備文章之用也而其至同者則瞽史所訓與象胥所達是也日月
著其明婦孺亦通叅形之旨若考皆言壽古今共循轉注之常華
亂寝多而後引南不離其本原則本大同以為同者天下所以仰
文治之成也是非徒中原之文獻也僻而至於殊邦絕域則教化

所難適矣然而詩歌為風雅所宗而戌子以辭叔向名氏為譜錄所重而長狄解𩣡僑如其同於今者何如乎而越裳譯白雉之名徵濮灤白麓之譬其在開創之始昔無論矣是非徒人文之化成也推而至於鳥獸鬼神則形聲所不能喻矣然而吐書近考尼山與物亦欽其熙蓋在手造徵宋女造物亦肖其楷模其同於今者何有一而鈞渭識白璜之瑞躍舟來赤字之祥其在肇造之初者無論矣是蓋以演五明武銘丹牖宣利石鼓繆紀奔山歷代各抱作也新而益密益精遂以廣範圍於宇宙啟離是錦句作籀書倉虎書可成柱史可掌諸臣所負篆述之雅而一長一藝旅以

己亥科 四第四房

辟闢□嫚。亦擇於儒林。此亦不倍之實也。

識見閎通，詞旨鮮茂。

書同文行同倫　劉大櫆

徵文與行而不倍之義全矣蓋書與行王者範天下之具也而無弗同焉一統之盛尚有遺哉嘗觀王者御世家不藏非聖之書人饒修門內之行豈無故哉蓋惟天子之命出乎其閒而雖欲矜奇以異勢將窮而自止是故覽會歸之盛其足靜學士之紛紜而昭一王之悖典者蓋不少也則審第車同軌已哉古者輶軒所至讀詁頌焉則告于遠邇有以正百氏之訛是文也而音釋傳于上國則天子之書也古者文字所垂發紀著焉則式于宮庭有以作臣民之範是倫也而肅雍始自王朝則天子之行也而今天下何如者追維作者之盛自

疏明文書行倫以決取同字光寵天

從本無不同流

一等　王滂河已考証其點畫而家相多材後有太史行人之制列于周

順華作妙

官盤上乎巨觀也哉今日者王室有褒勞之使列國多聘問之臣文

之至不一矣而左史右史昭如日星焉即下至童子歌詩必禀其師

頓挫之妙　正貼　推擴尽意

說征太賦詠不雜以方言則又覲聽無異詞矣同矣土稽訪晦之年

自克商初載已釐整乎彝倫而六卿制禮爰有閭師黨正之訓懸于

司徒矣之乎畫一也哉今日者升考秀以興之稜郊遂以懲之偽也

至難齊矣而葛藟行篇寔聯為一脉焉即下至出作入息禀父兄之

教歲時伏臘修媚睦之誼則又知能無岐趨矣同矣故黄姚以上異

渡泯入是中來也一定之妙　如明校活然

書古蹟之時見于博物之家而奇而不襄于正未可以為同也乃一

經天子之考定而未嘗家自為說而不敢人作一辭則悉遵而漢如

不○信○意○透○爛

不足入學士之林巍近以來偉烈英能亦時見于才智之彥而創而

暢○尚○未○澈

卒夫其常來可以為同也乃自經天子之釐辨而繁簡必協其宜而

陰役必揆其當則拂經而行知必悖高曾之德同文同倫如是其不

禧者固不止一軍已也世之自用自專者可以返矣

三項平列自以不纏上句為淨脉文分幾到底絕不強為互串號

焉下字義類詳核迴頭分天下處處點睛而端莊雅馴復饒飄逸

之致可以垂金石而被管絃

明慧居士之醫學著作

書同文　　嚴民欽　五

書凛不倍之義、而文無不同矣、夫書者天下莫能外也、觀於同文、非亦凛不倍之義乎、且夫生聖人之世者、無不仰大文之彌耀焉、猗歟休哉、何其盛也、若夫一畫開天、而其文漸廣、遂有岐出而不歸於一者、乃自經聖天子之所改定、而薄海遵之、歷萬世而弗易焉、故觀大同之治者、又可撫典冊而穆然也、今之天下、豈特車同軌哉、試更徵之於書、雖雕題鑿齒之鄉、皆得讀文誥而沐本朝之教澤、特恐詞嚴義肅、而秉筆者未正其譌、則將以靖當代之人心、先無以一斯人之耳目、秀頑靈蠢之輩、悉得觀懸書而識盛世之為

章誠恐典立令行而考古者未通其變則有以著朝廷之渙汗矣
足以攝學士之才華乃以觀今之天下有不同文者哉百官治而
萬民察結繩之後書契聿興矣操觚者詳其體製敢自越於共聞
共見之中然而岣嶁蝌蚪剝蝕難摹文或有不同者乎一自有聖
天子之所手訂而魯魚亥豕之辨詳則點畫昭然也行人有學定
以七歲九歲之期夫固象形會意之無所差池也已河出圖而洛
出書古皇以來徵文晰示矣珥筆者識所遵循孰自踰於家喻戶
曉之外然而蟲魚鳥跡紛賾難窮文或有難同者乎乃一經大聖
人之所指畫而典謨訓詁之流傳覽古今合轍也保氏攸司重

諭書諭名之典殆又諧聲轉注之無所繆戾也已雖二王之經義
漸漬而誦吉甫清風之句絕少陔言進寺人敬聽之章要無奇字
可知雅變而文則不變也頒於學校董於師儒其有典而有則者
亦如車制之埀於奕禩云耳雖五方之傳習各殊而晉鄉來聘能讀周
禮於宗邦鄭子守文猶誦官名於上世可知地殊而文則不殊也
用之名山用之朝廟其分明而鄭重者亦如車轍之周於六合焉
耳況乎行又同倫焉不倍之義何如其至耶

一〇〇　今夫顓臾　孫憂　歲試德化縣學　周象賢
一等一名

賢者轉念顓臾而有遠憂之慮焉夫顓臾猶是昔者之顓臾也乃求念及今而重為後世憂也豈誠有遠慮哉意謂今日者夫子第知昔者之顓臾而未知今之顓臾也第知顓臾臨之以先王而未知顓臾貽之乎後世也第知顓臾之不可伐而未計及顓臾之下可不取也夫使顓臾僻陋一方其孰以我為虞乃求念及今並念自（挑醒今字後世字眼）（點醒憂字）今以往之顓臾矣夫子以過責求冉也雖然求亦知顓臾非自今始矣思昔元公之造魯也錫之以川土田曰無滋他族實逼處此使世世子孫得以長保勿替即其附庸並建亦惟是悉索以供無

完聚是患永為吾魯不侵不叛之臣如是顓臾而猶奉先王之命也則顓臾至今存可也顧求嘗思之矣蔓草難圖幾許之京城之旃（典雅○鮮○貼）敝聊實盛將移故絳之封未嘗不痛心于大都耦國尾大不掉之為患大也而今日之顓臾何如乎且先王之設而城也以禦暴焉以保民焉彼莒城已惡固取滅亡之憂使顓臾而無虞焉自為預防斯已耳奈之何其固也（醒）獨是固則固矣偏季氏在域中顓臾在域外惟是（運用叉合○氏○如○已○系）風馬牛不相及也何患即或狡焉思啟而勞師襲遠非所聞也乃就顓臾之形勢度之城小而堅滅此朝食固而近焉其毋乃包藏禍心以與我費□此土也求安得不為今計求豈可徒

爲今計耶求思顓臾與費同在邦域中者也夫子曰不可伐不可
伐是不可取矣今不取而顓臾其長降心相從唯我費也有請焉
焉如舊婚媾顓臾無能爲憂也今不取而後世能取焉遵時養晦
貽厥緒于異代集大勳于後人顓臾無能爲憂也乃今之顓臾何
如乎魯嘗城費矣費之固今猶得與顓臾匹敵無慮其近也若後
世則吾保世未必滋大而彼漸鄰必思薦食吾子孫其覆亡之不
暇而況能取顓臾乎夫強弱靡定盛衰無常往往有力足以取而
不取致使噬臍無及自貽伊戚不數年而觀其師之入者爲憂方
大也食人祿者任人職忠人事者爲人謀語云先發制人又曰時

哉弗可失求之意及類定亦斯意耳。

題使盲在約就繩尺按爲置于次第皆有定模是謹於文律者

令失題 周

今夫顓臾固而近於費　筆勝　唐撫蓮

甚言顓臾之時勢有今非昔比者焉夫顓臾之固疇之固也卽近於（有識解）費於季氏何傷乎求乃卽顓臾而甚言之曰從來謀事者宜審乎時時有盛衰盛者不容以不計也圖治者貴度乎勢勢有強弱強者不（絕定主吾貼合題位口吻宛肖）能以不防也蓋盛非可以氣繩強無容以弱視倘值甚盛之時而負甚強之勢猶欲執分茅胙土之始以相例也庸可得乎有如夫子之（態拍題字）責求也據昔者以論顓臾也以求言之蓋顓臾于受封之初須句僻處不過附庸於東魯卽國一入似有殆乎不國之勢而念顓臾於建（原評云比確鑄）國而後太皞修祀屹然樹立于我邦生聚有年已具乘間竊發之機（有度）

考卷廣唐　下論　山東李學院歲考德平縣一等一名

考卷原評　下論　山東李學院歲考德平縣一等一名

一落下大旨　一起與之

求蓋據今而觀夫顓臾矣敵國之覬伺難測也詎不畏強盛今觀顓臾居然固矣城則猶是而獨見其完郭則猶是而獨見其脩雖蕞爾

肖　升

彈丸未必有金城千里之險而不無甲兵之利米粟之多也此固先

有致

王之命所不能挫其鋒東蒙之神所不能銷其銳也國祚藉為有日

繁上針對之有物

見其盛勢以相淩已強鄰之壓境難堪也疇昔懼憑陵今觀顓臾而近於費矣抱關自守可剿發而夕至擊柝時聞可藏此而朝食難存

恰是近費對固翻起下憂字意

亡齒寒似宜深輔車相依之意而難保其不動搖我邊陲慶剝我亦子也此固邦域之中未必不為所覬覦之主未必不為所危也寔

懸重股勢

係處此有日見其與吾爭尺土已求於是而知顓臾之時之不可忽

也髙城洙池儼樹敵國之雄封盛莫盛于此矣孰使我早作夜思日（從固字順跌出宵）
切齒而難釋者繫惟顓臾之固焉耳而况肘腋腹心又非僻處遠方
也哉求於是而知顓臾之勢之不容然也接壤隣封詎若越國以鄙
（前從固字順跌出字此就近字逆捲固字總為）
遠強莫強於斯矣孰使我季早朝晏罷日寒心而莫解於懷惟顓臾
（而字圖出想所）
之近焉耳而况生聚訓練又非征繕不完者哉今不取後世必為子
孫憂夫子顧徒執往昔以論顓臾乎
總時勢以立論前後照應章法老成一種安閒逸致流露行間者
徵筆力　吳鑑堂
語語針對字字籌畫神吻酷肖凡而字語意多注下半截惟此

處意都並重其曰固見其強可危曰近見其逼可慮兩意交縈總為一憂字繪景設色解免季氏分谿自家篇中分看盡致合看追神最為得法　汪京門

今夫顓臾　虞文彪

賢者念及所欲之國，若有及今之思焉。夫循是顓臾，何以別之為今也，撫今而求，竟不思夫昔矣。其再言于夫子曰，于稱顓臾而臨之，未王重以社稷，非以為在昔固然哉。顧國亦何嘗之有，使時勢而盡能長以無易也，求亦不必更為機議矣。無如時之不可必也，有昔之可爾者，即有今之足計，當事而謀之，豈故以為異。然夫子推求是過，亦嘗一念及于今乎。自昔以至今，昔之所至，至今存也；昔之邦域，至今存也。今與昔未嘗異也，其何必設然念也。固昔以思今，昔之所至，以至今存也；昔之邦域，何以至今存也。今與昔既未嘗異也，又何可不皇然念也試第就顓臾思之今夫玉帛薦蒼望名山而祭告者顓臾耶夫有魯以為泰山主又有顓臾以為東蒙主同是山川其何甚此多主也且不與于朝聘不列于會盟於何為者而顧謂先王之靈寔式憑之乎雖蕞爾二隅人或以小也而忽之求竊顧矯而籌此顓臾今夫土宇版章向龜鼎而職貢者顓臾耶夫有季氏以為內臣又有顓臾以為外臣此此社稷其奚容是諸臣也且非我之婚姻非我之宗姓彼奚事者而顧謂時數之更竟無異視乎雖彈丸小邑人或以弱也而渺之求竊畜量而計此顓臾藩封如故使苟可相安于無事奚必略昔而籌今然今日者楚絖夫九縣齊屬其三卿曾是顓臾

者而乃猶然並峙也即謂方與甚廣或比例于部郡曹滕者亦正不乏要皆以類敉得全耳顓臾豈其類乎王章未改使猶可稍寬吾積（摸下文醒）慮豈必皆是而今非然今者虞虢肆其東封唐蔡朝于南服曾是顓臾者而乃依然無恙也即謂奕葉相承其等制于邢鄫應韓者尚可歷指要亦以僻遠幸免耳顓臾豈其比乎念昔日之顓臾顓臾有可以存之理念今此之顓臾顓臾有不並亦之情此惟吾夫子知之吾二臣知之也蓋固而近于費也

今字對上昔字昔字意中有魯在今字意中有費在昔字意中有先王在今字意中有季氏在此皆是針鋒相對處此顓臾二字

下論

要下得不忽略○人所能也○要寫得其意中實未嘗不忽略○人所不能也○看他後二比○有游戲呑吐之妙○兩層意都被鈎出○

本夫頴　虞

○○今夫顓臾　　繆昌期

賢者之所微擬見於辭矣。夫顓臾自顓臾耳，求似不能舍然，君子是以窺其微也。且季氏之伐顓臾，知自為謀，不知有顓臾也；亦有知為季氏謀，不知有顓臾也。夫子曰：夫顓臾臨之以先王，重之以社稷，樂懷意形于色矣。乃舟有亦曰：今夫顓臾，要之天下固有局內之情事局外之人所未深籌者，亦有彀中之情形，此中之議所未深晰者，則今日之役是已。如子處局外而專議此句也，口所謀斥惟叔之遺知求處局內而重議彼者也，亦所說於顓臾之故，今夫固是山下魯以爲泰山主，人有顓臾以爲東蒙主，何多主也，未乎主乎其句也

蘇顓者何今夫同有長於終年有季氏以為內臣又有顓臾以為附
臣何負臣也臣乎臣乎其所此彈先者何昔與我並建今與我也
流建先臣也遲存非先王也經而營之共奮肘下卑而畏之時在目
前肘下圖可神也目前殊可念也孰使我夫子寢不安食不甘心傾
意亂而不能自已者非顓臾也孰使我夫子入嘆于朝出嘆于室一
思愈慮而不能自制者非顓臾也彼何為者不通于朝聘不列于會
盟非兄弟之國非婚姻之邦既托我之蔭庇又芬我之領域以其
名制我又以其形勢竊恐人皆曰顓臾耳顓臾之為顓臾其誰知之
則夫子知之矣二臣烏逃焉

說得顓臾無謂以解昔者先王節之言說得顓臾鄭重以振起下段固而近之意總是滿幅皆見得顓臾之當取耳

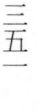

卷二十二　第八冊

明影堂金屬藝事

今夫顓臾　今不取　饒　用

計國勢於今、非可以無取者也、夫顓臾之不可伐、固自昔而已定也、乃冉有則以為顓臾豈猶昔比哉、重念於今、正不容輕言不取耳、吾曰從來事機之會、仁者明義理、智者審時勢、居子論人家國弟執古義以為衛、抑知今昔異時、其事會之不可不桼者、正當為局中人一懸揣之也、

和○避○婉○約○

有女夫子遠稱昔者而臨之先王重以社稷則是顓臾不可伐明甚、凡言取哉、

紫○簡○伐○字○跌○進○取○字○虛○接○昔者、折解今字、脉真、法老

雖然、夫子亦弟知昔者之顓臾而未審今日之顓臾、亞今夫制定于昔而不可犯者、義理之常、綸準于今而當並權者、時勢之所會、範圍有必謹之防、苟非事㨿

寬有所難緩則情深于憲古志凜于尊王而寡欲清心誠敢輕言
夫剪滅惟智計有必周之算不容膠固而弗為變通故今昔不同
時盛衰不同勢則兼權熟計何得概不以優容令試思顓臾曷不
自安于屬務而必繕完其城郭慎固其封守騷騷乎有大都耦國
之勢且不遠隔于一方而乃犬牙之相錯擊柝之相聞岌岌乎有
實逼處此之患噫顓臾之在今其固何如其近於費又何如哉且（轉落尾句重規叠矩華蘂穠麗）
夫顓臾之漸為季氏逼者固在于今而季氏之猶可制夫顓臾者
亦幸在於今使今者先發制人而以難得之時謀自全之策則恃
險雖足以圖存而負固終難于不服是悪邀三桓之福希與成季之（朱子云有一向倒在季氏）

氏引上此真寫詩出
之霎決計以取之者也固將重為今幸耳不然者優游寡斷而以
可乘之勢失先事之防則大度雖足以包容而玩時終未為勝莫
是徒泥先王之說拘執社稷之談失計而不之取也要能無為今
惜哉嗟乎夫顓臾也而乃曰不取乎哉使顓臾而務同蕭條尾句
假叢多姿
也者誠可以不取使顓臾而遠如滕薛莒也者誠可以不取頓
不謂以固且近如今而猶欲不取也夫今固無可恐耳彼李氏豈
耄誖而不念子孫乎

題雖兩截卻一氣盤旋令下句躍躍欲出勢如秋天一鶚以
寒塘又自飛　傅果亭

今不取　　九歲文

意在取者、轉設一不取之慮焉、夫有取之之意、然有伐之之辭、而存必取之心、早設不取之慮、求之意豈在今耶、若曰天下事之所當籌者原不在目前也、苟徒計及于目前則所籌者淺矣、徒計及于目前之利則所籌者猶淺矣、然而遠慮者又往往于目前有逆覩焉、如顓臾之固且近若此、豈僅伐之云哉、而夫子獨曰何以伐為、想夫子特未嘗計及于今、抑僅計及于今耶、夫今之時何時乎、五世之失、夫子已知幾、今則猶未失也、何以保其不失直極之於夫子所逆料、今則猶未徵、免天式微識者必曰取之便即

心水亭嘲稿

心水亭晒稿

昧者亦必曰厭之便雖顓臾不自今始而憂昌讒熾之勢實
自今基也顓臾之近不自今近而負固恃強之漸實自今始也而
治曰不取乎經反覆之熟思審人已之大勢竊謂及今取之為已
晚也況乎坐失機宜而且曰今不取乎圖終者由慎始萌蘖者慮
敗謀竊謂及今而曰可以取可以無取猶未為得策也況乎決然
舍去舍之則竟舍之矣然而益其固矣夫益其固猶其小也益者
在彼損者誰歸歟詩言未雨之謂何而顧昧于弓中耶求不效以
今視今也失之亦究失之矣然而狃其近矣夫狃其近猶其淺也
狃以為常孰當其變歟易著履霜之謂何而自忘于先事耶求更

念匪今斯今也在夫子爲求述周任之言求則以爲失䇲于今猶然見其危而不持任其顛而不扶也在夫子爲顓臾而歸咎于求求則以爲疎忽于今是猶縱在柙之虎兕而不之捕棄在櫝之龜玉而不之保也今則得矣其如季之子孫何

父岡伯公評

言言新穎筆筆中的

三十二彙　第八冊

明清科技文獻輯要

今不取　李鍾莪

欲取所不當取也復致當于不取焉蓋不取顓臾則竟不取矣或有曰非所論于今也請試言今不取且士君子謀人國家未嘗不為之審時度勢也故於可已而不已是為苟覺於不可已而已之是為玩時苟覺不可為玩時尤不可為矣茲者餙我戎車固有必不得已之故而寡曰時勢猶有待耶以顓臾之固而近費如此在昔分茅錫瓚謂足供行李往來已耳而今則名為社稷臣與儼然有爭長分雄之勢一在昔東郛啟宇謂足為牧圉扞衛已耳而今則雖在邦域中且顯然立此疆彼界之防夫子謂顓臾不必取也亦

未審乎今矣求亦知顓臾不可取也然如今之不容已矣且夫顓
臾山澤之區而磽确之地也今即得其地不足以為富得其民不
足以為強而又有勞師動衆之名是不取為甚便然非所論于今
矣使今日顧名思義則取之似為無名苟今日杜患防微則不取
對針必為審了
寧遂為長策乎則何得稍緩之以不取抑顓臾又輔車相依我魯
屏翰之寄也今使得其地即足以為富得其民即足以為強而寔
有偏公室強私門之嫌是不取又為兩全然未熟計於今矣使入
日追念疇昔則顓臾似無可取之端苟今日而深計目前則顓臾
豈當在不取之列乎則何可姑聽之以不取王室而既早矣救亂

利便下句醒豁即又翻而為之解亦透

扶危難望勘定之功於宗周今日者幸家有藏甲猶可滅此而朝食而吝之不取其將沾寬仁之虛名乎為人祖宗而務虛名而忘寔禍我夫子不若是之愚也周公而既衰矣彌縫匡救難望究患之恤於公家今日者幸家有謀臣猶可轉禍而為福而桐安不取其徒以好爵之是縻乎為人臣子而耽爵祿而忘報稱吾二臣又不若是之甚也蓋今日之取吾二臣為之審時度勢也久矣

揣摩時勢胸有成竹寫生妙手

今不取

今不取　吳炳

○○○今不取　　吳炳

賢者於取國而有及今之思焉夫顓臾豈季氏可取者而漫曰諸
含之求意以天下固有局内之情事局外之人所未深籌者如今
（今字不取字皆見仍承說盡）
曰有事顓臾而豈曰可以取可以無取為此不必然之謀也乎夫
（四股題前布局從取出不取）
子蓋慮夫名而專議取者也非不知人之有難以妄興而固慮者
內而兼議不取者也竊亦以已之敵未可輕縱計今日之顓臾共
（二股先說不可而不取出不）
將與季氏為難者固有不得不取之勢而季今日之季孫甚矣
顓臾為難者正屈不可不取也情而有如子之言曰是步（重堅不嫌其甚）
（意是虛籠題實寫）
所封建也蕞顓臾即以蔑先不取是域之所範圍也亂

明文先正讀本新編　下論

明文衆正讀本新編　下論

史即以乱邦域而不取是社　所憑依之弱顓臾即以弱社
而不取而季氏亦既熟思之矣不必剪滅此而後朝食將[illegible]
置之矣而求也為季氏熟思之矣含顓臾以為外也或亦於外寘
之矣御念今日者是顓臾之日新月盛有從來者也向惟不取而
漸積至今至今不取而何待耶更念今日者是季氏之踌躇圖念
有從來者也向惟不取而棄置及今及今不取而矣僕耶途鄰壓
境費已成杌棿之形而并于遺患是徒見其危而不接聽其顛而
不扶也勢勝猶存顓臾已在我掌握之中而悍于發難是徒縱在
柙之虎兕棄在櫝之龜玉也季氏能釋然于顓臾顓臾能釋然于

季氏所取之比其時矣

只是今不取三字盤旋反覆。是不取卻句：是不可不取。

起講今字不取字皆見比乃擒題用急法也。下文四股卻在題

前布局次二股就上文重頓不取二字。然卻從夫子意中推出。

尚非季氏不取顓臾正面。則此二股亦是在題前布局最得用

後之妙。此後將不取正面順從二股方轉出今字正面局法寬

展。無侵下之病。顓臾之日新月盛亦從未下看即順處出不

取意題面寬空易至侵下。卻文推原到向日之不取。是

捷法。故能扣住題位。此處題之妙法也。

今不取　　周振瑗

設為不取之說者若重為今計焉蓋曰固曰近求之意崇在取也如
不取而能無為今惜乎想其意謂天下有心迹難以自明而事幾若
雖坐失則乘時之舉當亦諒其不甚過矣時至而違之勢在而棄之
恐事外之見終不若當事之慮長耳一以顓史之固且近若此是形勢
（即入取字緊）
之勝非培壘之可見少也則取之使一遍處之嫌非越境之不相及也
（再用及姚並出今字）
則取之使一無論衆政如季主恃風定以為及時而取之是唯今日即
旁觀如二臣未議未參亦謂先機而取之亦唯今日且今日者設以難
（方言出不取仍跳上入着峯）
將之時忽謙夫自全之策而無庸議取乎則是鄙其固而不之肯也

黄比三晉文字便覺長悵說上文衍出
以為先王而不取以為邦域而不取以為社稷而不取發議非不憙
此句直接下而不覺能扣住今字也
正獨不計顓臾之僅為季孫者非今耶而何以不取一今日者設以而
乘之我忽勝夫先發之謀而不必議取乎則是輕其近而不之察也
以為東蒙主則可不取以為在邦域則可不取以為社稷臣則更可
不取持論非不甚學獨不計季之僅可制顓臾者非今耶而何以不
又撥夫
臾使其果可以不取也則無名之師在季豈肯為之而無知時不可
再也敵亦未可狃也不取之衆釁之內含而不取之弊禁之亦非今
則先事之圖當亦在所計及並使其果可以或取或不取也則將疆
之事二臣宰不必非之而無如寇不可玩也幾尤不可失也不取之

歟今未必受之而不取之號則寔自余失之則未形之憂當亦未能釋然爾蓋語其常則今之取似或出于寡功而語其變則今之不取（之以服陰不取是唯借法）豈具即為得策論其理則今之取似忘疇昔之盟言而揆其勢則今之不取反若失預防之勝算在夫子知顓臾之不當取而未知顓臾之可取則未免專以咎求者咎季氏在二臣知顓臾之不可取而亦知顓臾之不可不取則或冀以諒季氏者并諒由求夫亦思圖而近者非顓臾耶而今可不取耶

今字有形勢有時候有机会以形勢論今日適可取以時候論今日尚可取以機會論今日正可取從今取二字跌出不字來便自

究犇不竭　呂晚村

不取之故。上文昔者先王三段是也。不可不取之故。上文固而近費是也。而其可取曲折。全在今字上。正與後世子孫對針。此文處處玲瓏。今字雖要着眼。然空衍便連上文、、妙于入手急出取字。遂入今字。以後說今字。俱拈取不取。無空衍之病。後幅善用反接遙接。亦得先正法。

○○○今不取　殷宜中

賢者計欲取顓臾而於慮於不取焉夫伐顓臾者規取之利也非慮不取之害也何來詭為說曰今日之後夫子亦何敢取戾于先王要以審時度勢須無必欲取之意而有不得不取之形是故觀兵非獲已耳夫顓臾固而近于費矣門庭之動獻其密邇為滋即腹心之要害其容緩為前耶于是大夫與二三陪臣遂而謀曰無滋他族寔逼處此以與我爭也其取之使寇不可長時不可失其必翦滅此而後朝食也惟及今取之便傾險而言當取捷若整旅為無名反而觀不取乃知耀武為非過人第見季氏挾全勝之形顓臾無能窺伺即不取其何妨不知威衰原無定數失今全勝之際不預為防微窃恐遺孽自今留而遺釁不

房書…　下論語上

自今止吳人弟見季氏據昌大之勢踞叟莫敢誰何即不恥其何傷不
知強踞原无常理失今昌大之日不早為扯漸窮恐黨論不自今見而
戰隊寒自今開矣蓋從而營之寄在肘下秦而置之時在目前肘下可
狎也日前殊可念也彙成圖之易于攜枯特大忽之終于貿圓攜枯不
為也貿圓將奢何也蓋則今日者偷組且夕之安以為不必取或顧慮
民之義以為不宜取久安之業痛慮危之不及狩也長治之衆慶虞顛
之不及狀也金甌之一缺不啻毀櫝之龜玉也蠶食之一退不啻出柙
之虎兕也尔時相道者无所用其力與守者无能救其過將叩老王之
灵以禁顓臾有越志乎抑顓東蒙之神以保顓臾无缺恩乎邦域綏安
然如故与之接壤者能无虞乎社稷從此缺不樣与之比隣者能无患

乎意哉爲今之計不容于不於也卽以吾夫子處局中外而陷內而議
印而思俯而慮當必愀然爲季氏子孫危矣何怪乎夫子與二臣謀耶
頭面如落墨點山止留痕迹華萼飛動則已有危起數泉乎亟列樹
觀我弁妍之勢　吳雨來

今不取　殷

今不取　　高龍光

飾欲取之說者似當及今以圖焉夫顓臾雖小豈季氏所得取者哉

乃求之意一似重有慮者曰求聞發索不祥固有黷武之私而圖國

有經務明因時之權所以謀事者審勢若救燬而邀之識能於于利（虛龍睦旋）

害之鄉明乎今昔之故也顓臾之固而近費夫不于漫圖之乎而子

則謂彼東蒙主也是太皞之裔胄也明德之后而豈其不祀宜不取（在今宇前將弄不將）

且在邦域中也是將其類醜以法則周公命也截旬一同而首壯藩

恒宜不取抑社稷臣也是即命于周使之職事于魯者也不侵不叛（扶落參宇醒）

而與祭與膰宜不取然此第以習聞之典處安常之事耳若求以顓

史今日之勢而極論之向也属在藩驛試誅服舍我特特先王之歲耳今也行李往来一歲再至（最先講今字意已題下）顓史雖率俾猶前而夫子已每傳愈下矣向也伍兵弗陳而一矢無遺我特以彼芬之微耳今也蒐紅詛衞成賦三軍夫子雖不可謂弱而顓史亦稍云強矣然則不取不可言（方出今不取）也今不取尤不可言也（此下已約題筆一轉題勢復宜）使不取而可言也則條胥邑勺是也唯顓史之日長尾大不掉矣而傾命祀不聞猶守舊章恐含昔而失抒危之道也今不取而可言也則滕薛鄒莒是也雖顓史之偏處大乃在邊（斷論似有）矣而傾世世無害猶擬常經恐拘昔而失扶顛之誼也藉謂向習取（義例證據）須向而不取顓史矣兹胡蕩我疆邑也然昔徒假崇明保小之義而

下論

不察夫今之勢耳使僖公而計及於今則雖修紀紓禍成風有言久
矣不待徵倖于魯矣藉謂邾莒伐之而我封之矣茲胡服以自腴也
然昔徒知蠻夷猾夏之禍而未覩夫今之形耳使季友而當今之時
則雖諸夏親暱固敢離散久矣夷于三都之墮耳因事有未至歟形
勢有未明歟今不取君子以為有出柙之凶已夕尚不足歟彼情尚
可待歟今不取君子以為猶櫝中之毀而謂蒙東蒙主也侵邦域中
也夫社稷臣也然予否乎
是在下語傳緩則呼吸無情又反而語觀衍則激注失勢前以不
取二字作開以今字作合後以不取二字作引以今字作伸只顛

下論

倒折開轉換而文境綽然有餘所謂游刃于湊理也○子孫憂都

在今字中埋伏不在不取中商量故只頓挫今字下句拔際越不

佀乎而典雅靈秀尤非俚俗所能

今不取　鴻

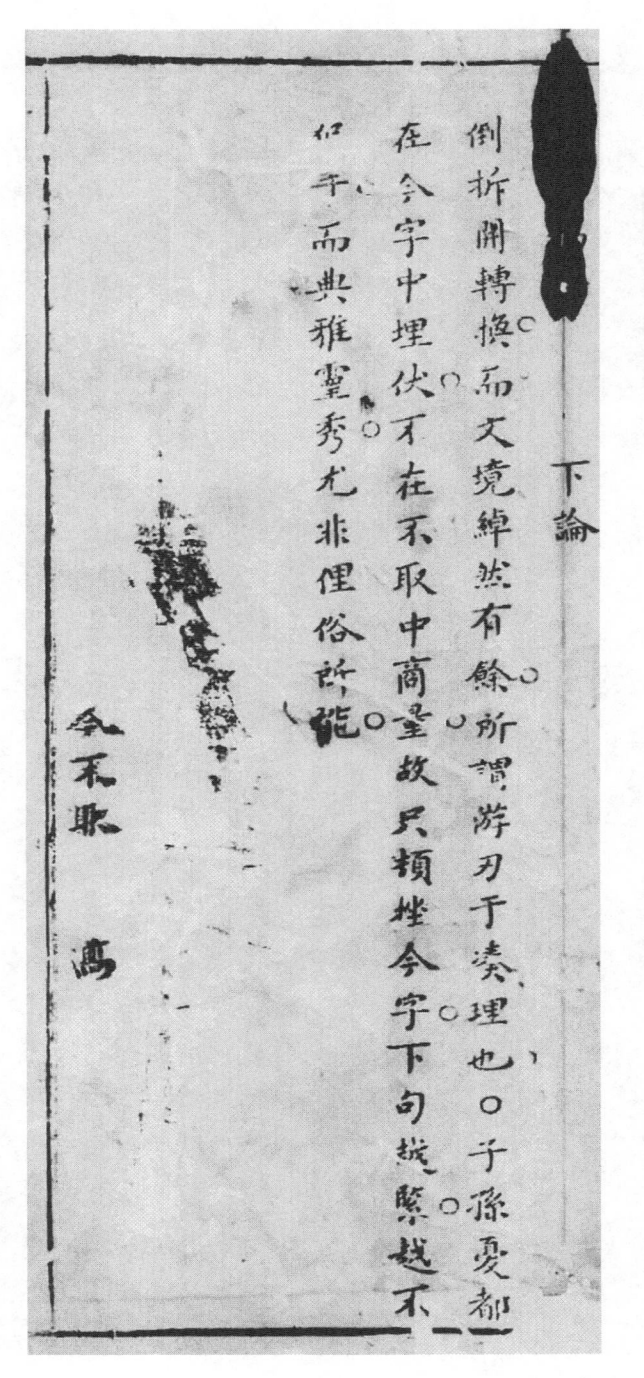

今不取　　康熙癸未　劉巖

應不取於今，若不可以昔者論矣。夫使額吏可取，當不能至今矣。昔封之而今取之，其若之何？若曰時勢者，謀事之大權也，使時可以耳，來勢不妨于稍待，則天下事猶無難徐起而圖之。乃今何時（踐○今）今何勢也？今有費而又復有額吏，然幸哉，其寔偪處此者猶喜其在今也。然危哉，其恃險爲災者已相狎至今也。及今而謀之，謀之今其一機矣。今則彼之力雖厚，而我猶未屬也；今則彼之氣雖張，而我猶未弱也。及今而策之，策之今猶與晚矣。今雖竭我之力以相加，而彼之張則正足以相抗也；今雖作我之氣以相款，而彼之

（字○喉○甚）（緊○留）（緊○接○來○危○論）（緊○今十已有取字○在言下）

威則正足以相當也而今且曰不取乎不取而曰舊有與華乎然昔則祭主也而今則戎主矣不取而曰恃為輔車乎然昔則內臣也而今則外患矣且試問今甲兵之藏孰如今田賦之入孰如今二分之取孰如今隱民之食孰如今而今之屹然如敵國者早已（始而）恥之然雄視下參即嗣自今政令之出常如今百雉之城常如今（近請仍加副今字）（俱如後世子孫萬）十年之僭常如今淮夷之與常如今而今之儼然與並峙者必且蔓之然百倍于今而今乃向不取也此顓臾所禱祠而求飲食而（頓宕三筆）祝者也蓋我之乎惧其必取而今竟不取也此季氏所食而不甘寢而不寐者也蓋皇皇乎願其急取而今乃不取也此求與由所

本朝

今不取　劉

栀腕而鶩撫膺而嘆者也蓋惓惓乎知其當取而今不知何以不取也夫謂不取而可以苟安乎窃恐後之視今未必如今之視昔也

口中絕說不取意中早是要取語語趨注下句却語語鉤勒本題擒縱得法吞吐傳神大有巖石將崩勁弩欲發之勢識向日貞

今有無名　四章　伍　鰲

心以養而大也愛身者當知愛心矣夫天以心與人所以為大分也何世之養心者反不若指與桐梓哉是亦弗思甚矣且人自賊形以求凡一身之耳目口體皆天與也而至大者莫如心昔心外之物無關輕重之數而心內之養寔見立體之隆合其重而圖其類是能棄其天也是所自隳其人而已矣夫人莫不有身也即莫不有心也而心之原本于天之理具于心斯個盡人所宜養者何心不若人而不知惡者之紛紛哉失其心矣何論一指失其心矣何論尺寸之膚彼無名之指猶且欲伸之拱把之桐梓猶且

欲生之而心與身卒棄之矣之所不察也亦何弗思而不善養吾
拔擺極醒
是且夫至善者孰有如心乎得天之秀最英體為至貴也同天之
浩蕩其體為至大也推之飲食不以饑渴而累也驗之視聽不為
耳目所蔽也人果無有失也亦何至有大人小人之別與然審之
透務落下絕無支蔓
則為飲食之人養之則為大人之體而謂得不能不決擇所從以
致力于心哉一心至虛也虛則外之所投悉藏于中而不拒于是逐
物以往而湛一之天難留心至靈也靈則一有所觸攖擾于內而
靡窮于是任心之流而天真之體不存矣乃知孰重孰輕不可不
打疊輕有
知其類也孰得孰失寔于已取之也要惟立乎其大則一心之中

有正味而飲食之實心也悉損且一心之中有定見而物交之外引也無自大人之所以為大人哉是故耳不然徒沾沾丁尺寸之膚至于心而弗思養之愛之是何異養其一指而失其肩背也且其人亦等諸無名之指而已矣非惟為大人所羞稱抑亦場師所竊笑也

好以整暇布置經營蹤越中更覺叢密異駕輕就熟之候

今有無名　伍

第八冊　三十二卷

陶淵明之性情的

今有無名之指屈而不信非疾痛害事也如有能信之者則不遠秦楚之路為指之不若人也…… 何應垣

今有無名之指屈而不信非疾痛害事也如有能信之者則

不遠秦楚之路為指之不若人也　　何應垣

即小體之最輕者而推廿之不若人之應焉夫一指之屈其不若人

亦甚小矣而求信者明明有所為也孟子故取以相證也曰吾竊

怪夫今之人往往驟然自嫌而甘屈於人下也雖然謂其貌欲屈

於人下是又不然蓋嘗觀夫賦形缺陷之端而一推夫委

全之狀有令我切按焉而情形如繪者今夫天地之生人也

其伸按萬物之上而不屈於一人之下也哉而大無虛存之理

有是形即先有宰是形者也譬指之使而百體皆在一生無可

擬禮退

負文官歡畀厥官郎丁子而者俾無掊擊之加而反以自足

若折人中而姑以一指論於衆中而姑以　名之指論此亦何足

與於屈信之數而亦豈必有人之見存哉業已托體於微非　默

運者有操縱之柄矣然或以當體之受累偏多則又不能隐

為真吏之緩唯是位置甚少如剝床者成切近之灾矣然或以

艮工之調劑在邇則又不必坐視而為因任之辭乃以一指之屈

非疾痛害事如彼而欲一指之信則不遠秦楚之路於此抑何其

視小若大遂至視遠若近而懃懃懇懇一至此哉噫吾固知其

詠有所為矣今夫人我相形之地大都不能忘情也優絀之數偏

今有無名之指屈而不信非疾痛害事也如有能信之者則不遠秦楚之路為指之不若人也…　何應垣

局亦重徘徊。獨此中精神運量之所周。在已哉。總其於何而起。於何而止。而以吾熟悉其故。然所為見優則有餘。快。然則有餘者。此情亦大可用也。且夫公仲相感之機。又人所不能禁也。何夫之旁觀審無灼見。獨此際經營刻苦之所造。在人哉莫解其積。慨生奮積奮生勤。而以吾首料其隱衷所為。求則得而遂比於人。數公則失而難齊於人羣者。此事亦略可覩也。噫。治為指。不若人。用是亟亟也。殫寢食難安之苦。而獨指揮任意之甘。此從人已中絜其短長。豈真不解其何故。堅于必趣之衷。而憚一指未完之憾。此亦從屈伸乃眾而。豈必盡出於無因。雖然。指其

欽定鄉會墨　指

小焉〻者也其亦返而思〻念〻茲〻否耶

今有無

今有無名之指　兩章　吳智

惡其次必權所重大賢所以警其迷焉夫知惡不若人忍為
遺心知者一身所愛而獨遺身尚得謂明於輕重者乎一則曰不知
類再則曰弗思甚所以警其迷者不已哉且使天下皆無所
知而亡其愧恥之心實護之意亦勿之貢焉可矣不然其明尚有
未絕則莫大於心而心小皆小其類（界作羅文自然理致）於身而身外皆賤奈何顛倒
謬戾而失其等者且比比也今夫貴於物而行身即在於身乃有
心重其身未有不重其心其重而我之身皆我之心所自當
亦何待比類而后見哉心與外我心所以由身身所同為身之

而其細已甚如此者之亦有屈焉而亦且俱屈信焉而心不
俱信初無關於利害特以人之所贏得濯焉惟恐後時甚矣
其知惡之昭之大可用也而渭恪其所之心而明者輒敢偏以不
若人者之不妨在心也謂之曰此如類而視我心不如一指者當
亦無然失已乃若主於身而有心即識於心而有身重其心亦未
有不重其身者如無重而我之心正我之身所由養亦何待深思
而始悟哉不然外我身以用我心則凡爲身外之物而未由自遂
如拱把之桐梓者生焉而無與於身之生不生而無與於身之不
生本無關於得失徒以欲生之之故朝灌暮溉弗辭勞瘁甚也

知養之勤之大可恃也而獨怪其推之身而勤者忽怠偏若將
養者之可昧於身也原之曰弗思甚而愛我身不如桐梓者當亦
憬然悟乃喟忘心之屈而身已失其牢遺身之養而心益失所憑
天下未有弗思而從知類者亦未有舍其心而能有其身者此孟
子所以哀其沉迷一再警之而不能自已者乎
走墨聯綿生氣蝕之不斷人憶他手之參差謬盭失類弗思種
一種疵病至此一空
放筆為直幹大家落落
如之文而已其能適其所妙　吳匯陽

今有無名　全章　汪梧鳳

指信而心屈類之昧也甚矣夫指之不敵心明矣而乃顧指而失心尚得為知類者哉嘗謂人與人相若也而或者人心不同皆如其面吾謂非惟不同且不若且一指之不若今有無名之指屈而不信此指之不若人者也夫知指之不若人者心也知惡指之不若者亦心也心之於指也預知微能使良醫得蚤從事故常以無名之指托之秦楚間若緩與和能洞灼人臟腑者蓋其於細揣摩或即吾之靜而常覺者之所有事徵也然則心孰與為類哉而奈何心不若人之不知惡也不於不知類也耶嗟乎類亦難

也。鏡執清而無事。美惡從而比焉。衡執平而無事。輕重從而載焉。今之人於一指之屈信。不啻從鏡之於輕重美惡矣。而鏡有時不明。衡有時不正。所信者在指。而所屈者乃在心。心不既河矣乎。以心治心。和緩不必求之秦楚也。況今不治。將毋有脛大如要。指大如股者。豈越人視秦人之肥瘠。而以為非我心也。不類也耶。

即就知指上見心之重。寸鐵殺人。何必連車接轂。動天下之兵

為

今有無名之指　沈鎬

即一指而言其有焉有之則覺有之矣夫人身有指之而無名似亦不甚關有無之數者也然而誰不有之乎且人身無所不有也亦視乎有之者何如耳或有之而重或有之而輕雖重輕不係乎所有而苟爲吾身之所有焉未聞其以甚輕者而就可不有之也則有知無名之指夫指也而何以無名哉凡天下之物莫不有名其無名者人不知其名耳抑思萬物之初皆無名者也自有人乃名之今即有創見無名之物人欲名之即名之耳孰是指也乏往吾身而顧使之無名哉雖然指不離名又諸指皆有名而獨斯

今夫覺哉　莊子

謂之無名蓋無名即其名也世有虛無之學以無為宗曰無名
首○徒○不○窮○焉○妙○雖○比　首○不
天地之始斯指也固不若是之甚亦有名定之家以名為務曰無
小○中○發○此○天
名者道之棄也斯指也又不若是之輕吾想人身之榮衛無所不
論　按○下○有○即
流通言其呼吸死生雖毫末亦關血氣如謂夫指也寧非待出無
鄉○之○妙　六○雅○夕
所毀傷則可矣而遂謂我身何有于斯指也亦年髮而身為
之動而況屬在吾指乎又思人生之運用無所不愁命當其竭力
還○池○本○分
致身雖毫髮亦供精采如謂夫指也非有長技不堪獨用則可矣
有○筆○又○裁
而遂謂我身不必有斯指也又使示諸掌而指為之關而患得謂
小○寺○焉
之全人乎果々故身分為體々分為指々亦如別予焉別予々不

必皆才而有無同分憂樂相念不知其孰爲有名孰爲無名也雖
無名亦共圖安全斯已矣而指之列下其二無名無名居叔季之
閒馬叔季之間或不任事而同氣情深連枝念切豈以有名而自
高豈以無名而自棄也即無名亦相關無慙斯已矣惟有小六無
名其尤小者乎惟有貴賤無名其尤賤者乎然一二之膚不愛
也豈以無名而忽之也無尺寸之膚不養也豈以無名而餘之也
以無名爲名便翻出許多妙論以蒙莊之筆寫儒家之理昌黎
龍馬諸說不能獨擅千前至做有字人多空着些切定無名之
指自出奇雋時輩前賢一齊斂手

今有無名之指　養其一指　沈光熙

指非可與心並重也而專養之者可異矣夫無名之指非若心之當養而不可有也奈何知所養者乃僅在此一指耶且人有身而百體具焉名以命之類以辨之未有不審其重輕而可漫致其愛養者也乃若體極其微無關損益而養從其厚務計安全無乃昧輕重之衡而養非所養乎今試由人之身而計及于指於指中而計及無名之指此一指也至賤也至小也時而屈焉所屈過一指時而信焉所信亦不過一指也乃人於此幾不知身之所具更有其貴且大者由是係念在一指而為信為屈惟恐其不肖

沈思凝文

乎人及至慍擾在一心而有屈無信竟漠然不知所惡噫不知所
惡寧復知所養哉不知所以養心寧復知所以養身哉雖然人亦
何嘗不汲汲於養身也蓋就所養而深求之則培植乘方幾難於
辭按論密
愛桐梓者而等視若就所養而泛論之則官骸可惜寧得謂愛一
指者為不情何也指亦尺寸之膚也無尺寸之膚不受即無尺寸
妙句天然
之膚不養而其間善不善之分則正不可以不辨養之而善則小
不致害大也賤不致害貴也形氣屈而主宰伸自無庸以不若人
寫家之至
為憂矣而兼愛之餘何獨於一指而戀其不類養之而不善則猶
何歲栢核纖穠
之梧檟而荒落也樲棘而向榮也薄植伸而良材屈自難免於不

知類之識矣而內考之下何獨取一指而致其滋培噫彼非汲汲
於養身者耶而所養乃僅在一指耶夫一指亦甚不足重矣其為
無名之指歟固非有獨効之能即非無名之指歟亦祇分于駭之
一是雖舍而弗養庸何傷乃人於此一若視為至貴也者而不敢
自棄一若視為至大也者而不敢自褻且若於其善者惟在此一
指致其不善者亦惟在此一指豈真惡指之不若人而因以養之
（吳○衣○）（遣○手○披○合○小○不○齊○無○縫）
者求其有伸無屈也耶獨奈何失其肩背而不知也
題緒棼若亂絲文獨能一一清出至其鎔鑄之工裁對之穩可
謂人巧極而天工錯矣　見艮齋

沈思凝攻
錯綜變化中仍復絲絲入扣胸次固別具錦機　吳霖識

今有無名　全　涂學詩

知有指者不知有心宜返而考其類矣夫心之係于人視一指
如也使其知類亦何至不知惡乎孟子蓋淺言之也曰人情莫不
善於自為矣使其果善於自為而辨之明而戒之切是即行成名
立之基也若乃一人之身而智愚異轍取舍失宜則其人之自負
寧有已時耶夫天下事莫不有輕重緩急之衡而在吾身以內者
（題中肯綮一）
為尤甚是有類焉不容誣也而吾以為其理莫要於知上其情莫切
（一指出以後引之揆之無不如志矣）
於惡誠使知所當知而惡所當惡則過人遠矣而何有於若人又
何有於不若人而無如解此者鮮也故吾欲與人共心也齊情號

於指乎即無名吾不謂其可屈然與心較則僨成之為指之矣耳
人知之乎指即無名吾不謂其可以不信然與心較則甚不類于
心矣人知之乎然且急于求信者何也然且不遠秦楚者何也曰
指不若人之故誠知之也誠惡之也而至于心自有之自具之不
必以人為衡希聖者以此希賢者以此亦不僅以若人為限而令
且曰不若人是無所謂疾而疾轉不可解也無所為痛而痛愈不
可解也即不遠害夫事而為事之害乃更不可解也然而有解者
者仍用吾惡而已存心之功不以一惡而止治心之事未嘗不
一惡而開寔能用惡則所以從事於心者必嵩僅云知惡則所以

（心竅）
為功于心者猶淺而若之何並不知惡也夫不知惡之人而迴想
向之微之于指者當亦爽然自失也斯人也何輕重之失倫耶
觀引以為戒而身當其際者仍昧之焉則亦奈之何矣抑迴思向
之啟之用惡者當亦渾然難辨也斯人也何緩急之相左耶責人
亦非甚闇而易地以處者則又寘之焉斯亦大可哀矣此之謂不
知類也夫不知惡者心也不知類者亦心也吾誠不能無咎於心
（項下之鈐已解）
矣然心之蔽還以心開之心之迷還以心覺之吾終不能無望於
心矣

嵌空玲瓏米袖中第三石也令人把玩不釋手　公成

只題中数字参互玲瓏生出無限雋妙近日以巨公曆書擬紛
衍文秘要然能如此超超元著否太白仙才絕此其定乎

今有無

今有無名之指　陳達（德三）

今有無名之指　　陳　達德三

欲借指以起例，即無名者而偶舉焉。蓋至小者，莫指若也，猶無名者乎。孟子以有之為無足重，故偶舉以示人曰：一人之身，百體咸備，故既賦之以體，即命之以名。體之有其名者，悉數之以繁其稱；體之無其名者，約舉之可發其凡。（就無名二字生發，自不犯寬。）試從百體似之外而為語及微末之至，蓋一舉手已堪借論也。（此提起心字借。）吾嘗思夫受質以來，固有其形不可指顧而其象莫可名言者，（點出題字，隨是此題落脈生端處。）此豈區區之體所可比哉？蓋人列五行之秀，所以全其為人者，原不在于形骸之間，故外著之衆體皆無足計也。（影射心說。）何有乎指？人聚萬物之靈，所以盡其為人者，必有超

脩闓試草　　顏社　　制中尊取惠安縣童生七種第一名

脩圃試草　頴社　州守尊取惠安縣童生七覆第一名

乎迹象之表故所稱者六體均不足云

體之具于人者固皆有名之可指數也則試即名之屬于體者思

之視取其思明而名之謂目聽取其思聰而名之謂耳至若取其

能運動也而手足以名取其能知味也而口鼻以名蓋有其體即

有其名統五官百骸中從未嘗有以無名傳者也鄉即以指而論

之指亦豈盡出於無名者哉夫大指則曰毋指次於拇則曰食指

矣他如居中者且獨隆以將指之號附末者亦尚有小指之稱指

之有名者多矣而茲之以無名為名者無名即其名也亦幾乎小

而微也實甚將欲拒此指以爭重而計其形則藐諸一指不過屬

肌膚之末將欲頗其名而思義而按其實則藐諸一指並不列稱謂之中夫指其小者也小而至於無名則此一指也既不得等於巨擘而五者必全之局今之人未有不深念此指者猶廿微者也微而至為無名則此一指也亦不堪用之染羹而訣一不可之思今之人寧無有重視此指者嗟夫未有指以前乃指而賦者而指抵為具體之微既有指以後復有運指以動者而指抵成無用之器夫豈無更大於指者乎豈無更大於無名者乎區區一無名之指也今之有之者何獨不輕其有有如此歟

（劉語更勝）（探下扣題不患術復）（空中盤折筆又自令人乎）（有絃外之音）

劉中尊原評　題甚窘迫幾苦於無處着力文前後能針對心字

今有無名　全章　張以誠

大賢欲人求伸于心、而以體之非類者喻焉、夫指之與心、輕重非類也、而伸此屈彼、抑何不知類乎、且人情昧于輕重之宜者、必以其類權之、則倒置立見、故同類者可並觀也、非類者可互察也、即如屈之與屈、伸之與伸、類也、而指之屈伸、與心之屈伸、類而非類也、乃一指之屈、非有疾痛害事之苦、而能伸之人、且有秦楚之遠、而必務所以伸之、以屈之不如伸也、明于求伸之義者也、以心之屈不如人之伸也、明于不若人之恥者也、設有形于此、其體本伸而不屈也、故之則必疾痛、必害事也、而伸之者又在己、不在人、非有秦楚之遠也、則求伸之情○必有什佰于指者矣○此心不若人非乎○而何其不知惡○以天君之尊○聽物欲交伸其上○而不知其已屈○以稟賦之同○處倍蓰無筭之下○而不知所求伸○將謂其屈伸異也○則此亦不若人○彼亦不若人○屈抑之勢非殊○而閑惡之情有別○此○不○達○于○類○之○同○也○將謂其屈伸之輕重等也○則此不若人在一體○彼不若人在神明○依昂之勢懸絕○緩急之情倒置○此○不○辨○于○類○之○異○也○知○其○同○則○一○指○之○明○可○通○于○心○體○矣○知○其○異○則○養○心○之○功○又○必○急○于○伸○指○矣○而竟汶汶終也○是可畏也○夫人患不知惡耳○真惡一動○不可復過○是○惡○即○能○伸○之○力○也○真知一覺○不可復蔽○是○知○即○求○伸○之○端○也○真有不在秦楚而在吾身

即求伸心之義

又縈繞首節一筆

○者人何不一反求也○

起處心指並提極得○合同類非類說不知類句○更爲完備○○前輩論君子貞而不諒題○起處宜並提貞諒二字○其作事君敬其事而後其食○亦必事食二字並提○義其所謂串題如是也○總○謂○看長○題○亦○如○看○短○題○如此題以心指相形○正如貞之與諒○事之與食也○其必當並提也明矣○學者試以吾言觸類而思之○爲開之其爲人也孝弟章文起講云○道莫大于仁○心莫切于孝弟○將仁與孝弟並○起○此○亦○是○串○題○先○淺○提○法○也○

今有無　　張

孟子曰今　一章　張騰霄

王宗師歲考取仙游縣學一等第一名廩

心貴求信大賢借指以惕人焉夫心之重于指也明矣乃于[illegible]
必求信焉而于心則并聽之知類者固如是乎且夫人之所以為
人者心也心為衆體之主固獨伸于萬物之上者也乃以常伸之
物有時并處于屈者不知求信則終屈矣然或別有所屈而概不
知求信焉君子亦曲為之諒者以其人固無知者也而奈何今之
不然者夫人必審乎輕重之故知其有不容倒置者而後[illegible]
以有為夫人必明乎主極之尊知其有不只少抑者而後[illegible]
而獨拔萃心為百体之主而與伸乎萬物而不可或屈者[illegible]

大彰明較著者也乃今之人外乎外而忘乎內營其末而舍本
即如一指之無名者列之衆指之內固無關于重輕何使為拘之
終亦寧關乎榮辱而是人乃惻惻然曰指不若人奚堪族類之方
求信秦楚奚辭嗚呼事非甚害而惡乃如此其為指則得矣亦今
念其心之何若而惕然省乎苟其戰兢惕厲知爭乎聖狂之界而
物欲不得以撓之則天君泰而百体從方將追聖而軼賢即或賦
形受氣偶有缺陷而全受全歸不卓為宇宙之完人乎乃其營拘
羞赧惟知飾乎外貌之全而大体毫不加意焉縱淪汙賤而矣
品僅爾恬神而適意斯即髮膚軀幹悉皆完備而彼昏彼狂不顧

為正人所痛疾乎。若妖若心不若人。其可惡孰有甚焉。儔
之志而亦能如惡指之屈之誠且切也。是之謂〻類者也〻所
以異于人者也。然今之〻者何人哉。夫天之與我〻〻亦偶然。必內
省無疚。方不愧乎為人。而人心之靈。莫不有知。苟權衡不差。自不
甘于少屈。奈何指必求信。而心聽其屈。重其所輕。而輕其所重。參
怪乎慣〻終身。而為人中之無名指也哉。

太宗師王老夫子評
落〻寫來。如聞清夜鐘聲。令人猛省

孟子　張

今有無名之指　一章

揚州蘇郡尊考拔　　墫
覆候滌一名

大賢姑例心以指亦殊愧于知類矣夫人之有心相至與一指較
而屈伸之數然且明于指而闇于心是尚得爲知類乎孟子曰人
之所以爲人者心耳今即以放心之人而語之曰爾其無心則
亦不受然使一旦操以存仁由義之人而彼且枯然自謂吾心不
著也噫其愚也吾無以根之吾姑以其類言之夫人之有心重矣
從吾今者四體惟其役耳乃要其心亦甚矣眹而存者百體
又渺乎今試充吾心之類等而下之以至于一身之有體之有指
且極之無名之指孰輕孰重以智者而試知識然且屈伸之

數其疾關痛害事者即以告而有所難甘輕秦楚之路其必欲
伸吾所屈者即一指而不遑引歲以吾所揣于今之人蓋從之有
此無他彼誠知吾指不若人是故惡之也至于心獨非鈞是人而
從天降畀人爲此此從者以判而殺生之後存之則爲君子去之
則曰蒸民庶且派爲小人之歸而不恤者民生以聖凡自不忍
之心而逃矣之餘遂則讓于先王近亦指斷賢者甚欲保其與人
相近而不能心之不若人　至于是可惡甚焉此洒然指不若
人相提並較吾猶謂非知類者所出奈何至此而不之惡也夫其
所以不之惡者惟不之知也吁嗟乎養其一指猶斷肩背之不知

況以吾心之有當從其大體且為耳目所不能奪遂相役指之求伸

乃今之人明昧殊形輕重舛逆謂之不知類其孰甚乎此歟吾竊

夫人聽役心以聽指環睹指而知心之為陋而非天之降才爾殊

有志操存知聖之與我同類夫如是則豈從沾沾與一指較而詒

之知類也乎彼自放其心而甘為人下者聞吾之說亦可少愧矣

提頓有力呼喻有神吃緊尤在心不若人句坐得實則為射馬

擒王手

孟子曰今有無名　四章　宗師歲入安福縣學恩詔一等　刘子衡

愛身者貴知有心惟其法於大人之所養而已夫指之不信
耳目同為小体耳欲養心以養身者可不知取法於立大体之
乎自天之生人莫不備五官之用而人之承天無多違一心之其故
愛惡相攻則欲之害吾心者不少而取舍不明則物之引吾心者嘗
多比不知類者之所以失其養而失所養者也　然未能以全其養也
戰國時有孟子豈非當時所名為大人者乎觀其根心生色之宜而
耳目休屬無弗善者其養可知故其辨得　於操舍而帶　於在
外者天下之人得不讓孟子以然大乎哉　然鈞是　也

以與孟子者獨大也無加人者亦惡其稍小者人亦獨
以內其不共人者不更有人之所當惡何必思之甚惟弗
惡故不知所當惡不知所當惡則亦不知所當愛且并不知其何以
為無所愛也夫且茫然於貴賤大小之途夫且茫然於取舍得失
界夫且鶩是人而自甘為不谷而不知耻不知恥夫且同是心而自
戕於物欲之相擾而不知顧是飲食中人也是誠為狼疾人也
舍治檟而養樲棘之場師無異也是養身不若桐梓而終為秦
人所竊笑也嗚呼一指之害且知惡尺寸之膚且知愛而致令心之
居人竟不能先立其大而見棄乎大人乎以是知心者身之主也

〃微危微之介何敢以心為形役致貽疾痛於厥心身者心之以人凜聖任之分故必以清心寡慾表其丰采於當体彼公都日侍大人之側而不知大体之當從使其翻然取之於己而思以自立亦何致大人之終不若也哉

文筆老到原評

一氣卷舒絕不見有聯合之迹而筆於語潔似都從先正得來蹟

孟子　今　刻

軒

今有場師　師焉　　乙卯順天　奚　寅

以養物喻養体而養小者賤矣、夫梧檟樲棘大小較然也、場師也而舍此養彼乎、而能不賤之乎、今以失養則消待養則長者之無物不然也、而因材而篤、栽者恒培、蓋取舍之攸分、無容以倒置矣、乃樹藝之勤、幾等髮膚之愛、而種植之利、僅求尺寸之需、即老圃之類、愚有令人日笑而心非者、已養体之有貴賤大小也、蓋燕愛之難、而有所養、必有所舍也、則試徵之於養、樲棘木在林、疑紛然不可致詰矣、而苟為干霄蔽日之姿、即始生而穎異、而郎園委翳、尚有待於掄材、植理未明、宜漠然不及致詳矣、而一經扶質立幹

正喻渡因起

反照先正

之手必擇種而滋培而郊野婆娑何足當其顧盼吾意知梧檟樲棘之貴賤大小者莫場師若也當舍當養必有能辨之者使其舍棐以嬉而佳木可悅既掉臂而不留非種必鋤亦熟視而無覩（兩意思作翻老卷慣法看他不兩言輕他在筆洞分別）田圃蕪穢將三徑之就荒吾未暇責以灌溉之勤而焉問其孰取而孰棄苟其漫無區別亦登龍門而高百尺者既蒔諸圃詠鴟萃而斧以斯者復蒔諸原待用無遺且兼收而並蓄吾猶將責以愛玩之雜而詔之以何後而何先乃今之為場師者（落句勁）賤甚神以昏而易奪明ㄟ落寞取材之所係而不禁其倒行而逆施（振作）有告之以良檟攸殊者而場師不察也任予奪於吾心而草木無知方且予人

之顛倒究之事過境遷而發乎情之論者未嘗不指為大小之判然也有早識其樹木之踈於計者已識既鄙而难通明、栽培傾覆之異宜而罔已改觀而易位有語之以權衡宜慎者而場師弗計也淆棄取於曲見而園林無色猶然矜手植之品題究之情移（擇情邀越）意𢍰而涉迷途而返者未嘗不歎為貴賤之較然也有深惜其擇木之憒於辨者已噫嘻亭毒流形非不邀功於氣化乃菲材得地（練句）而嘉植違時抱甕而遊榛莽之林當亦啞然其自笑根株壞剝何（運用絶什由）嘗少恤其勤勞乃小草依人而良材在野感物而覽狂夫之圃是（手筆熟）用大誠而小懲而有不賤之者誰哉雖然今之為場師者未必有

是而今之舍所當養而養所當舍者寔類是焉則又將為場師所賤也

麗藻以矜練出之彌覺骨秀神清括吟密咏齒頰俱芬

錄藻

公西華曰正　二句　狄　億

賢者之所不能。限於學也。蓋夫子之所能于為誨者。原不關乎學也。學之而已不能矣。公西華其深于自知而知聖人者乎。且天下能與不能之數。各隨乎其人以為量者也。即夫子一人之身。而能不能之數分焉。又即夫子一人之身。而能不能之數合焉。其分焉者。以聖仁不可能。而為誨可能也。然為誨可能。而不厭不倦亦可能乎。在夫子則已遜也。其合焉者。夫子非以為誨盡聖仁之實。而夫子之聖仁已（精鍊方成畢意）居為誨之先也。即為誨可學而能。而不厭不倦亦可學而能乎。在夫子又已不擅其誠也。則不禁仰而嘆曰。正唯弟子不能學也。始見天

下有難能者曰吾特不學耳謂學焉而所能者可至也雖天下之能
于以學當之而自謂可能者亦必度其人之先我而能者之何所學
而能若是而我可以踵其事而為之也夫子之不厭不倦亦何所學
而能之乎夫子不恃學而第子之學已勝矣固與不學者均無如何
矣始謂天下之可學者皆可能耳我未嘗學而曰不可能者不足信
也然天下之賢焉以學企之而其後有能者亦必本其人之先我而
學之者之已有其成能而後可師其智以為歷也夫子之不厭不倦
亦當學焉而能之乎夫子即有其學而已非弟子之學矣雖有善學
者終無如何矣諸之所居有正位焉有旁松之各焉不厭不倦夫子

所為旁托之以自隱者也吾黨即於其旁抵者而得其正位焉並弟子之能事絕而夫子之能事益神借曰可能是猶以聖仁為可能也而能之之想固萬無可冀耶辭之所揣有正言焉有側見之者焉不厭不倦夫子所為側見之以自深者也吾黨即于其所側見者而正容而謝焉盍知非學之所能則雖不能而亦無悔借曰可能是猶學之之說也而學之之途固早已絕耶噫此其為夫子之所能與

考亭云不厭不倦非已有之則不能雲峰云此雖夫子不敢當聖仁之名愈見夫子有聖仁之實新安陳氏云不厭不倦即純亦不已也融會數條神解獨到縱筆追之刀迎縷解作者亦不自知其

浙至　儲同人

力逼大士先生而從之。筆之顛處曲處。往往神肖詎同壽陵匍匐。

公西華　秋

正唯弟子不能學也　胡紹安

賢若觀聖之深而知學之匪易也夫使可學則亦可能而為誨之不厭倦始學焉而不能矣公西華作而言曰天下必無一境焉示人甚難而顧可忽為易者則亦必無一境焉示人甚易而顧可謝為難者乃若有道似見為易而証諸他人之所得仍見為難淌乎易者之難乃真難也已有是哉夫子之辭聖仁而居為誨也在夫子不過曰不厭已耳不倦已耳意者聖仁不可學而至為誨之不厭倦猶可學而並在諸弟子亦當勉焉以從事哉然正惟此有難言者矣人必閱盡此境之變而轉目此境為尋常尋常之觀即至變之端之所伏也吾

烏知夫此中之變其有涯即無涯聖人必懸躍此事之全而轉若此
事為淺近淺近之界即系全之理之所該和吾烏識夫此中之全其
有盡即無盡聖吾見夫子之孜〻于為之而朝乾夕惕也吾亦見及
（二股惕從不能與言地竦然辨筆）
（力溼高）
門之孜〻于為之而朝乾夕惕也豈不同焉是為哉然吾見夫苟安
者甚矣鈍進者鮮矣其一涉焉即荒也其再進焉輒沮也則吾人見
（至者有一吾妙）
有志之上騖乎荒與沮之失而奮然圖之也而久于其數卒不能
無終日之遑雖奮然者亦猶是退然而起視夫〻子則猶是朝乾夕
惕而孜〻于為之也始嘆夫子之不厭真不可及也吾見夫子之誨
〻于誨人而朝參夕考也吾亦見及門之誨〻言誨人而朝參夕考

也豈不同焉是誨哉然吾見夫鈞深者詘矣呻畢者衰矣其雜施焉則慢也其陵節焉則弛也則吾又見夫同善之儒矯乎慢與弛之弊而慈然亦之也而歆乎其微卒不能為兩端之竭雖慈然者亦循是轆然而起而視夫二子則猶是朝參夕考而諄諄于誨人也始嘆夫子之不倦莫不可及也若論聖也吾不敢知第就不厭倦思之而何（正唯上二字神理）以引之而彌近也索之而轉遠也至理不在多言即此已為神奇之業耳若論仁也吾不敢議第就不厭倦思之而何以既得者似無奇也未純者如有失也高遠祇存日用舍此更何精微之請歟予毋易言不厭不倦也正唯弟子不能學也

入手頓跌而下一筆轉出正惟二字生氣欲飛中間二大股實發

不能發意曲折迴旋妥帖排奡可謂文人之雄

正唯弟子不能學也　　秦大士

一串

尊聖學者、深體之而知其難也、夫不厭倦、不能學、即為誨不能學、

即聖仁之不能學也、亦其已深于學聖者、欲想其承夫子訓而舉之

莫○打○五○吳○鍾○打○渭○人○心○許○

然以起曰業不從艱難辛苦中出、不知我生所詘力者、不、也、學

○○○○○○○○○○○○○○○○

不經真積力行而後、不知至人所絕特者無多也、即人之共歷之

郭○恕○先○遠○

域寔為一人獨詣之區、而又非故秘其藏以自異焉、天下事可望

○山○一○角○　古健過大乙山○方

不可即如斯哉、而夫子乃曰、我唯為不厭而已矣、我唯教不倦而

已矣、以為上哲與庸材同軌、其甘苦經歷之處、較諸旁觀臆測、翻

○○○○

若了不異人、不知自然與彊勉殊趣、其即離近遠之鄉、得諸心慕

手追固已俯若河漢蓋弟子學夫子而不能至夫子者進言聖與
仁哉正唯此為不厭而誨不倦也謂至諸非盡人可幾則未觀其
旋而惘心發怯猥瑣輩泛無成誅其為不能寔則未學耳今日一
堂之上負氣則踔厲無前抑志則循塗曲赴其材力大都什伯乎
流矣乃積日累勞之久負氣者已發迴中道之車抑志者亦莫奮
窮途之駕而環望夫子固依然純乎常之夫子也夫乃下高明
與沉潛俱無可藉手也高山仰止景行行止固有是耳小可
踰者爾謂絕德亦人力可造則甫遊其閒而積頤已盈函丈中追
無厚效其為不能猶之未學耳諦觀負笈之侶嗜奇則窮探幽遐

公西華曰　一句　歸子慕

賢者觀聖之深而即得之于自道者焉蓋聖人不必遠求也即其所自道者弟子學焉而未能此盡足以明其為仁聖耳且昔夫子進不敢以仁聖自居退而以為不厭誨不倦自許以為無可稱述者如是焉而已矣乃公西華作而言曰夫行者不知勉行者之多阻也成功者不知用力者之甚艱也終身莫覺之事正不在于多言舉世難圖之功正不在于奇行為不與厭期而厭自至當其厭也一前一却從倦是始將有所無可奈何者耶而何夫子之終不厭也所謂師不能傳之弟子者其惟是也誨不與倦期而倦自至當其倦也一此一彼

謙忘解體始特有不能自已者耶而何夫子之卒不倦也所謂弟子（醒煥出）不能得之師者其惟是也一若論聖也所不敢知而即此為與誨之間（此云以聖仁斷其案二字）則弟子之所身試者蓋已有年矣而迨于今覺進者退先傳者倦焉夫子一人常如是焉然後知聖恩之不相及果不離日用也意者夫（何亦即借起局面挽截題仁二聖繳結）子其真聖不可知渾化而不覺矣乎一若論仁也所不敢知而即此不厭且倦之間則弟子之所逼處者已見乎前事矣而就其中誰至于步亦步趨亦趨而未由之嘆猶不免焉然後知天之不可階而升其卒知她者也啇者夫子其真中心安仁歟一而不息矣乎吁若聖與仁非夫子其誰歸

此題若專就夫子身上說厭說倦終不得正惟二字神理惟就夫子之自謙及更不必遠引聖仁說來則正惟二字之神躍躍奮迅而出矣此文前後所云是也　汪武曹

此等題不可以加刻畫但使輕重緩急處如題位出之恰肖而無蕭索蹇澁之病即為出神入化不易信也熟讀此文以作口氣題熟路輕車斷無棘手

公西華曰正唯弟子不能學也　歸子慕

賢者觀聖之深而即得之於自道者焉蓋聖學不必遠求也即其所自道者弟子學焉而未能乎適足以明其為仁聖耳此夫子進不敢以仁聖自居退而以為不厭誨不倦自許以為無ㄙ稱述

先將上文提清

者如是焉而已矣乃公西華作而言曰安行者不知勉行者之多阻也成功者不知用力者之甚艱也終身莫竟之事正不在於多言歟世難圖之功正不在於奇行為不與厭期而厭自至當其厭也一前一卻彷徨顧望殆將有無可奈何者耶而何夫子之卒不

解唯字　與上文合

厭也所謂師不能傳之弟子者其惟是也誨不與倦期而倦自至

當其倦也一此一彼離志銜體殆將有不能自主者耶而何夫子之卒不倦也所謂弟子不能得之師　其惟是也若論聖也所不敢知而即此為與誨之間則弟子之所身試者蓋已有年矣而追於今銳進者退先傳者倦獨夫子一人常如是焉然後知聖愚之不相及果不離日用也意者夫子其真聖不可知淵化而不覺者乎若論仁也所不敢知而即此不厭且倦之間則弟子之　通患者已見於前事矣而就其中雖至於步亦步趨亦趨而未由也嘆猶不免焉然後知天之不可階而升其卑如地者也意者夫子其真中心安仁融一而不見矣乎吁若聖與仁非夫子其誰歸

公西華曰正唯弟子不能學也（論語）　歸子慕

一氣滾下元神宛然繆大質
正唯二字與上則可謂云爾已矣緊〻相湊不隔毫芒緊口急
起從之如兎起鶻落少縱則逝中間直從不能學說起轉入
人恰得正唯二字柄鑿相應入後劈開仁聖拍合正唯又即
緣此繳還仁聖與當年仰而歎之〻情最為神肖通體總無一
筆呆鈍初學所最宜熟之復之者也

公西華曰正　一句　　歸子慕

賢者觀聖之深、而即得之於自道者焉、遙聖學不必遠求也、即其所不

自道者弟子學焉而未能乎、適足以明其為仁聖耳、且昔夫子之不

敢以仁聖自居、退而以為不厭誨不倦、自許以為無可稱述者、如是

焉而已矣、乃公西華作而言曰、安行者不知勉行者之多阻也、成功（闡口便得正意二字之神）

者不知用力者之甚難也、終身莫竟之事、正不在于多言、舉世難圖（醒正字）

之功、正不在於奇行、為不與厭期、而厭自至、當其厭也、一前一却、傍

徨顧望、殆將有無可奈何者耶、而何夫子之卒不厭也、所謂師不能

傳之弟子者、其惟是也、誨不與倦期、而倦自至、當其倦也、一彼

慶曆文讀本新編

離志解體殆將有不能自主者耶而何夫子之卒不倦也所謂

不能得之師者其惟是也若論聖也所不敢知而即此為與誨之間

則弟子之所身試者蓋已有年矣而洽於今銳進者退先傳者倦獨

夫子一人常如是焉然後知聖愚之不相及果不離日用也意者夫

即○惰○起○句○同○換○者○聖○與○仁○二○節○較○妙○正○睢○神○理○只○可○云

子其真聖不可知渾化而不覺矣乎若論仁也所不敢知而即此不

厭且倦之間則弟子之所通患者已見于前事矣而就其中雖不于

步亦步趨亦趨而末由之歎猶不免焉然後知天之不可階而

頌○云○取○頭○陡○起○則○分○仁○聖○而○陡○中○之○文○來○帶○不、可　五　易

卑知地者也意者夫子其真中心安仁融一而不見矣乎吁求一

仁非夫子其誰歸

似少点動

部

正唯二字口氣最緊若從弟子學聖人說起轉到不能學然後再轉到正唯則詞愈費而愈寬纔與題神相去遠矣此文亦只自不能學說起即轉出正唯較彼便覺直捷然此猶人所易知題若專就弟子身上說厭誨倦終不得正唯二字神理惟就夫子之自謙及更不必遠引聖仁說來則正唯二字之神躍躍奮迅而出矣此文前後所云是也萬曆壬子江西蕭僧王墨開講云天下之竊人意致者正不必超絕之地也共是尋味之中而神用不同境界亦異即此文舉世難圖之功正不在奇行意但文中不能再醒出此意故當推此文為獨步

慶曆文讀本新編　公西華　歸　論　○○

就夫子着筆極寫公西華仰而歎之〻意旴〻是正唯二字神理

若只從弟子不能學呆〻舖排便無一語合題矣　右衡

○○○公西華曰正　學也　國子監吳少司成月課一名　戴名世

賢者見聖人之深即於其所仰歎者而得之矣夫至弟子學之致不能非聖且仁而能若是乎公西華誠有以見其深矣謂夫人之大量相越豈不遠哉止此生平當盡之事入乎其中者居之而非難而出乎其外者對之而若失是故實之全者欲辭其名而不可也已之優者欲擬之人而亦不得也今夫盛德者其德雖名欲于從游之下窺其一二而無從也竟不知聖何在耶仁何在耶亦夫子之自言者亦既如是矣今夫大德者其德不居欲于內省之餘求其自信而無有也然而固已聖耶固已仁耶即吾德之相抵亦無加於是矣在夫子

朝五省考卷篋中集

或猶問吾豈有異能焉與二三子共勵之矣及之而後知發之而後
雖其欲然之懷不知何如而後有以自慊也乃吾黨之士久昌學一
願學焉雖夫子之提撕依歸矣乎豈若無涯即之而愈遠其淵然之
無不知何如而後可以漸臻也矣故涉歷其途猶時時形其不足之
語而旁而觀即即以此知其有餘且知天下之皆無餘也識耶論耶
身于已身試之矣且夫謙讓之情實合有其難安之處而吾為轉
而思焉即以此見其有得且以身外之者無一得也嚴耶儆耶弟
子之所通患矣夫功之未成者其用力之艱獨自喻之而已其成
者不之知也而人之安行者其得力之故亦自領之而已其勉行者

莫之好也夫弟子苟有志豈敢終自廢棄而其不能學者則亦不能
强不能而已矣情乎人之度量之果相遠也
遣龍迎神題中正推二字渾欲翔躍紙上按之却無處覓其無跡
之跡臨事甚上乘正希先生課兒諸草

公西華　戴

公事畢　野人也　採風集　許乃普

急於公而緩其私、助法行而名分昭矣、夫公以奉君子、而私以給野人、先公後私而小人別、而君子亦別、且王者將欲聯上下之情、必先別君民之體、則分田制祿、別其地則所以別其人也、顧別其人而或不能別其力、別其力而或不能別其心、則人猶之不別也、地猶之不別也、而吾乃穆然於助法之行矣、中公外私、此田之別以君子野人者也、而皆有其事也、而皆賴其治也、顧其間有先有後、夫獻稑種於君后、修播殖於師農、君子所不敢後者、野人之私也、蓋至擭其左右、嘗其旨否、降田間而不以為嫖焉、而頒福祿於曾孫、祝黍稌於田祖、野人所不敢後者、君子之公也所由奉蔵以告奉醴以告徵民力而不忘所自爲吾想其時決渠降雨荷鍤成雲耕惟公稼之趨而饁終朕畝春雉既馴秋螟亦散壽且公堂之介而共沐天休公爾忘私庶幾其畢乃事矣然後豚蹄而祝烏已鳴庾斗酒自勞人無呼癸易其田疇言乎後而又有不能後者矣嗟我婦子言乎敢而先有所不敢者矣駿發爾私斯其時矣夫此曷嘗束縛之馳驟之刑趨而勢迫之曰其率而長幼華而主作以畢力於公而無爾私之是事哉惟示以尊卑之分而知卑養乎尊者卑必不可以踰尊亦詔以貴賤之殊而知貴藉乎賤者賤必不得以先貴吾得而斷之曰所以別野人也別焉而當無事之日學校可以興祈樂已入齒餘子於下庠緯來將興坐父師於左塾其時執經請業

君子既澤以禮樂而野人亦淑以詩書也為潤先公後私之義有不篤信而力於從事者乎樂其利者畏其神可以修井牧之經於黃帝別焉而當有事之時軍旅可以作四時之田屬司馬辨等列而習威儀六鄉之民屬司徒肅止齊而嚴賞罰一旦披堅執銳君子有軍將師帥之責而野人即士卒徒御之流也為推急公後私之誠有不踊躍而樂於趨事者乎安可撫者危可恃庶幾復里鄉之制於元公此助法之可遵也被潤澤而大豐美尤在賢君相加之意矣

琢玉成行截金為句華實並茂卓然臺閣規模

公事畢然後　潤澤之　揚華采　喻且連

公私判而法有其略則潤澤誠亦急矣蓋必先公而後私而凡野人之分明此井田大略也得其略而潤澤㫁可緩哉今夫為國者惟以民之事為事則民亦以上之事為事而民既以上之事為事則上尤當以民之事為事何者上之事民治之民不得而妄議之而民之事上治之上實得而斟酌之開闢之率作依然而方策之規模具在知鴻猷固自關潤色也不然八家皆私百畝何以同養公田哉誠以畇畇禹甸膴膴周原今日之得以耕而食鑿而飲者皆吾皇相陰陽規高下準今酌古有以潤澤乎生民也彼南畝之雲誰不念胥祿之稼課東皐之雨豈遂謂

農夫之慶如是而欲先治私事後治公事也敢乎則見我有發
褉爲公服之而私田之曠廢聽之也我有耒耜爲公用之而私
田之荒蕪弗計也我有頭額手足爲公焦爛而胼胝之而治私
田之餘力並不敢留也夫豈真重公而輕私哉蓋念我先王之
流澤孔長必公事畢然後敢治私事情也亦分也野人之所以
别君子者如此此復何悲於井田之不可行乎一出作入息之
常舉念不忘愛戴如天下事固可爲也然此又謂井田之必可
行乎泥周禮周官之治貽悞或及蒼生蓋其詳不可得而闕也
其大畧也時勢者聖王所不道而當萬難措手之際不得不酌
八稚宜念自復欲視畝之法行公賦繁而私事久困矣必欲捐
奉公以效尊親則道路之輸將易匱必欲緩公急私以蘇民

人則朝廷之給領終虛所幸者藉稍未湮盡井分嚴其文不
必利其法任古今之迭嬗無不鼓舞而盡神斯不亦井平潤而
哉土地者英主所共寶而當支藏不給之時尤不得不急為利
導念自闢草任地之徒出私田亂而公事益煩矣必欲統九區
之衆同治公事則私多罷攬之勞必欲分一井之民各治私事
則公鮮家廩之費所望者中田宛在明農重粟相其種兼且度
其宜任土地有肥磽無不化栽以盡利斯不亦澤流萬姓哉吾
用是不能無望於君與子矣

氣機洋溢筆意高超

公明儀曰　師也　清緗集　王藻

惟性善者能得師、為誦與人所述之言焉、夫文王可師、以性善故我師之説、公明儀固嘗述之矣、不可以證道之一乎、孟子意謂吾言性善而稱堯舜、堯舜往矣、不有繼堯舜之傳者乎、則緝熙敬止之文王也、以堯舜為法而聖、以繼聖以文王為法而聖、以師聖、此千古之心法、即千古之師法、而亦千古之家法也、昔之人其有聞而誦之者矣、成覵顏淵所稱之言、皆以道為一、若也、將遂以道為師乎、師道則師堯舜、堯舜此道、文王亦此道也、人不敢希堯舜、古之人有師文王者矣、則請誦公明儀所述之言、彼蓋謂師範有由也、若本有接於羹、有過於牆者、以聞知為遞傳之統也而刿其為一脈之淵源也彼固謂師承有自直若從地之相去世之相後者以蒙泉為育德之基也而刿其為一門之紹述也夫文王何以可師以性善故非他人事也我師也是言也於書則告爾多方告爾多士未之聞也於詩則雅有來將頌有我將未之見也昔者公明儀嘗稱之矣論虞芮質成之事則文王之所以為文有君道焉有君之尊而我乃以為師哉然師也而君臨之我猶見為道之遠君也而師事之我祇見為性之近也公明儀曰是固不詠亦式不聞亦入之文王也譽髦無斁直亦步而亦趨焉一若有斯之詠烝哉猶是為邦儀型之烏文王而此則竟曰我師矣論紹聞衣德之言則文王之所以為文有父道焉有父之親而我乃以為師哉然師也而父視之我

猶見為道之分父也而師體之我祇見為性之合也公明儀曰是固無然忡懥無然歆羨之文王也令聞無窮直是則而是傚焉一若來雝之稱烈考猶是四方綱紀之文王而此則進曰我師矣是其私淑於人匪直私淑於口我在即性在我其嘗與於由世之下而我受儀在家庭且其奉為準則匪第奉為依歸我存即道在我其與合於繼述之餘而推崇無非絕繼斯言也周公之言也公明儀不徒為周公誦矣哉、人之昭世子具有底乎。

題有三面文則條分縷析、渾融出之毫不犯手

公明儀曰文王　我哉　　存真集　梁仕芬

以聖師聖人言更可徵矣夫使文王不可師周公必不為是言即公明儀亦不述是言也故曰是誠在我且我文考德昭不已之純道著先登之莫必謂其可師而至也鮮不驚其說之誣豈知前人以儀式之心法緝熙之學而論本非虛後人於追維之際篤信好之懷而言堪共證覺聖固能師聖者凡亦能師聖焉而能自得師之情古今同其志古今自同其辭矣吾更述公明儀之言想其意曰今天下之為善者固莫若師文王也而人顧自疑者何哉以為亦保亦臨之執英主亦有難言則振舊雖具深情而緬宮廟之肅雝空勞想象又豈必譽髦有造德性可擬

於成人不聞不諫之休哲后亦烝烝企則降衷雖由恆性而念
辟雝之鐘鼓徒爲聲歌又豈必明德堪懷聲色直通於帝謂執
知文王我師之言聞公固嘗言之矣蓋謂人無分安勉貴本善
無常師之意以自盡其功故師其止敬之淵源即可悼心於有
密師其聿修之德業即能著績於和性則一家既仰典型而義
聞所昭天下豈忘其懿好即人無論聖凡貴體至善爲師之心
以自宏其量故師其雎麟之精意而宮禮可定其書師其適駿
之休聲而豐鎬可並峙矣則繼序既光則徽而德心所感天下
豈異其性情然則周公非以文王爲師哉然豈特周公可以文
王爲師哉吾念矣我吾知周公之不欺我矣讀詩而仰作人之
化文王實貴寄君師但其時南國承流江漢著兔罝之美由京

式靈臺播鼉鼓之舉如其氣所迎凡民皆堪振作而周公固
其先焉者矣故承先人之啟迪周公固能率乃攸行而企攸代
之儀監即我亦可從其所好則流連往訓豈故强我之所本無
哉稽古而思稽徵之填文王又尊隆師父想其時齠齡可備文
子則克迪前光無異長留文孫則繩其祖武知善機所導未併
皆可奮興而習公固其顯焉者矣故論萬邑之貽謀周公固堪
纘述而論菁莪之雅化即我亦可薰陶則仰溯遺言豈非勉我
之所固有哉歷觀古人一言而性善無疑矣

公明儀曰　滕文章　㴑雅集　黄之晉

不得聖門之再傳者，其言亦道一證也。蓋堯舜之道在孔子，而公明儀學於其徒，固顔淵殆也。孟子終引其言以釋世子之疑曰：人之有善有不善者，習之為而非性也。故論習之不善，則羿與蒙其蓋吾嘗取公明儀之言而辨之，而論性之善，則堯與舜其先導。少取公明儀之言而證之，以儀較成覸，覸特勇士，而儀之氣迴不侔；若以儀較顔淵，淵為大賢，而儀之品詣猶不遠。乃吾必特取於儀之言何也？儀固學於子張者也。張之務外不如顔子，務內而問行而書諸紳，於聖道固無疑焉，則學子張者之亦必深信子張可知，而并不僅深信子張又可知也。徒以治喪一節謂儀之善事子張則已淺儀又學於曾子者也曾之質魯不如顏之穎敏而一貫則應以唯於聖道初無疑焉則學曾子者之亦必篤信曾子可知而并不僅篤信曾子又可知也徒以問孝數言瑣儀之確宗曾子則猶疏蹊蓋張與淵親炙聖人而儀則僅居私淑之列固較遜一籌焉然試思堯咨舜命之統其綿延以逮孔子者吾黨見而知吾黨以下何不可聞而知即天下之性無不善者亦何不可共聞而知乎儀惟見之真是以言之切也曾與顏共登函丈而儀亦偶承答問之餘實同此一脈焉則試溯明善復性之功其醇備於我孔子者及門為一傳及門而後何不可為再傳即百世之欲為堯舜者亦何不可得諸遞傳乎儀惟會於心故能形於口也儀之族有公明高者于田能表古帝之衷而儀更精於持論又有公明

宣著受業同稟子輿之訓而儀獨善於立言其氏與公明實相同
其人則產自武城獨承宗國觀覽之澤其時與公孟子相遇其言
則不爭楊墨自見古人授受之心吾畧者論欲仕則引儀之言為
行道言也而然則易行道為傳道解好辯則引儀之言為衛道言
也而然則以求道彙衛道我師之説周公無疑於文王儀更無疑
於周公即無疑於堯舜也而世子何疑焉
上額疑吾言下對豈欺我作法本易易因較壹子卷合作殊少
故走筆拈此

公孫衍張　下熄

歲試湘鄉縣
學一等三名王璉

稱策士爲大丈夫、謂其係天下之安危也。夫一怒耳、而諸侯之懼、係之安居耳、而天下之熄係之。此景春之以儀、衍爲大丈夫也乎。今天下遊說之士、徧於列國矣。說行則名顯諸侯、說不行則諸侯逐之耳。安見以一人之動止、係天下之安危者。而春竊得兩人焉。一曰公孫衍、一曰張儀。儀、衍魏人、素不相善。儀用則傾衍、衍用則傾儀。方其攻衍、官不過犀首。儀貧無以自支、至內謫於其妻、外慴於舍人、固卑卑不足道也。而自今觀之、二人卒不可小覷之也。誠大丈夫哉。蓋衍能從亦能横、以秦爲重、不徒以秦爲重、而儀斂從而連横以秦爲重寶能用秦以自重是故攻戰與諸侯懼矣諸侯之懼非諸侯自懼以儀衍之一怒而懼也甲兵寢天下熄矣天下之熄非天下自熄以儀衍之安居而熄也吾爲約略數其行事衍一怒而秦攻魏一怒而魏亦圖秦儀一怒而楚攻韓一怒而秦又攻楚數十年閒天下例例無寧日者以兩人故也嗟乎天下大矣諸侯衆矣而儀衍以一人之喜怒爲天下諸侯之安危人之稱大丈夫者當如是矣天下諸侯不乏謀臣策士齊有孟嘗趙有平原楚有春申魏有信陵其人亦皆聲稱籍籍焜耀當時求其如儀衍之爲人動則危靜則安俾天下諸侯相畏慕者亦何可多得哉

繼自今有求不愧大丈夫者請即以儀衍嘗之矣

才氣稍遜前兩作但張儀相楚相魏皆爲秦用公孫衍相五國不止爲秦若單就相秦立論又側重一慾而諸侯懼句雖說得好聽未免走入易路此作卻老當分明

公孫衍張儀　方城

李大宗師歲試福州府學第一名

時人心有所甚艷、爲並舉策士之名焉、夫衍與儀亦遊說之士耳、而春並舉之、非有所甚艷耶、想其言曰。名之於人甚矣哉。吾人生於斯世、苟無以聪人耳目。亦與草木同朽腐耳。乃有偶舉其名。不啻兩美之合。而齊駕以並驅、是亦天壤之不數覯也。以春所聞公孫衍張儀。有足稱焉之二人者、固皆同產於魏也。魏之地。沃野千里、其間扶輿所積、靈秀所鍾。往往多生豪俊。加以文侯勤加訓準、務爲招徠敵士。恒以奇俠。

自尚聊碌碌而無能。而衍與儀。其軌著者。以衍之自負。似不讓於儀。以儀之自命、亦不下於衍。既生衍又生。儀智角賢爭。夫若以兩人。而隱聽其相敵也。故衍仕魏。儀即以出魏。儀相泰。衍即以去泰。既生儀又生。衍。竊奇烑能天又若以二人。而靜觀其互鬭也。當其時。衍主橫。儀破之以縱。儀主縱。衍攻之以橫。既莫辨。其低昂。且其時尊衍者。僅稱夫犀首。重儀者。爭羨乎舌。存亦孰定其優絀。春竊有感焉。生何必虞夏商周。嘗有以自表術奚事。仁義中正貴有以自雄彼夫三策綰黃金或蹈蘊藉非智立談取卿相猶譏范蔡之奸名無虛附事匪偉成所謂伊人苟非突兀塵寰力為使人流連而不能釋也不必究其所從師要必有神其操縱者故童叟婦寺咸稔其名亦莫測其所自學知必有妙其變化者即文人傑士亦重其稱一舉衍而儀即在意中若相連而相並豈惟不可無一二述儀而衍如存藹頻覽為頡而為頏譸云不能有二雄擁郊迎惟二子庶幾無愧繫維飲食亦時君爭致未遑豈不誠大丈夫也哉

魁

公孫衍張　下熄

歲試湘鄉縣
學一等一名蔣湘培

大丈夫策士者、震於其挾秦爲質也、夫公孫衍張儀策士耳、挾秦以要天下諸侯、而景春乃大丈夫之所謂一怒而懼、安居而熄者、然乎哉、春若曰、以春觀當世士類多高自期許、不屑以小丈夫自居、然考其生平、矩步繩趨、恂恂抑畏、以求無忤於時、究之尺寸無權、局促自守、非英雄之節矣、卽列國諸侯王所招致謀臣策士、衆矣、顧往往仰人主喜怒爲進退耳、否則能令公喜、能令公怒而已。求其能挾威力權勢、以震讋一時者、戞戞乎其難哉、乃今得兩人焉、曰公孫衍張儀、之二子者威棱懾於列國、列國之人嘖嘖艷稱之曰大丈夫富如此矣以春考其相秦之事益信夫人之情莫順於喜而莫逆於怒然怒苟不能制人之命挾盛氣以凌人人已投袂起矣即不然積宿忿以加人人益攘臂爭矣嗟乎此匹夫之怒豈所語於儀衍哉儀衍不怒則已一怒而諸侯驚相告矣怒楚曰蜀地之甲五日可至郢漢中之甲四日可至五渚若復積甲宛東下隨則楚危怒韓曰我起少曲斷太行起宜陽觸平陽二日可以盡絲五日而國可舉怒魏曰我舉安邑塞汝戟下軹道道南陽封冀兼包兩周因而決滎口則魏無大梁決白馬宿胥之口則魏無濟陽與虛頓邱又且謫齊以宋謫趙以濟西謫燕以膠東言若循

環兵若刺蝟六國闘其怒日夜禱祀求其安居不得於是爭先事儀衍割地約質不待窮而服而秦未有亡矢遺鏃之費也一怒而諸侯懼矣諸侯懼而儀衍乃安居矣安居而天下熄矣假使儀衍不安居天下其能熄也哉嗟乎儀衍特窮巷掘門桑戸棬樞之士耳羈旅入秦繼踵取卿相而天下驚動震駭威伸六國名顯當時其喜怒至足爲一世重輕若此秦臣若百里相穆公止於霸西戎商君詐魏僅取西河之外殆猶未足與儀衍方比儀衍誠大丈夫哉彼夫拘守廉隅遊說諸侯白首無所遇者是小丈夫䡅䡅者之爲適足爲儀衍笑也

湖南校士錄

取財於國策史記而筆力亦復健舉行間字裏作作有芒

公孫衍　蔣

元

公孫衍張　下熄

歲試湘鄉縣
學一等二名　蔣湘墉

心震於策士者、言之而神若驚矣、夫以天下諸侯而聽命於公孫衍張儀之喜怒、迹春所述、亦一世之雄哉、稱之曰大丈夫、其然哉、蓋謂所貴乎士者、爲能係一世之安危、故足爲天下重也、否則挾縱橫捭闔之術、稱說人主、取卿相、出其金玉錦繡以爲榮、此不過富貴驕人、而碌碌無所短長之效、已見於此矣、烏虖、士生一世、不係天下輕重、無寧沒沒耳、春竊相天下士多矣、凡一切片長薄技、奇才異能、舉卑不足道也、若所云公孫衍張儀者、豈不誠大丈夫哉、且夫士非負俗不激名、非得勢不章、儀衍固魏人、春嘗熟悉其

湖南校士錄

湖南校士錄

行事方其未遇行之官不過犀首儀猶楚縶之囚耳一朝得志
先後接踵柜秦甚盛事哉遇合何足數顧勳業如此兩人者實難
耳一蓋嘗綜天下大勢計之得勢者惟秦耳秦用司馬錯之謀伐蜀
而國以富引三晉流亡之民力耕於內兵得休息勇於公戰而遠
交近攻韓魏益弱燕僻處北蕃地瘠兵貧不足以自固趙日與秦
戰其民重困能撓秦者惟齊楚楚大齊遠而交合交合則衡不成
衡不成則秦不可帝而儀衍之威不顯當是時儀衍怒矣兵不可
必窮武不可必震而儀衍獨以其氣懾之氣足以懾齊楚而燕趙
韓魏之屬有從風而靡耳故諸侯忌秦惡秦思合縱以擯秦叩關

以攻秦者至是莫敢不西向而尊秦仆者誠懼之也夫天下非小弱也雍州之地崤函之固非倍於韓魏燕趙齊楚之地也強毅果敢樂於戰鬬之士非勝於六國之師也且自春秋以來憑陵蹞圖互相吞并延及今日僅餘六七國又皆爭先處強開中略邊顧以儀衍一怒脅之惴惴然惟懼不當儀衍意者以求儀衍之安居而天下庶幾於熄也由此以言儀衍於天下欲相厚豈有量乎古者禮樂以飾喜則天下和之軍旅鈇鉞以飾怒則暴亂者畏之而儀衍顧能爾大丈夫不當如是耶

天才英特而書卷足以濟之雅近　國初唐朱臣先生文字

公孫衍張儀

廣西衛宗師科入　薛煥
桂林府學三名

兩聯衡人見亦小矣夫衍與儀皆衡人也非景春所見之小何以兩舉之乎若以舉世侈言得士而求夫可以稱述者落落不少槩見則以士之徒尚虛聲耳乃有人焉其功業既爍著于兩間其姓名自推尊于一世試連類而舉之諒亦夫子所熟悉也時之今曰需才甚殷屈指列邦若寗戚孫尚之徒善于謀畫齊明周最之屬嫻于詞令吳起孫臏之流精于戰陣皆赫赫在人耳目顧我猶謙其所挾者淺所建者卑不樂稱也而私心景仰有二人為最一曰公孫衍一曰張儀方衍之未遇也食貧居賤陰晉之里誰知衍者

（題前襯托恰與一起客局相激然）

（文○映○大○丈○夫○）

（逗○渺○其○始○文○瀉○醫○和）

洎官之犀首以來衍之聲名遂遍傳于諸邇當儀之未達也伏軾搏銜楚相之門有疑儀者迫寵以客卿而後儀之姓氏亦震耀乎古今衍之外無儀衍始佚也儀之外無衍儀始慊也而二人者抱負本高雖互嫉其能莫可駕而相代易衍而為儀衍不願也易義乃為衍儀不甘也蓋一人者經綸素裕故各建其業無能降以相從我思名世挺生先後每異其時今何以有衍復有儀初無俟百年之隔也倘東周之氣運係之非輕歎奇才崛起遠近恆殊其地今何以得儀又得衍竟不越千里之遥也倘三晉之秀靈鍾之獨厚歟當世之士使盡得如衍如儀者遍列于九州世之大幸也而

五說更妙

匪下一筆仍貼本位勤佳

以下衍仪合說

滿口秀氣寫來仍自不湿

時地分出切定仪衍

無如人才之蔚起自古為难列國之君使得一如衍如儀者樹立（崢動）於無窮國之多福也而何況造物之降才未嘗無偶遇我于是為秦（一恨之声神情宛肖）幸也維衍與儀先後並入于秦秦而棄以資敵西陲之烈其能光（撇別得到）大乎我于是為魏惜也維衍與儀生長俱在于魏魏而畀以國鈞大梁之墟豈至削弱乎昔有衍時而駕以霸以顯者而彼即欲追比其隆何多讓焉今亦有自號為儒曰仁曰義者而彼以為迂而寡效不屑就也吁古稱大丈夫徼衍儀其誰與歸

按切事實其如一怒安居二句何只將姓氏推崇下句神情踴躍欲起而細味之仍無一處不切定兩人此為能運實於空

公都子曰　全章　阮珂

人以[illegible]之、體而分大人貴養心矣、蓋心為大體不可以為小體奪
心[illegible]之大、人不當如是耶、且天下無異人也豈有異心哉乃
心[illegible]之身而人不克全其心之體則以昧于所從事而讓大
人以成[illegible]者自不得不流于小人之歸也、何則心從天來體天則
○提○天○字○有○把○握○
大狗、人則小常伸於耳目之上則大被引於物誘之交則小此正
○筆○亦○明○暢○
體之大小所由辨而即人之大小所由分也碩其所從何如耳公
都子乃能于此審問之耶夫體何以小以不能思而見其小故蔽
於物而為累者耳目也體何以大以能思而見其大故審乎理而

為耳目主者心也不物于物自能超乎物至虛者即至實者所受
裁形以神而神以理用至靜者即至動者所受範雖曰皆天所
與乎而心之矣誠使視聽未起之先能以主敬存誠者裕其克
思之官則當聽方接之際不至以知誘物化者攫其神明之用
彼耳目萬之不暇而豈能奪之哉由是靜與天俱而盡性者
精則並大而違之大人也由是動與天游而踐形者一則後
天而奉天時大人也所以為大人不在此耶用是知苟失所從
則大體役于小人本大而自小之苟得所從則小體聽乎大體
而人雖小而亦可以大矣然則欲為大人可勿事乎心哉

義有根柢言無枝葉 姚心求

提挈處若綱在綱以下循題位置亦複詞簡義該斷雄合作 姚

汴山

公都子 阮

公都子問曰鈞　全

雍正丙午雲南　黃元吉

五名

品因所從而分當無虧乎其大而已蓋從大者大人從小者小人矣

立也功尚可緩哉嘗聞克念作聖罔念作狂故惟禁之以情守之以

一則道心為主而人心聽命焉孟子紹其傳而于公都子之問有

以發之今夫人之大者大于其道也道之大可以參天地而成能人

之大者大于其德也德之大可以盡性命而登極盤而何作非大體

為之哉致大人之别于小人者八品無中立也介小人之異于大人者

退欲有相判之幾蓋大體猶君也君之令命誰能抗之吾惟以命之

權歸之大體而下乎物以見撓之勢若此二形從也古人安得有神

靈乎天體循天也天之所制孰能奪之而以制之柄還之大體而
不授私以啟發之端若其爲欲變也而安得有絕諸乎且小體大
點過能思不思
體惟能思與不能思之分也以形用者受蔽于思以神用者不必求
功于形君子于此可以知所先矣格致以啟其端誠正以致其實恒
煅以過其與戒懼以逐其養仁義禮智之蘊于中者無一理之不全
而有以植天下之大本喜怒哀樂之發于情者無一端之或戾而有
以成天下之達道而此心之虛者日益虛而得以盡應物之能心之
靈者無不靈而得以彈研慮之用小者尚能奪乎其爲大人者以此
焉惟有大人有耳而宗以耳之則有目而制以目之矩而無物以昔

始得以相安于冠裳禮樂之中亦惟有大人有耳而不敢縱其耳之欲有目而不敢逞其目之性而從小體者於不至沉溺于機紅一貨利之內𢌿矣古今不可一日無大人也則大體貴矣

着意在大人上洗發故卑檢大體立論而小體遂輕點是面先立句從此得力矣識頭所重通篇俱見深思大力

分人以財　謂之仁　　滙海集　馬祥齡

持惠忠以治人無與於聖人之仁也夫分財教善及人而已不足及天下得人之仁豈惠忠可並論哉嘗思勞心者治人勞力者治於人人第知治於人之人仰給於治人之人不知治人之人尤借助於能治人而人無弗治之人蓋以己治人德及之一二人而不足以人治人功被德兆人而有餘此其勢有衆寡量有廣狹而聲稱亦即有輕軒焉不然朝廷下蠲賑之詔望澤者咸仰仁恩天子隆講學之文圜橋者共瞻仁化何堯舜不此之務而亟亟以不得舜不得禹臯陶爲己憂哉非不憂人之困窮而無告也憂之勢非分以財不可夫金幣泉刀本非不竭之府

而顧從而分之以己之有濟人之無在己既苦其無多在人亦形其不給雖曰解衣推食情孔厚也則亦謂之惠而已矣非不憂人之昏蒙而無知也憂之勢非教以善不可夫民彝物則原有不昧之良而必親為教之以己之聖啟人之愚在人既難家户之徧曉在己亦覺提命之必窮雖曰發聾振聵意良苦也則亦謂之忠而已矣蓋深求惠忠之所至極惠在安民擴之即胞與之量忠在盡己宏之即化育之功而詎以是靡時幾之戒勸而第論惠忠之所由名豪傑好行其德亦有惠心師儒化洽一方具徵忠信而詎以是渾宵旰之憂勤乃今而知堯舜之憂非徒為人計也為天下計也為天下得人計也疇咨若時疇咨若采一己需用之人即天下託命之人得一人而任之而堯之為

分人以財　謂之仁　馬祥齡

天下者切也方其水治九載朝立四岳天下之財與善在在有汨陳之懼迫夫明揚側陋七政齊而兩間有不愛之寶五典徽而四門無梗化之頑用是忘帝力者耕鑿相安順帝則者識知俱泯並不必有惠忠之迹而敕勳須美寰區其播其仁聲作朕耳目作朕股肱一己佐化之人即天下造福之人得一二人而畀之而舜之為天下者周也方其黎民阻飢有苗弗率天下之財與善凜凜有叢脞之虞迫夫時亮天功九州奠而六府成允治之休五刑弼而百族著協中之象用是皇喜民者琴鳴於室進爾士者拔別於廷並不必居惠忠之名而恭己無為其穆猶傳其仁聞為天下得人者謂之仁惠忠何有焉嗚呼難矣

第八冊　卷二十四

及其至也察乎天地　陶自悅

結言道之至有推之而無間者焉夫使天地之間有一非造端夫婦

（天地亦與夫婦同其著）

（察乃不落幾人之氣）

者至而察之則道于是乎有間矣烏在其不可離哉故中庸結言其

費若曰吾今而知盈天地間皆道也言道者徧端求之而後知在遠

（及其至也一句總思以推造端）

歸結

者猶之乎近也在微者一之猶之乎隱也其間充周著見之實無物

（所謂無一毫之空闕一息之間斷）

之不有無隙之可窺則費者誠費而人猶從名言其所以然登是致

（何獨用矣乎君臣父子夫婦）

吾言君子之道詳矣而要其造端乎夫婦則夫有夫婦而後有婦子

有父子而後有君臣凡倫類之自微而大由一本而分爲萬殊者夫

人何彌綸之弗備乎且自居室而家而國自家國而達諸天下凡事物

此者未易言底

之絪縕而及合萬殊而彌為一。本者夫人何布濩之常周乎及其至

也、蓋察乎天地，然高卑定位以來，二氣之所交，即莫非斯道之所著

襍此易知簡能之故，人物得之以為命，而理乘氣以顯，氣與理而運

行推以殊道體而大得未千緣他本然分同公有此千不是便虧

舉一切人物尚在，皆此即體即用者為之，章明動發乎其間而

丁所底等緒意思學

求一間之非道，不可得矣。成象效法而後兩大之，所謂即莫非斯道

之藴畢其亦乾健坤順之理，品物由之以各正，而形而上謂道形而

下，絪縕舉一切羣分類聚在在皆此，即顯即藏者與為端際，無塞于

無窮，而求一物之能自外乎道，其可得耶。當然之途由乎萬物，是故

自此以及彼，而道當實用，而非虛行，同然之心，準乎四海，是故由近

以及遠而道皆顯設而仍然運君子之道費而隱蓋如此而可離乎
哉
語類察字言其昭著徧滿于天地之間要看間字無物不有無時
不然若于廣大中空卻一角是不細察即不廣大從來只就天地
說道與不可離意有何干涉文乃收攝至盡無一字說開去

及其至　陶

及其長也　二句　句下草

驗敬兄於長猶夫愛親之良也夫即孩提而稍長審處知學慮乎
乃知敬其兄亦無有不然者矣孟子意曰吾言知能之良而驗諸
孩提之愛親也人將曰此乳哺之需保抱之戀猶之乎嗜欲之所
良六而一段只是一嗰語不用提出
使耳歸美性生非定論也若然則吾請更有以徵之今夫人之有
兄以天屬之親而論則生物一本固無殊於毛裏之恩若以嗜欲
之故而論則同氣異形也無與乎免懷之愛然即此孩提者乎而
及其長也離襁褓而總角則年齒後先之序儼然者未嘗不識為
其兄出蒙昧而有知即追隨提挈之間翼然者何必不謂之知敬

云脉前筆呂頭路拈出無不提……情者大士以後……八

此雖有壯者十年五年之加長即㹃脩之而不為慘一命之為同
産則雖比肩之日習而相讓之意不覺其油然而自生此非必有
詔之于旁者也同室有羣兒即美衣甘食之相誘亦慢易之而非
所知一明其為我昆則雖呵怒之偶加而驕穉之情不覺其帖然
而自戢此非有所慮于其際者也士大夫之子幼而羅弟以為儒
業之有素矣乃託體農氓者家庭朴野容有恭不中禮之譏卒未
聞伯仲之易其序禀生質之美歟年知讓以為狥齊之性有矣及
不二字敍得盡　無
賦性顓蒙者嬉戲為羣彌有護持厥長之意未有見爭鬪而不相
非夫人而及其長漸失乎孩提[illegible]當敬誠後乎二人之

賴矣而謂有不知敬其兄者則斷斷乎無之不學不慮之良非又其一徵乎

無不二字正要隨處驗之然止求入情理而無此一枝筆則街談市諢皆可稱文章矣此老終是筆高故也東樊李

東鄉所最貴者以文言道世事此妙惟大士擅場此真其後身矣胡襲參

及其長

及其聞一　江河　王朝爕

觀古者以聞目之時其大異之形可擬焉夫言行之善舜固見具

于至靜之中而後其既聞見之後而擬之如江河之決寧有異耶（妙非空寂）

且二聖淵涵之量原與天地之氣化同符而特未嘗於耳目之際（題大方）

竪其機斯無由於應感之交呈其象夫象之所呈豈有資於開導

之力唯從淵深靜穆之内為想其迎機而動之神則蓄極之通固

不需力之助是可擬也舜居深山之中與野無以異吾思（以示為伏）

兩間之内流者為川峙者為山固靜境也觀舜於此得毋以其

元德之鬱積者類乎山溫然而埜者近乎山即不然處側陋而

嵩山四選　下孟

韜藏亦神契於山乎果爾則聖人之神化不彰其量亦止此耳曷不觀於聞見時乎今夫大人難測也迹混乎無情而機之□而神妙萬物初冥其情而滯其機心涵乎耳目而明之□而順應無方故恒捷於聰而明于目及其聞一善言見一善行且契其東夷大舜之時其為言行之善豈少也哉于田而訪諸野人陟位而詢于才子嘉謨之來誠不一而足耳乃足以感舜之心源者言豈在多乎半語之投而洋溢之機忽悠然而共會苟泥迹象於空山亦非中者至是不爽然失耶厖降江廣淵之莫禦堅稱適稱之賢懿行之昭亦罔有紀極然而足以啓舜之機緘者行豈在大

乎微長足錄而活潑之概輒自動于不知則從觀聖於野老偕遊
時者至、不斷然悟耶斯時也一知半解人之善豈能少贊其神
聖之淵微而見淺見深舜之心固已盡瀉其大明之本體試爲擬
之、殆若江河之決乎決之機不擇地而呈瀉自岷山積石以來
決江河竟用寫去位自有意義規描
其淵源之濬發夫豈有舍於須臾故決於此而此應者決於彼而
頭畫角虛退蝦撓者直一深庭
彼亦無不應固不待乘機乘楯相形勢于高山大川間也則夫措
二義的確上二語
言行於隱顯揚之際者其天機寧相遠與決之江亦既時而著
以活潑地
觀夫東逝北播而後其波瀾之漸溢夫豈得測其驗寫故決於
而行所無事者亦決於後而曾不需時固不待八年之載胝手足

及止　王

於隨山刊木中也則夫徽鮮見其翕受敷施之量若其意境蓋如斯已要之未決之先舜於言行之善固不淪於無所謂退藏於密所無靜也既決之後舜於言行之善更不滯于有所謂神應故妙動而愈出也沛然莫之能禦舜于此真異矣

固是感而遂通何以界斷沛然莫禦將聞見與決字合併坐實江決江河不必令實處皆虛正欲令虛處皆實此隆萬以前人樸實法門

及其聞一　禦也　吳華孫

聖德蘊而即通其具之有素也夫善言善行皆得所素蓄故聞見遽而機莫禦矣此舜之所以為聖也嘗謂寂感之際聖人之體用悉呈焉蓋自無而之有而有者皆幾即無無者觸類皆通非天下之至神其孰與乎此濬哲之聖古今所以稱獨絕也舜之居深山而無異斯時也得毋疑其猶夫人哉理至實而麗于虛一事不形而萬端皆（精理名言題蘊豁呈）備則當其狀然未觸之際至虛者正裕其至靈以為動而涵于靜萬類皆寂而一念自通則蕭然俱泯之中至靜者正深于無靜矣寂者感之本也寂然不動者感而遂通也及其聞善言見善行而舜

異竅山時十　下孟

乃可見矣人情不能頓其所本無者而使之有斷而即覺事事繫其

倒見則必須糾致之勞矣惟是則見聞未徹之先善理常流放心矣（學鈞○學堂刻）

（原評○題）理融而形神自合泯其新適還其故而在在見其逢源人情不能勢

異從已有者而使之隱示而引伸事事存其意則恐無變通之用

矣惟於見聞未動之時豫嚴不謹藏事與心合而端無端還其

故泉會其新而在在歸于教化聰明之所至即心思之所周淺近喻

（極○篤○實○意○了○然○切○見○而○精○鍊○妙）

其精微而理歸其本也一端矣其合體而事會其宗也蓋其一通而

無不通者正在此內寂而通之一條而不疾而速矣形質挾與俱來

斯神智附與俱往莫測其端其資藉消其源淹也莫窮其竟其蓄藏

者其既長也養其一一應而無不應者祇在此由感而應之一息而不

吴○及○其○二句○精○神○

介而孚之聞一善言見一善行固不啻決江河而沛然莫禦也哉乃

○精○警○百○錬○光○氣○深○滋○

知聖人非以虛寂鳴高也觀聞未起而物怡之理常涵故得之闢門

明目而不見其多得也用夫呼者而不見其少乃知聖人非以推測

為用也視聞既交而靜謐之體如故上乘其無思無為之素自裕夫

不遺不禦之神觀聖人於其必于寂感之際而後見其體用之全乎

統命題意與儒齊絲義無不融貫通明自能氣體高錬純粹以精

精心詣微十日乖眠

及其聞一　　江河　　高世課

聖心之有所感也、可形容而得其象焉、夫舜心一江河也、及其感於聞見雖一言一行之善、不可見其決之、亦且聖心之神明不以原無事於疏瀹之用而自呈其所處之靈機者也、頗無待瀹者本體之湛靈待於瀹者善端之感觸、試從寂然不動之中為想隨感而形之妙而聖人之心源固已濬矣、如舜之居深山幾與野人無異、斯時也、其想其心蓄蓄之盛而蘊之全已淵淵矣、性始乎儲乎會歸之原、特端倪焉、雖濬哲文明亦無從自闢其突立、靜深于方寸、固裕乎時之本、倘機緘作啟、則溫恭允塞又不

○高○一○層○起○

○補○題○以○號○

○剛○好○動○住○

啻獨濬其靈明舜雖無以于一無所感之際而竊有以異於偶
有所觸之時及其有所聞必善之多也即一言之微入于人
說○詩○警○醒○
之心第涓涓也入于舜之心已洋洋矣以善感善以衆善于通則
這○末○句○
機立剖也及其有所見也不必善之大也即一行之細投于人之
心猶支派也投于舜之心洸朝宗焉以善名善而萬善胥融則源
已訶也其若江河乎其若江河之決之積不厚則其應之也不速
決○折○
一若未倫者投以萬善而難入夫既投之不入又安能導之而
使出也則靜深而有本矣一言一行皆其所固有之物而涯涘
剖○析○開○見○巧○於○鈎○勒○
莫測此老藉聞見而爲之排蘊不深則其發之也必淺萬善未渾

者不無一善之偶間夫既俄頃之稍間又安能全體之畢達也舜
則包涵眾有矣一聞一見皆其沛然之神而脈絡分明宛若（所謂安）
需于行而為之兆列而舜固不自知其決也明焉見焉順應之心
（感○客○與○無○心○無○形○惟○盡○性○者○一之）
一之靜虛之體夫亦行所無事也顧何以物感未交猶是耕氓之
知識淵衷偶動遂徵天亶之神靈蓋至是而江河之象始見矣然
（所○謂○感○而○遂○通○天○下○之○故○非○天○下○之）
而舜更奚待于決也聞焉見焉活潑之機形諸感通之際夫亦因
（至○精○孰○能與于）
任自然也顧何以收視返聽假雄陶靈甫無從少快其高深明目
達聰即邇言細行咸若能決（以發）蓋至是而決之之機有不自
禁矣沛然莫禦斯時也舜（其）甚

嵩山課　選　　芴其　高　　下孟

寫聖人感而遂通之妙也　非得感至若無感之心胸有慧珠故

光能四照

及其聞一善言見一善行

歲試莆田縣學一等五名 唐應春

由聞見以寬之，聖知非猶夫深山之常焉。夫言行之善，皆舜心所具之理也。及其聞之見之，舜豈猶夫深山之人也哉。且天下事惟不入聖人之耳目，則聖人亦若有待而不必與衆人異，不知其不異者人固已得而見之也，而其不終于不異者人猶未從而察之也。則局不于未聞未見之先，從而窺其方聞方見之際乎。深山之境地俱絕，則深山之影響與空木石居而木石之外無可聞，鹿豕遊而鹿豕之外無可見，舜如終于如此而已，誰得議舜之近于鹿。無深山之景象俱忘，則深山之聲色自淡，有木石而不石之原

其聞有鹿豕而鹿豕之遊即其見舜即終于如此而已孰得而
之隣于凝滯然而舜固有所閉已方其漠然無與吾方側耳以聽
不知野人有言並不知舜之聞人之言人無感也舜亦無應寂寂
者至今猶可想耳乃自一聞善言則泠然者與耳謀而聲入心通
一言雖微不啻叩我以響也而未聞以前則固不得而窺之也舜
又有所見已方其蕭然相對吾正明目以視不識人何有行且不
識舜何見人之行人無動也舜亦無觸落落者至今猶將傳之乃
自一見善行則森然者與目謀而形與神遇一行雖細不啻示我
以倪也而未見之先則固無從而擬之也凡物必有所感聖心無

待于感其待也與哉其感也不然言行之及于深山亦幾遍矣舜聞自領之衆人亦可共領之豈真謂一聖一凡遂頓殊于耳目擊之間也哉亦以前而例後可耳抑物必有其機開見為機之集（傳神只在阿堵中）其集也與哉其機也不然言行之在于深山亦有限矣前此未領今特偶領之耳豈真謂一寂一感遂頓易于倏忽轉移之際也哉亦由後以參前可耳蓋其不異者未聞未見之舜而其不能不異者以善過善之心觀夫沛然莫禦今而知舜非深山中人矣

領取虛字消息全以淡遠致如羚羊掛角無跡可尋

尚若納

及其聞一善言見一善行

歲試莆田縣學一等三名　黃世甲

想聖人之心於所感當非復靜時境也夫善言善行所在多有之
自舜聞之見之不又進一境乎且聖人之心一大公之宇也故雖
萬善備焉而意象與之俱化聖人之心無可拘之壃也故即一善
投焉而意境為之一新如舜之居深山不幾為山中之人已哉雖
然深山靜境也由靜而動豈其拘拘于故常深山寂時也由寂而
感奚至落落而寡合而不有聞乎而不有見乎方其始也野人亦
多言行而四聰四目舜未嘗以其意以相迎亦豈執一意以測
乃何以莫名其狀者若覺杳然以亡也迨其既也深山之中之聞

而作哲作謀舜未嘗執成見於其先又豈擬一境於其終
忽露其倪者且若突如其來也而所聞與聞一善言見所見與
一善行益贊皐颺丢刑聊乎高深若猶是區區者為端亦甚微矣
況入吾耳目者不過一得耳則微之不愈微乎而舜不以為微也
試為之追憶其靜境微覘其動機而得其靜極而動之會旁觀者
不覺恍然而若失嘉言懿行悉胸中之故物即非是瑣瑣者為情
亦甚淡矣況經吾視聽者僅屬凡庸耳則淡之不愈淡乎而舜不
以為淡也言而偽之推原其寂時進窺其感觸而得其寂而方感之
際旁觀者不禁撫景而流連未聞未見之先善非滯於有也舜之

心亦未嘗無然而既聞矣既見矣舜固不局乎聞見之迹即既聞既見之後亦非淪于無也舜之心亦未嘗有然而方聞矣方見矣舜亦不滯乎聞見之神吾想聖人之心不因物而遷至是而有不得不遷者善與善本相投善與善適相觸也聖人之心毋因寺而易至是而有忽焉頓易者善與善適相迎善與善自相赴也若決江河舜之心不誠虛且明哉

穆然清徵不作凡思語追取及其二字更有迴光反照之妙

皆坐（記事題）

坐不一人可以觀聖所處矣夫曰皆坐則不僅一人矣凳其能一一盡知之否且夫人於周旋之際其循次而與居者皆不可或忽于儀也乃有間其人似難與于登降之數而稽其序地並列于賓主之班則即群聚而處之時有若難以自安者耳如師冕之見亦既歷階而重及席矣方其逡巡階下也殷勤乎晉接之儀猶未能從容而晤對也即其徘徊席上也躊躇乎几杖之間猶未能優游而伸敘也乃求我而坐矣當斯時也一堂之上有尊者焉有卑者焉分有不同則或貴者坐而卑者未即坐有長幼焉有齒有不

小題從新錄　下論　第三冊

一則或長者坐而幼者參即坐且也主不先客師冕可坐矣而舊

禮之明既失則雖欲坐而必來敵坐客不先主夫子可坐矣而故

酬之禮未畢則將欲坐而猶未遽坐焉而非所論於此時也試觀

其際不既坐乎不既皆坐乎夫未坐之先則雖有中懷猶無自而

即伸耳既坐之後則叙契闊通情愫皆在此時矣未坐之前則雖

有欲言猶無向而即白耳既坐之頃則導慇懃慰坐乎悉在此際

矣吾想其時或南或北照其向也或上或下照其分也然雖一而

坐也次不一或左或右照其辨也或後或先照其序也坐雖同而

坐之列不同籍非夫子明告之師冕其能一一知之否

著一皆字。便有某某在内。文前從階席路到坐字。次斷皆字。中正寫皆字。後伏下句。寸山尺水。無限烟波。

雪坐

永春一傷
東出七號

階也

詔樂師以階因其及而不見也夫使冕能自見階詎煩夫子之相示哉其以階詔也亦因其既及而未之知耳且主賓之相見也入門而升階君子於此觀禮焉顧以覘夫能視者則升易而以槩諸瞽明者則升难苟相接者無其人則升难而相接者有聖人則升易蓋得以拾級而登不失其度者全在聖人之一詞相詔也冕見夫子其及階也豈自知爲階哉未及之時意中蚤擬有階而惟恐登進之愆儀也然未及而以爲不遠者安知已及而不爲未近則若近若遠冕方在躊躇之際將及之時舉步尤凜有階而惟懼遽

蹈之失容也然將及而以爲既即著安知已及而不爲尚離則爲
離爲即冕正在惶惑之中當此而無以詔之安能歷階而升無有
失礼哉維時夫子則若有不期然而然者曰階也嘗考升階之礼
主人揖進客則讓登冕見夫子則升階宜行三讓之禮矣乃階在
而不見則未知夫子之揖進而何由讓登乎且不獨此之可慮也
階已迫而傒欲前保無有履錯之愆而子則曰堂階在前敢煩玉
趾之高舉也而冕得以免履錯之愆而行讓登之禮矣又考升階
之儀主先左足客先右足冕見夫子則升階當遵先右之儀
階在而罔覺則未知足之當孝而何[illegible]

也階當前而不知升安能免傾跌之失而子則曰階級既臨重労
攝齊以登堂也而冕得以無傾跌之失而遵先右之儀矣階有上
進之勢非若履道之坦夷而冕之盲於目甚患其當上進之地猶
未知改履坦之步也夫子欲其變履坦之步爲上進之步其詔以
階也自不容已耳向使冕非盲於目則夫子惟與之雍容同登寧
有相詔於當階之時哉階宜循次而登非可躐等以遽進而冕之
暗於視未慮其等之或躐先慮其有等而不覺也夫子欲其知當
進之等而爲循次之登其示以階也誠不自禁耳假令冕非暗於
視則夫子遂與之握手並進詎有相示於庭階之際哉冕方意有

階而莫必其登之子即告以階而導之而上之維是而升堂而入室

特夫子又言之亦然

及階子曰 在斯

於詔師見聖之時自然得緩急之宜焉夫階與席而已及示之不容緩者某與某之在斯也告之無庸急者於此亦可見待人之時今以可矜之質履不相習之地值不相期之人緩急非所恃乃至而如歸會而如面此豈所敢恃哉聖人者即聖人亦何容心以爲之恃而從容之致急亦不先緩亦不後觀之若不期而然思之若不得不然記之又若適然而然即如師冕之見也（許云是別一道）鑊滿戶外（許云和）矣而冕何知坐者避席而起主人降階以迎矣冕又何知筆與聲（所云精入神）（題無迹）爲周旋聽惟善聽而意與境爲附會動輒違時將先後緩急之間（抄之筆）

心水亭哂稿

心水亭晒稿
皆趦趄囁嚅之態矣夫為賓則升自阼階有客則坐就虛席至止
先後恒於斯通問欵洽恒於斯此適然而然者也冕不只與人異
及階始揖讓而升及席始辨向而坐少長之序恒於斯尊卑之等
恒於斯此不得不然者也冕不能與人同意中祇知有階有席即
有未及而若及既及恐不及之兩念頃為懸懸意中並不知有某
有某尚安知坐者為誰皆坐為誰之所注玖汶汶將失足失悞
恒於斯詎卒度卒獲恒於斯此不期然而然者也冕何一不得與
人同而某其亦幾不覺其與人異盍子及階而曰階也子席而
席也子之所及即冕之所及稍急焉將樂冕而不前稍緩焉將

許云無一字云云

許云字云生動

延次而履錯而子惟以（許云妙妥閒）已之所及者及之遂偕遊于明〻烱〻之天若某則不欲未同而言也若某則恩無德名之義也冕在斯安可不知某〻之在斯惟未坐而告之則已急冕將越席而失已既坐而未告之則已緩冕將安坐而失人而亦訝冕亦在皆坐中（許云補筆）而歷告之（無痕）恍頓易其實〻贖〻之形殊不成人觸之而立應已所不欲推之而斯通何所期而然何能已而不然適然及階而必言階適然及席而必言席適然而某在斯某在斯必告之寸皆坐後（許云應又別神妙莫測）也時為之耳特不謂聖之時而即為冕之時斯道皆可以言思擬議哉

不犯實不蹈空參差歷落領取數虛字句描曲繪吳師晃為實
圖是夫子為桐圖合成一幅王維畫圖其妙處可以意會難以
言傳陳宏緒
記者之妙全在虛處傳神作者用時字和住題位自然不侵道
字問答兩意此神於看題精於作法許國士

及階　在期

矜不成人有歷〻告之者焉夫由階〻〻而坐而某〻在斯師蓋
範如也惟子則歷〻有以告之今夫周旋語默百姓日用而不知
顧有知之而窮于用亦付諸無可如何之數自大聖人生其矜憫
覺無用之用而窮者不窮如師之見是〻斯時〻鳥鸞佩玉匯宗
邦之有位即列國之名俱焉朔方滿座矣階此促〻猝至自莫不
肅然起立咸慮其正趨且蹶迷云禮容之雍容雅俗風琴有成德
而論仁或達才而已矣勝〻雲矣顧茲嘖〻於前又罔弗改
爾無諱隱憂其載笑載言幾番名之汜憶則已臨其漸數尺

秋津卅

秋潭艸

者階先左先右之階保無有是

進而趨趨者乎乃入以迎

師已升之吉問何以其

子告之也夾猶徐及重茵者席

欲即欲離之頃保然有將將從而磬折者乎乃衆虛以待師已

撫而憑問何以知其席也曰子告之也自是分庭已畢恍依雁序

以紆餘惟夫積愫宜通莫辨人吾之疑似及皆坐之後又何以知

其某在斯某在斯也則子仍告之不以曰某三已瀆也彼月而徵

此日而徵不掩重離之照況擬疊空于大澤欲盡求無憾不可得

已惟迎幾履送從何地晤對何人言傳即以意會隻字

昭示不啻豁若發矇也須令不肯乎心遂并不然

西北不幾益形兩大之窄況乃一粟于滄溟伊今昔又難已惟有覩斯嘆履蹈如嫺音容如接陟王剡沃自全數語提撕誰云眇不能視也遂使作諜之職轉為作哲之官生平立近綏私詎得邦家而究用偶值疲癃殘疾何殊兄弟之顛連其歷歷告之聖人直行所無事也豈曰直在是哉

灑灑丰神、結構完密、張栗夫　黃介山

階也及席

吳學院歲取入泮第十二名　王　昭　景南

升階有詔可更覲於及席時矣夫冕旨於目使不詔之以階則冕不知階而升也乃由階而及席不又可觀其何如乎蓋聞主賓相見布席以俟主就東階客就西階莫不秩然有序然此亦賓主之常耳若乃方至之賓遙昧日月之明不有維持其間則有客有客曷由歷階而升以逮於布席之地耶如冕見及階維時七尺巍然未之知也昭然莫之見也苟臚䁱然方則階下之冕奚由為席上之賓哉於是有不容已於言矣友詔以階上下殊矣勿至危而後持高卑判哉使顛而始扶冕於斯時雖未能如明者

盡昭夫階等然亦不逕趨階相觸至貽踖蹶之愆矣爾乃踐進徐而循左右之樞衣之儀毋躐氾之後之捨級之禮當遵既連步以上亦盡階而升由是率我素履坦然由之夫非步趨莫之上而及席之際哉獨是席亦有不可忽者南向北向而西方

（總開一筆古文章法）

為上也東向西向而南方為上也不與就階之事有殊歟乃冕亦罔知有此第見昏莫辨未識設席之地伊何之尚昧即席之際苟憬然方則階上之冕矣由為席上之賓哉然吾聞之刑於

（照應前段格局一片）

天者聽可作視從失瞽者明必達聰將見於階非加詳於席非加暑斯時夫子又有不容已於言矣

（去銜然）

階也

于學院歲取永春州學
第一場東兩十二號方雲錦

以階詔師不欲其隕越於階也夫階人誰不見而冕則未之知也得子以階詔之冕自是可無貽羞於階矣嘗思主賓相接之頃主人就阼階客就西階此亦其所歷之常未聞於其階而殷殷有所指示也雖然貽然於目者原無難以歷級而上而冥然於視者豈易以舉足而登則雖曰客將升自西階也固有未可概為尋常而默默無所示者焉則如子於冕見及階而有所詔是矣盍冕瞽者也玆曰及階亦弟人見為及耳冕豈自知其為階哉不知為階則將進趦趄冕之懵然莫辨者即在此階矣抑冕而及階亦弟人見為及階耳冕豈自知

試草

所及者即階哉不知所及即階則躑躅雖前冕之昧然未明者亦即在此所及之階矣乃不謂冕方不知跬步之間即為是階可循而子即慮其舉趾之際恐蹈躐等堪羞則見其以階詔之云耳論升階之儀上于東階者先右足上於西階者先左足此何莫非其儀之在堪指乎然此非冕所急也業已不見有階則勿論其為右足之當先而已先不知有階之可登矣不急為示之冕不幾為階困耶乃子則早為慮及此也階級有制既不能去吾階以便冕之率循而崇階在望何忍靳吾示致當階以隕越覺身歷者既不以階為意而代白者必欲於階切指則其精神寔有困冕之歷階而惓惓不忘也已稽升

階之禮見於級者則拾級而登見於步者則連步而上此何莫非其
禮之在々可樂乎然此非冕所重也業已不覩有階則欲其拾級而
登連步而上而已先不識有階之可歷矣不亟為白之冕不幾為階
所阨耶乃子則早為籌及此也階有定則既不能使冕可越階以周旋
而階不可踰何可吝吝教致踰階之貽誚覺身親者初不以階為念
而代諭者必欲於階明示則其意念直有因冕之當階而戀々莫釋
也已雖在冕也以樂官而常進謁于君子亦早識入門而左漸而有
階可循焉然冕之料諸意中者究未能得之目中則此足所履安知
不以為去階猶遠也得子以階詔之則冕雖不之見也而未始不之

聞將望階而摳衣以上自不至致疑於去階之尚遥且晃也以至聰而求見於夫子亦早識子為大夫自有大夫之階焉然晃之存諸意念者究未能得之目覩則此身之所臨安知不以為於階未近也得子以階指之則晃雖未遇諸目也而已可聞於耳將向階而拚齊以登自可無訝於升階之維艱是則自有子以階告之晃於是可歷階而上矣然而子之告晃又不特階焉已也

于學院范夫子原評

階也及席

江蘇夢宗師歲入
嘉定縣學二名　朱春生

聖人詔師以階可要觀其即席焉夫子非詔以階冕固不知階之
又也施由階而席不可更觀其所及乎今夫賓主相見之儀讓階
以升布席以待此其常也乃若盲於目者此不知階何適猶席
何引之誰亦何知而席雖遠能免踟躕之態則樂雖其不失足者
○○○○○○○○○○○○○○○○○○○
止雖必其無忤容耳目者師冕來見而當及階吾夫子遂席而起
降之階而施遂與冕升堂入席矣乎雖然未入階先登階安可不以
階詔之哉予爲魯大夫堂五尺階五級此不待詔而知者也第
階必自下而上失之急焉雖過高矣失之緩焉步幾窘矣使非有

明詔以階者則是同堂有師席之歡覓獨有歎階之失而謂匪心
安乎否乎此子所以面東階而趨至西階曰階也且夫階以下趨
趨不進之狀得夫子耳提而命忽然如觸以儆自不慚登薦之兆
然而階以上徬徨莫據之形在師冕欲即還難讀然不知所向者
後塵欲席而無從聞之席至人就正席客就無席而辭客徵重席
主人固辭客跋席覓了此向有待而嘉其府以知清席其所未知
首席待母禱爾當尺之也已有展其徘客而席間而夫之遜讓不
勝其從倚乎斯時從旁繳繞之又以爲師冕之席一去夫席之去皆
無氣矣當之際獨階嵩不宜總以步終則其欲席上似能得請懇端

[illegible]是階有定者也席無定者也則由階而及席豈席知其階哉

[illegible]知其席之及哉何得疏詔以階也而承聽諸然則詔夫階也于

所引而進之手立阼階以相接惟恐傾墜之可虞于之前也何殊

于之幸矣抑其及大席也見仍張乎無之具此一席以相須矣耳

左右之奚向身將謝也其六心相安矣并觀亦以席也亦猶階也

而見乃得與衆賓列坐矣

顛蹶満華天然韶秀　原評

絲聯環轉灼乎類能之其一種靈逸之資則如野鶴避雞群也

東發為觀袁見全關縣試時以紙分於鄰人淡如菊品目其卷

譽若爲藏 階也及 衆 論語

今觀鑴雋文筆徵淵源有自廖楚崖師

清秀在骨節奏翩躚自然東花天分時高又得吾師之庭訓

固宜迥出羣流 侯邦彥

及階子曰　在斯

癸酉福建　李夢登

告師不厭煩聖人之情見乎辭矣夫階也席也某〻也師冕不知
也自子詔之而冕之情得矣而子之情亦見矣聞之君子不辭費（張云暗对）
事之無待於言者君子不言爲作止本動靜之常彼此蘆長幼之（圓字爻入筆意自別）
次夫固目擊而知矣然亦有心知而不能目擊者限於天斯期乎
聖則師冕其人也曰者師冕見夫子情亦知夫子嘗從大夫後其
堂五級其席再重其從遊不勝數矣今而造其廬也則必登其堂
踐其位與其賓相揖讓爲可知也登之踐之揖讓之而必待人之（張云先爲設雜文勢如瀉蛇赴壑）
詔之可知也詔之自有翼行之人而不必於夫子可知也詔之即

無翼行之人而衆賓中有先覺而至者有僭覺而至者其皆能詔之而不獨夫子之能詔之更可知也雖然但問其人之待詔與不待詔耳詔之有人詔之無人弗論也其人而非師覺也上嘗凜先（二比渭空正是敲）左之文即席具摳衣之敬交有新故序有尊卑相與集群敬業情（聲下又失国字）有必至也即使拾級不連步登席或作容西北不知其衆義東南不識其衆仁而階與席䔍與其自無弗辨也此不待詔者也其人而為師覺也為賓為阼繪於意而不繪於形為越為蒲䍐於閾而不習於見同堂異地一室千里比於寂處齋居事有必然也即使揖齊而升悉其儀脫履而坐中其度南向北向誌尚西之文東向

面向猶尚南之說而將及未及或少或長終莫之辨也此必待詒若也不待詒而詒之其辭多待詒而不詒之其辭隱君子業於然哉故師冕而未造於夫子也夫子之心渾然忘師冕而既造於夫子也夫子之心殷然動矣階也高下之分也席也坐立之節也其挾則在此其則在彼也四面四時之象也其謂夫子詒之而人（仍不下一語註）皆能詒之也不疑於同也聖人成能百姓與能也其謂夫子詒之而人莫之詒之也不以為異也百姓日用而不知聖人有心而無為也道也固也而子張自此遠矣（腳妙）

通首緊注固字脫盡恒蹊字字挾飛鳴之勢　甦蕃宣

是題欲聞會道字貪寫補懺生成等語已早漏下文消息如題呆敘貌爲古筆而與下文全無關涉於法少合茲作一片靈機往來紙上隱〻與下固字關照傑作也　朱蓀林

及門子　李

及階　皆坐

歲入南安縣學二名 吳世重

階席有詔可更觀于坐時矣夫及階而詔階及席而詔席子於冕至矣何可不即皆坐時以更觀聖人聞之禮主賓相見則命坐然賓之入也主迎東階客就西階于是布席以待焉此于賓客之禮皆然而子之于師冕見則獨有異當是時見夫子者不一人一堂之上濟濟然方欲就坐適冕至諸賓客皆起未及坐夫子不覺矜其形憫其矇惟恐階與席以為冕憂遂遽出迎冕同冕入至階下一堂之上濟濟然皆起未及坐者試觀冕及階夫冕何知其為階以子詔以階故也子詔以階未得詔以坐也無何更同冕共堂上

至席一堂之上（複筆妙）濟濟然皆起未及坐者咸覩冕及席夫冕何知其為席以予詔以席故也予詔以席亦得詔以坐也當是時（又作）諸賓客未及坐（一折）夫子亦未暇命坐然主賓相接當坐之頃也由階而席當坐之時也于是不獨命冕坐而長者少者尊者卑者向見冕之及階及席者今皆命與冕坐冕于坐時回憶向之躑躅不前者為及階時而深幸子之曰階也（迴風舞雪）回憶向之躊躇不進者為及席時而深幸子之曰席也遂進而謝曰使余之無失足于階席間者惟子之（無中生有畫水畫殺）惠更進而謝曰使諸賓客之至此而後坐者惟余之罪第恐未識姓氏無以通情愫達繾綣為舉坐歡徒使余悵悵然避席由階而（飄渺無盡）

退乎

善用複筆。情事如画。屈兮高為此題。妙處應不過爾爾。○粧點排場。俗子效顰古人。輙墮悪道。無他。死與活之分耳。故學者作文。當先神氣。

及階 吳

及席　　吳志遠

觀瞽者於既之所及而動聖心之矜又可知矣夫師冕之既而及（貼第二及字）席也其能遽知止乎此當又動聖心之矜耶且凡天下所及之（起難落空白清）皆聖人所及之也吾見其待師冕者不惟加意於及階已也自階（之隱然先有及階在）（從階）以上為旅集之地矣於是焉有席矣由及階以從入堂室之中矣（二字又出席字）（從及階出及席）於是焉及席矣是時師冕慕聖而來方思假以許席從容而闔至（賓主分點映用串敘）教而步趨之所至夫既已及於是也是時夫子揖容而以方且布之几筵雍容而敘殷勤而師冕之杖履未且已至於是也以此憑傴相揖也至是而至止矣於以慰息於以盥櫛而師冕爲吉[illegible]

就也身從人于所由之地而步趨有所起之勢也後此周旋然也
對矣爾時則方及之也於焉止足於焉旋轉而師冕未之知也
心亦詳夫位之不遠而足躑未能驟夫席之所在也蓋其若恒
處之鄉寢與有定所凡席有常位雖使相道之無人吾猶見其起
苟之自適今當作焉傾蓋之地東西不知所向位次不知所置即
令小心以然揣安能必其尺寸之不差乃夫子於此則又隨其所
及而及之矣

席字好做及字難形此文直是描出一樣子　繆太貿

題只兩字作者似及字兼席字實不知却是席字虛及字實蓋

席猶待夫子明言及則師已及之也然但拈及字易混上及階

故必就席字點染方得形容一及字出篇內以實摹虛以虛襯

實殆于身為眡瞭習熟替師情狀過來

即從見字領入簡捷

立刺題篇筆力清矯

及階子曰階也及席子曰席也皆坐子告之曰某在斯某在斯　吳春元

聖人有曲盡之情、為無見者予之以見而已、夫席階與在坐之人、固見所欲見而不能有者也、隨所至而歷舉以詔之、非欲其見所不見乎、今夫情之所施必待計較論量以行之則於未及擬議之頃其情之室而弗流者易地焉而弗能形其真摯矣惟情之因物而動者心隨地而自呈物隨在而各足而擬議之勞皆所不設矧夫身之所接者尤為情之所矜則其關之維持調護自有不期然而然者師冕之見夫子固欲見其所不見者也一步趨望闕里而來

乾隆癸酉科

頓筆排宕

股首畧作穿揷敘次遒净

硃卷

車服禮器亦顧仰止乎高山而特恐偎偎何之則升堂入室或以顛躓者貽譏於禮儀之失度秋履依杏壇而至衣冠笈貌寧不樂親乎有道而特恐貿貿前来則得言忘象或以失色者致譏於笈語之多愆令夫升階知堂視遠者所以惟明也察言觀色作覲者在於任目也及階及席皆坐之際晃於斯時不仍茫然無所見哉緇時夫子則殷然念之矣其及階也固及席之漸也階有賓主之分無以導之則淆其序階有等級之辨無以引之則凌其節子唯恐晃之踟躕於階下也曰階也而誕登者無憂履錯矣迨其及席也固由此而入坐之漸也席有東西之異無以諭之則昧其方席

只在題內
盤旋道字
因字如隔
簾花影

有中正之規無以曉之則迷其向子唯恐冕之躑躅於席間也曰
席也而周旋者無虞踖席矣且是席也有先冕而坐於此者亦有
後冕而坐於彼者晉接伊始諒未暇向矇瞍而自通其姓氏也倘
指示無人冕即有懷欲白不將默對而誰語乎告之曰某在斯某
在斯而冕亦可曉然於英賢之畢集矣以人人之所共見者至冕
而獨迷於所見是無見者其形而欲見者其心也因其心之所欲
見而予之以可見不先時而發亦不後時而施隨所經歷之處而
一一示之以可憑即使冕而自為諜其詳審亦不過如是矣而不
知者幾疑聖人有作意之為以冕意中之所欲見者而偏迷於冕

反逼更緊 賞

卷

之目中是不見者其勢而迫欲見者其情也因其情之所欲見而昇之以若見無將進而趨趄無將言而囁嚅即所交接之頃而歷歷示之以可依即使晃而自有見其恃適亦不過如是矣而身受者若疑聖人有獨厚之意誰料聖人之於晃固非無道以處之也

本房加批

結束警嚴敷詞簡當絕不題外旁撫而神理逝現深得陸萬宗

風

發論宏敞卓然大家

語語總括全題

洋洋灑灑

及階子曰階也及席子曰席也皆坐子告之曰某在斯某在斯　吳學韓

詔師不厭其詳聖人情見乎辭矣夫階也席也坐也子非歷有以詔師其能無失足於階席無失容於某某乎冕亦幸遇有夫子耳今夫嫺揖讓以盡儀敦款洽以盡意主賓相接之大較也而獨至於天奪之鑒則無由展其儀而達其意焉進止雖有定處足不禁其趦趄酧對豈無高朋情不勝其抑鬱藉非得聖人以啓之何以使困於天者無見而皆若有見也乎師冕之見也望闕里而來前不敢辭步趨之瘁偕衆賓而至止正欲修晉接之歡維時師之意

圓澤清圓　不作粘皮　亦不落便　並起訴　韻挫風流　連絡而下　纍若貫珠

中逆計入門之內讓階就階之昭其度布席撤席之著其儀虚坐食坐之番其則庶幾容止不愆笑語卒獲以無慚於大聖之宮墻獨是師之目中不見入門而後東階西階之列其等專席側席之别其宜並坐離坐之殊其處不免范然莫辨促然何之直自露其晦盲之情狀無何及階矣時可拾級而升方且徘徊於堂下勞當連步以上猶然蹢躅於庭中安保其履之無錯也而子皇然矣詔之曰階而為拜為登不至貽羞於隕越由是而摳衣升堂離席其不數武乎無何及席矣蹴踖必嚴其戒安知所鄉之何方跪撫務習其文未解所設之奚似安保其容之無怍也而子惻然矣詔之

□層俱略全空人

山斷雲連紆餘有度

緣不傷氣□□雅

曰席而或左或右不至負惭於踐履由是而函丈相對晏坐其無失次乎無何皆坐矣苟已經乎結納方欲申契濶之情即素昧乎生平亦欲修晤言之好無如姓氏之未通也而子欲窺其隱矣告之以某在斯某在斯於彼於此均得以知其名而如覿其面前此趨階以迎避席以俟者其可以慰答衷款乎蓋聖人之詔師語因時而導焉情歷境而深焉非時而遽爾陳詞延不及待失其後先之序矣倘階尚未歷而即詔之以席豈能喻階而就席尚未踐而即詔之以某何由即席而談聖人則遞為之示由階而席由席而坐時適相遭各循其自然之節則辨登降者方論起居凜摳趨者

始慎唯諾閱境而惝於提撕畧而弗詳殊少懲戁之致矣倘使知有階而不詔之以席一席幾若未分使知有席而不詔之以某舉坐為之不樂聖人則歷為之告以席繼階以坐繼席境雖屢易曲致共無已之情則識趨蹌者復嫻拜跪肅儀度者並展寤思子之詔師一道之無心流露也夫

本房加批

布格純净修詞雅飭居然陶董遺音

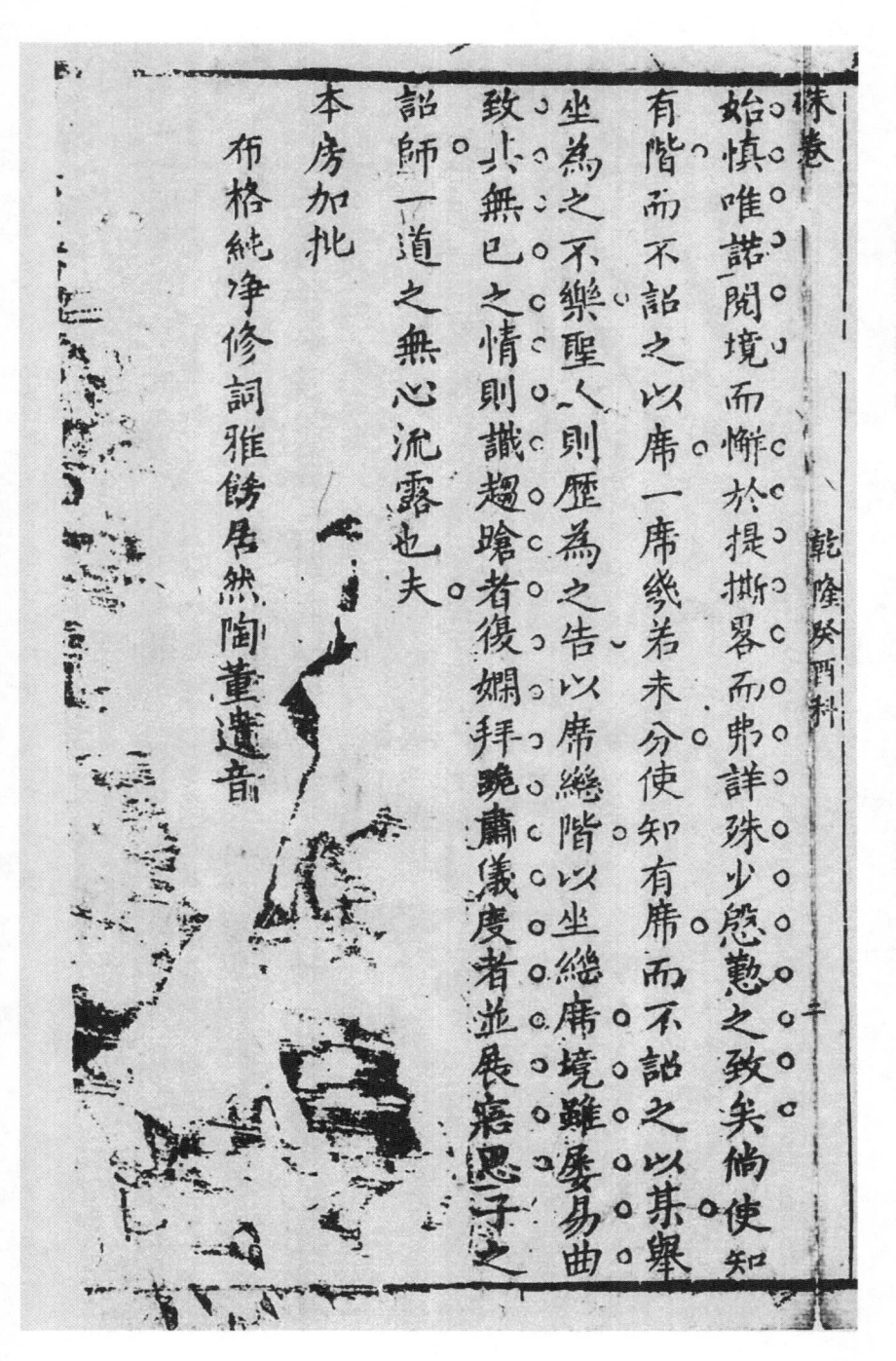

及階子曰階也及席子曰席也皆坐子告之曰某在斯某在斯

何恒漢

觀聖人之詔師、有所以曲致其情者焉、蓋及階及席、必有以導之、而後及坐也、子歷詔而復詳告之、以某在師其可以不窮於見也、夫今夫矜不成人之念、在聖心最為惻怛耳、本為生人同具之質、而獨不能全、則既憫其所無、而深為之慮者、必分吾之所有、而代為之用、大抵官骸不均、憾在造化生物之初、而廢疾得養、功在聖人盡性之後、凡所反覆以達其情、殊無已焉耳、我夫子於師冕之見、則何如、蓋別聲之後、繼以視色、天所命也、所可念者、造物一生人

純以意勝造語生辣不比甜熟一家

點次老潔

其明亦或竟喪故目之能視則以神馭境而得安目不能視則以
境攖神而得危當賓主欵接之會倀倀何之師之所遇皆危境也
則必有以安之者矣官止之處無不神行人所需也所可虞者吾
人一成形其明亦或終失故明有所見則以境赴心而得通明無
所見則以心滯境而得塞當邂逅相遇之時嘿嘿誰語師之所接
皆塞境也則必有以通之者矣是故階之與席師之所不及見也
某之與某師之所不能知也而子則一一詔之人雖至窘决無以
不及人之形體自甘於棄置即如望門而至階所必升延客而入
席所必布哀矜念切誰復刻纚以儀文而原其自勉之心則安知

此二翁之
皆[illegible]而以
體[illegible]見長
磊落大方

其不以敬爾威儀慎爾出話者之期以無貽同坐羞也子於此則有以諒其情焉人雖至窮決無以不及人之性命自外於禮教即如東上西上別以賓主南鄉北鄉定以方隅悲憫情深誰復曲摘其疚惡而原其自盡之意則安知其不以內不失己外不失人者之期以無貽當躬忒也子於此則有以愜其隱焉蓋以言乎造化則覆載為大然生之而物形有所不備者必成之而物情因之以舒此中正有微權矣夫步趨必謹而尊卑以辨皆師之所需甚殷者也惟茲次第出之而轉深因以知欲立立人之意每於愛莫能助之際而曲致其綢繆以言乎聖學則形色皆性然有之為不失

一味白描何高手

砂卷

其官者而無之則必當補其憾此中正有真機矣夫禮儀卒度而笑語卒獲皆師之所賴獨切者也惟茲終始持之於不衰因以知欲達達人之懷恆於無可奈何之處而彌深其繾綣隨其所聞之境舉其所見之人使之形不勞而情可伸也夫子於此固必有道存乎其間矣

本房加批

人散我聚人濃我淡不屑畫角描頭而神理自得絕異貪常嗜瑣之流逼真天崇風格

階也及席　在斯

兩江前制臺觀　辛　炯
風江第一名

認階即更認以席既坐則先認以人夫認冕以階以不知有階也尚知有席乎夫子更告以席寧于背坐而不先舉其人以告之耳聖人之不可及也猶天之不可階而一時之側席請教者皆坐吾子太和元氣中而竊幸其在斯焉猶恐其不為吾子目之所先及也即師冕亦邊巡來階下无夫子之階下不獨一冕也其先冕而在斯者詎無人耶搵衣而豋無難也吾子亦未嘗以其在斯為念也獨是冕也咫尺不前黎溫良恭儉之身而莫見聆音始識處高天厚地之內而維艱非子告之曰階也冕烏知其為階耶于是冕

古文補筆

歷階而升階盡及堂、、廣甚冕無所至乎亦無所告堂設席、、有

階射而簡其存斯　古

賓、、有先至者尊者卑者長者少者見冕至皆起離席乎乃告冕

好縮合　虎　文情兩妙

曰席也猶之曰階也云爾于時在斯者皆坐冕亦坐、、中人、皆知

冕、、則不知坐中人為其也不敢有所問訊無從申其敬冕之在

照　力有相師之道

斯躡躡甚乎及階及席時不獨冕不安吾子亦若甚不安乎曰是

又留

不同于階也階則止一冕在也又不同于席也席則尚未定也乃

兩簡其在斯

一如告以階者告之一如告以席者告之乃欲歷、、數坐中人告

一簡其在斯　妍明目

而先舉其或先至或爵之尊者齒之長者而告之曰某又告之以

仍是一個某在斯

坐處而曰在斯乎之言雖未盡乎冕于坐中人踪未悉乎而其以

階也及　辛

耳為目者早知其在斯當不如坐時之漫不知一人也此皆其及階及席時所徘徊而躊躇者不圖吾乎之告之不啻及階之告以階也及席之告以席也甚矣聖人之待人也各得其所而處之有道則如天之不可階而升也

縮合搃極大佳

以起意結

筆法似曲禮又似檀弓學者會得此意遇此等題直可振筆立就而他人十日思者遠不能及至其前後貫串之妙更具龍梭鴛杼之奇　閔楷批

皆坐　沈三曾

因師而記坐以坐者不獨師也夫使坐者而惟子與冕何以云皆坐哉
記曰皆坐又可以觀聖人矣且夫賓朋晉接之際固于未就位之前詳
其禮而尤于既就位之後通其情蓋未就位之前不遑坐也必宜先循
其揖讓既就位之後不虛坐也必將各致其懸懇而此時之以耳代目
者愈不能無望于人矣及階及席夫子之詔冕者既如此吾思一人拾
級而上必聲焉拾級而上矣則于其升階也亦可曰皆升又思一人摳
衣而前必群然摳衣而前矣則于其就席也亦可曰皆然乃獨于此而
記之曰皆坐也何居蓋歷階之頃衆賓無暇陳詞也惟至于坐而此敘
綢繆彼申繾綣無長無幼悉思通聯答之衷迨揖即席之時衆賓亦未遑

乎歟也惟至于坐而並陳與濁亘道相忍何親何疎無不有獻酬之誼
故記之曰侍坐也其為虞坐盡後欤其為食坐盡前欤吾不得而知惟
秋筆自有波瀾
是布武接武之餘或坐而介乎左馬或坐而介乎右馬數席而談此其
時矣見席蔑未坐而俯仰雜安者既坐而禮儀亦度欤而正襟傍徨乎
既坐猶之彷徨乎未坐也其有側席而坐欤其有専席而坐欤吾不得
而知惟是由右而左之後或坐而東嚮西嚮或坐而南嚮北嚮馬前
席而問此其時矣見席蔑未坐而嫺嫻從者既坐而笑語卒獲欤而
正襟胃昧乎既坐之時猶之胃昧乎未坐之時也豈無紆嫣之雅來自
鄰鄰而坐則俱坐共欣賓客之如雲而已嚐為上坐嚐為末坐人之意
中知之而見之意中未必知也縱使聆音能辨然雜語于末等之者之

壬子小題文鑑　下論

皆坐　沈

人豈無黙雖之傳素揖莫逆而坐則俱坐共奏獻壽之交錯而已覩爲

正坐覩爲隅坐見之意中有之而見之目中未必有也縱使爲在相知

旅獻觶作奏經樂而之趨于是乎也循次以陳見之傾耳以聽矣

點一皆字中便有某某在內不獨某某在內并師冕夫子亦在其內

作者因須說得夫子是主然覺提出夫子又未免侵露下文矣文于

前幅皆階席作翻中幅就本題抒寫而夫子其某某俱覺列坐一堂會

心人可以默悟其法　陳太士

階也　沈自南

聖人欲樂師不愬歷階之度而示之以階焉夫師也而不示之階則方歷階而已愬其度也子能已於語之歟蓋昔者師冕獲見於夫子既迎之而及階矣當是時由阼階而進者夫子也由西階而進者冕也夫冕瞽者也倀倀無所之即不至顛仆之是虞亦安必禮容之無失乎乃夫子則固矜而詔之矣曰階也若以今師之意欲上而不遽上也何為也其或以此之去階猶其遠焉者爾師之足欲升而不遽升也何為也又或以此之離階不過近焉已爾然而是階也固不遠也蹈履之際而已在其前矣是階也豈徒近也

禮容在提明此二句其中藏得升階時

虛實次第

落頭穩愜

二股從發端迎出二字生出

步趨之間而已在其下矣方師之由門而入也則有闕焉然舉趾而可踰矣茲則等尺之不一殆非門之可同也及師之自庭而過

虛對實更活

也無以限之雖布武其何有乎茲則高下之不齊又豈庭之可比

法探下文某：作觀生後烘巧攝齋

也一項者揖而就至而讓衆賓既納陛而在堂矣今也衣之摳齊之

孫級便是禮容也

攝師其拾級而盡等乎聚足以上可也連步以上可也無庸顧慮

二句於不至頗作也是虛句照管得到

矣緣持者以升可也循扶者以升可也無復踟躕矣夫子之詔冕者如此古者瞽必有相夫子之言是復助之相也而冕乃得不愆於歷階之度矣維時堂上諸賓咸為冕而起夫子將復引而與之即席也

瞽有眡。瞭免於傾跌而已。禮儀卒度。非所及也。題句不止是代

他三百人之事。入理中情。得盡其道大意。

階也

沈

及階子曰　某在斯　收字十六號　易一房　林龍朋　于鱗　薦卷

記聖人之詔師、隨所適而不厭其詳焉、夫由階而席而有某某、皆冕所意及者也、而特不能了然于心也、予故隨所適而歷詔之歟、且所貴乎聖人者、為其能以胞與之痌瘝、乎造物之缺憾者也、聖人未嘗有心以示德、而矜恤之隱衷、往往不靡於瞍矇ㄱ聱之俗、蓋在彼也倀倀何之、肓於目者幾肓於心、而在我也惻惻難已、發於情者即發於辭、至于我之辭達、而彼之心亦以慰矣、一日者夫子返魯而師冕請見、夫冕何以見、毋亦與聞向所語于太師者、而怦然有動歟、念自榛苓寄慨、公庭之舞徒存、旁訂之人、元始之音幾歇、千之於冕徂期

蓋有深焉者而寧第在此區區延揖間哉雖然審音者談心之候也
而晉接者就見之儀也聞之禮主人阼階客就西階冕瞽者也升階
大得志亦徒托之虛想耳雖請席何鄉堂下尚隅依稀而即此拾級
聚足在他人舉瞻冕於先不先左而子則曰階也蓋自有此詔而冕
于是上階矣由階而席禮主人正席客撫席從席之與階相違不越
數武而冕之且前且卻猶夫階也雖高朋滿座堂上素贊周旋而即
此摳衣趨隅在他人方覘冕之或東或西而子則曰席也蓋自有此
詔而冕于是踐席矣席間函丈主賓就位冕也端容而坐夫子改容
而坐其其亦以次皆坐蓋此時其其無言也雖並坐鼓簧並坐鼓瑟

此際不乏知音而姓氏未通彼此何以伸敬禮有之君子不失色於人亦不失口於人冕豈備官而未之聞耶在人或哀其厄而恕其文而彼之轡勃於中徬徨於外者殊覺即席而客有怍不仍等諸階前之躑躅歟一自子告之曰某在斯某在斯而冕于是知有某某矣蓋在師冕冥冥之中忽提其耳於不覺是即辟雍鐘鼓之聲而聾聵一振者也而何幸於子乎伴之而在夫子昭昭之際不憚其煩以相示是即翕純皦繹之旨而次第周詳者也而不謂於冕乎傳之然吾因是而有感矣樂必有長長必有佐何當日請見之期不聞一人一士介冕之側而重煩吾夫子之諄諄乎不知非也蓋聖人固所以平造

左○縈○右○拂○安○舒○典○雅○

豈○身○題○外○緌○○生○新

憑○閒○講○高○淡

癸酉科薦卷 [illegible]

物之缺憾者也方將醫治終條理之盛舉音容節奏之微與師冕
下其議論而適當其時有階則階之已耳有席則席之已耳有某某
則某某之已耳昔日之語太師今日之詔師冕將毋同惜乎一時商
確正樂之功約畧不傳而僅有惟此周旋進反細故吁此可以觀
聖人之無往非道矣

本房寧洋縣徐澹齋老師評

題係紀事體一看議論便易侵下疆界而以題還題摹公穀者多
失之枯是作叙次典核文情芊麗筆墨之間別具無數邱壑闈中
得此耳目一新乃已得而復失遇合有時尚其奮加淬勵不[illegible]于

席也皆坐

歲入四名 漳平學 易泰來

聖人引師於席、同覘其踐席而坐焉、夫冕不知席之所在、何由
並坐、子所以引之、而席中之人咸於坐觀禮、蓋禮非飲食之客、以
席席間函丈、當日客之請謁杳壇、不皆布席以坐乎、而師冕後來、
能與坐客從容踐席、無失禮也、而吾當正於此覘聖人引其及席、當
用凌虛空記、當其未築也、筆法史筆
是時冕猶未即席、或有先冕而坐於席者、客至起、皆出席不安於坐、
顧冕未之知也、而夫子曰席也、蓋自是冕將即席、則見夫子亦必跪
而正席也、冕亦知跪撫席而辭也、冕且請徹重席也、夫子且固辭也、
夾縫中事儀即補填、為波瀾分曉
冕乃踐席將坐、而夫子揖客之固、冕起於席者皆坐而即席矣、然則

席之南鄉北鄉冕知其坐以西方為上席之東鄉西鄉冕知其坐以南方為上或有獨坐者冕知長者必異席也其有侍坐者冕知坐無餘席也而坐席之人咸見冕之容無怍也衣無撥也足無蹶也就席知摳衣趨隅也並坐知不橫肱也是由吾夫子詔之曰席也故能坐之無失禮如是也嗟乎一席之內冕肓於目不肓於心何幸侍聖人之側同坐之際子動以天非動以人固已補造物之窮則夫子又豈然對客坐竟坐無一語耶

即皆坐岸旁下文躍已欲動有山竝鍾應之奇

還歸主位

叔足

工細飛動似退之畫記

平穩細貼
賦清氣和

指禮字明
字為議論

○○○及階子曰階也及席子曰席也皆坐子告之曰某在斯某
在斯　邵德占
隨地以詔樂師。有詳致其情者焉。蓋階席之及與皆坐之人冕
固待教而知者也。子歷舉以詔之。謂非詳致其情者哉。且聖人
覺世為懷。固欲人謹視續而勿乘其宜。聯倫類而共適其情者
也。而人有缺官則教尤時切。蓋形無可踐。窮於天者宜濟以人
性有可盡。虧於人者仍完以天。隨在之作止。遁異斯。即境之指
示彌勤。即一胥接間。而昧者使昭懸然見。提醒之至意焉。如師
冕之見是已。今夫冕之所知者樂也。未嘗不默喻乎禮所具者

提局

硃卷　乾隆癸酉科　三

經緯通篇照應杼窩得草蛇灰線之妙

闢合兩意象妙脫胎此何等明亮正當

平還三比自是正格于曲有亮

硃卷　乾隆癸酉科　三

聰也未嘗不隱足乎明而舉凡閱壁之所欽洽之伸實按之而顯多所室虛擬之而微有所通者也子將何以詔之哉官骸莫効之地無所藉則不靈將行止何以有度周旋奚以有則而倀然以往者祇聽啓發而徒抱其類循全不齊之職有所調則皆乎故口授即爲系指而晤即在合傳而耿然莫已者直隨位置而各成其能試就將命肅容之頃徵其有翩躚動之誠則見夫入爲出迎同等咸趨而布武而來且前且郄者晃之及階也夫主內於東客由於西晃也自有與偕而連步所宜子有未能漢然者從而指之曰階也於是乎上而左上而右撰杖可以洞駁

龍處見出
作家結構
理法精神

字字清澈
雅暢雍容

意亦人所
共有惟語

足之常矣則見夫拾級既盡少長未叙而接武以進若離若即
背見之及席也夫樞衣有儀徹重有請見也寧無與持而作容
所戒了有未能默然者切而示之曰席也於是乎臨而正撫而
辭即識可以無擬議之識矣則見夫解纓（鈎連）婦當踏躐無虞而式
序在位必安必恭者見之與客皆坐也夫未及不言未問不舉
見也亦由夫人而姓字未達予有不能淡然者歷而告之曰某
在斯某在斯於是乎終則對請則起盡後可以悉衆賓之歡矣
夫子之詔師如此乃知行所無事者聖人之教振聾發瞶日與（鎖束）
自前之儔侶相為往復則當其意旨側承悉本此啓知翼行之

不㾑落筆無夾雜故篤來獨見原委真際

通體秩然書法章法

硃卷 乾隆癸酉科 四

志順應物來而擬言議動早融於入門而存入門而右之初感而遂通者聖人之心持危扶顛時壓安懷之隱願大其曲成則推此誘掖倫至何一非欲立欲達之神流露當機而善氣懇懷而貫乎禮明有終實辭告退而後世有聖人此鼓物之所以不與同憂百姓之所以莫不與能也是也昭然卒度以出是而子張則固於其及階時歷歷而心数之也

本房師加批

不破體雅元不跑筋脈不鄰深文淺學裕養到識定神閒糊蒙所能諸習掃除殆盡文為心聲英年有此雅正清真之章可以覘其品焉矣

階也及席

吳學院歲考取進　同安學　紀大經　彌侯

指階以詔樂師席可漸而及矣夫由階而席相見者之禮也階既詔矣席豈不可漸而及哉且自王階之風既改而席地之禮猶存此主人肅客而入者恒樂於茲瞻禮也然禮以漸進而可瞻客必因人而致肅苟知爲拾級而陞者不指以階其漸及焉固無難昧於連步之地者必詔以階斯有席焉乃能至昔師冕嘗見夫子而及階已闢之階有賓有主猶之席有重有徹冕樂官也久爲夫子席上之賓非足跡未嘗及洙泗之几席者豈於夫子之階必待詔之而始知哉雖然冕瞽者也明於心而盲于目不示以前途顛

恆起作足下坦則行而險則止莫導其先路傾跌必孚於失谷丁
而入夫子之門則無慮此蓋吾夫子有以告之矣不暇[illegible]以告
打動席字
及字亦理
而先阼階之是迎求及授几以將而先賓階之必詔於是冕也曰
雖盲而心則明矣或左足或右足而階束升險不止而坦漸行矣
或布武或接武而堂可登而豈將登堂已哉則見堂之上有華而
承封神縱
睆數且重者子之席也而冕亦已離階而及之矣夫夫子之席不
說室術者大相還庭
一矣師弟之講論也席間函丈主賓之應酬也席分東西茲之及
之者不爲講論而爲應酬夫子之席寧異人之席乎哉及之亦竟
及之耳而師冕之及寧同人之及乎我有席亦如無席焉耳今泚

收拾完足

猶是夫子詔階之師畀乎而能忘情於此及席也耶夫階分高低一示焉而足可上席別長幼一及焉而禮多端睽長明之莫瞻歷中節之爲難則吾且於詔階之時想夫子待師之情則吾更於及席之頃觀夫子示師之意也

及階子曰　席也　　徐周章

聖人於師之所及而而有以詔之焉夫非示之以階與席冕且何由知其已及哉故夫子之所以詔冕者已如此今夫人幸得登聖人之堂而涉階而拜接席而談斯亦人生快意事也而或者目無（飄洪爲來）所見不克如其心之願則聖人每不勝矜憫焉蓋即一舉足而不敢忘之矣吾于師冕之見而得觀之於及階及席時焉想其望門墻而戾止吾夫子之所為避席以迎者誠不知何如第觀其未即（補筆即是伏筆）席也先已及階夫禮之于及階主就東階則客就西階矣主人讓登則客從主人矣冕既謁吾徒而來請夫子亦猶行是禮也乃當

其將及未及之際冕徒懸擬一階于意中而無如㒺㒺焉其無所
之維時一堂之上方意冕之必徬徨于階之下獨獨于階之前而
無由自升也於是環顧大師冕焉且環顧吾夫子之於師冕爲而
情景絶佳完如目擊
夫子則詔之曰階也蓋亦之以所由升之途而冕之意中躬然矣
無轉說頭　似對非對
至或爲就階或爲讓登可勿悶矣夫冕於此其遂可優游于接武
片神行
之常而不復若歷階時矣乎而來也彼既就階也已而及席夫禮
之於及席客至寢門則主人請入爲席矣主人正席則客撫席而
辭矣冕既向吾黨而求謁夫子亦猶行是禮也乃當其將及未及
兩以豐相
之頃冕徒遙設一席於意中而無如㒺㒺焉其莫自必維時一堂

之上又意冕之必徘徊于席之旁踟蹰于席之側而無由自登也於是環顧夫師冕焉且環顧吾夫子傾耳而聽夫子之仍有所示（更妙）否焉而夫子果又詔之曰席也蓋示之以所由登之位而冕之意中曠然矣至或為正席或為撫席可勿問矣自是而皆坐夫子又有某某之詔冕乃卒備賓主之禮而去

通幅叙而不斷妙在都從旁觀看出子張一問已如燈取影而于主位不犯分毫亦衛圖

摹情寫景善從虛際着想下文相師意已隱隱透起　塤黃誠英

就集中僅見此本題字面作法亦極巧妙

8

黃學院歲取入南安第六名　梁庭珪　伯寅

○○○及階子曰　皆坐　王檮姓

詔樂師以所及可遍觀於坐時矣夫及階及席猶未坐也子已歷歷示之寧於賓坐而忽諸考之上相見有東階有西階於是乎東西席以位之位定而西面之坐分爲奈何離明有戲隨其所至胥足動聖人之矜恤遂夫主賓定位其仰賴於聖人者不愈慇耶如師冕之見是已夫冕伶之長也當其奏於清廟辟雍則升歌乎階上象管乎階下若乃六莖五英咸獻反席則叢舞大武以至於武亂皆坐各有其制冕必聞之熟矣雖然冕即聞其緣冕終不能見其所行之禮在敘坐以前莫嚴於階三尺六尺辨其等三揖三讓謹其儀固不可以

試草

絓此鏞以韓
弓雅鍊重
不拜中以售
救也

試草

繩冕特患高卑相隔適致傾跌之愆夷險未分必名失容之咎自階
而升又莫嚴於席南向北向眙其度東上西上分其節亦不可以繩
冕特慮席正未明安知聽肆之筵几席未審能保蹝踖之無虞夫
逡巡以赴未獲安坐之休乃跬步多阻卒起階席之厲夫子痛之於
上題亦有法
爲示之以階則於冕之及階時示之以席則於冕之及席時乃俄而
主賓定位坐矣凡皆坐矣象天地象陰陽一堂濟濟生人之樂以聚
而冕猶得分其席象嚴凝象盛德同志彬彬會合之典以舉而冕亦
不僅僅其階夫由行而止已屬優游自寬之境而由此酬彼終無周
知燭見之勤況考擊之司滄通前代舉座中實幸有冕倘周旋有道

而應接多紛見將何以謝諸君子吾想爲階爲席既盡耳提而面命
豈合衆偕坐竟無惻怛而哀矜蓋夫子視見於皆坐之時依然及階
及席之景況耳

黃大師相原評

妥適中饒有古致

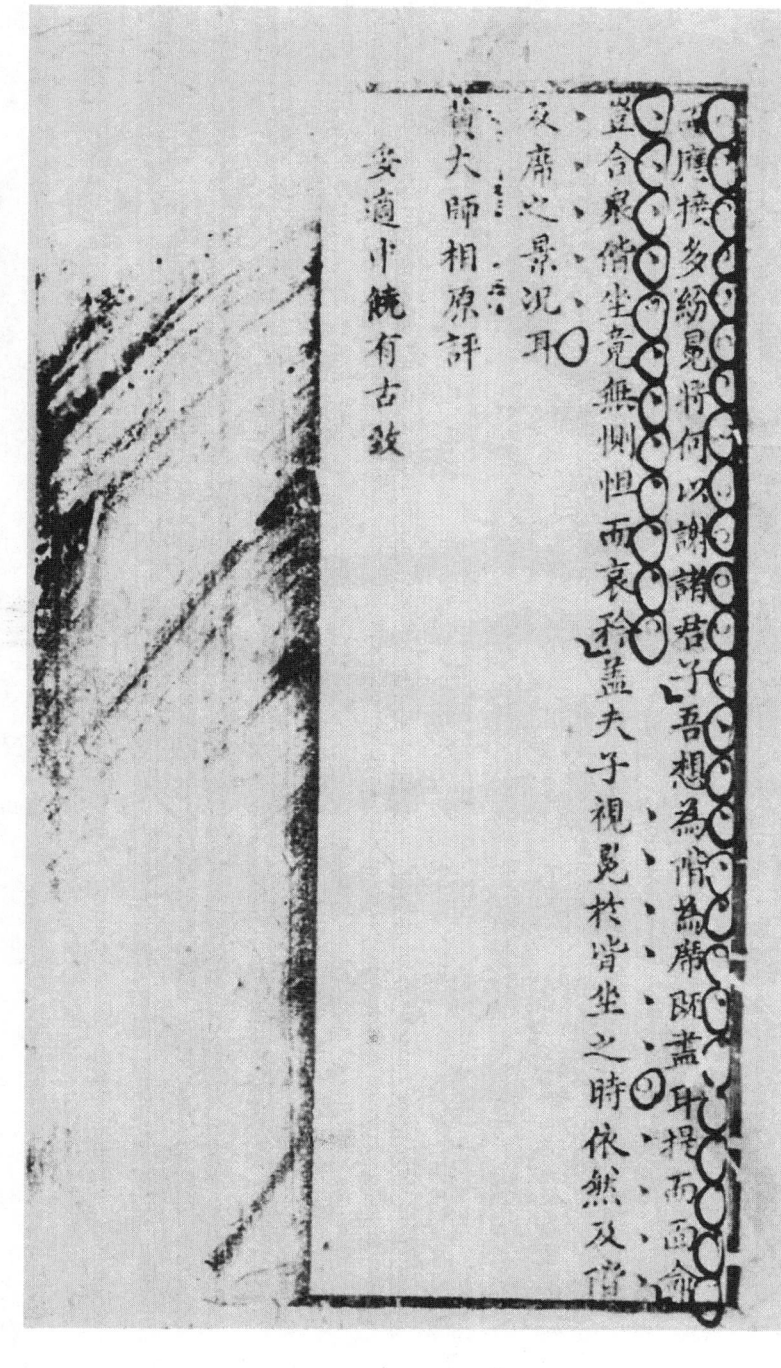

以題之號

以筆高渾

及階子曰階也及席子曰席也皆坐子告之曰某在斯某在斯

莊大圭

觀聖人詔師之詳皆動於不自已也夫階也席也在坐之為某某也子歷詔之冕庶無憾矣究何容心哉今夫聖人之待人也固隨所往而意無不盡情無不摯者也故一伶官之進退語默幾旁皇而無措而悉引為當躬之憾蓋措履之間盲於目者常若艮其趾矣口之際視無覩者寔賴耳為提必詳為導之而遂置其身於無失足無失口之地此其真意所貫誠有動於不自禁者矣昔我夫子固無日不與萬物相見以誠者也而吾即於師冕見觀之登降

硃卷　乾隆癸酉科

止春客

中欄一擧　局先先民

沖脫傳神

硃卷　乾隆癸酉科

酬酢之細凡謁吾徒而請者當勿忒於儀也而自昧昧者處之則隨所向而或踰其則使非諄復之不厭則身履至聖之地何以協動容周旋之節進退揖讓之文在習容觀而來者當勿愆於度也而自憒憒者處之則隨所值而若即於迷使非指示之維殷則旁黍聖人之座何以安舉止出話之詳今夫主賓相見之時禮莫繁於升階即席與夫朋坐答問之間而以觀夫子之告冕顧何如者吾聞之主人就東階客就西階凡升階者皆然也冕而及階冕自知其為階乎自子告之曰階也而先左足先右足冕乃得拾級聚足連步以上矣夫當冕未及階之時夫子方請入為席然後出迎

步步結營

冕乃未幾而及席矣吾聞之主人跪正席客跪撫席而辭凡即席者皆然也冕而及席冕自知其為席乎自子告之曰席也而西鄉上南鄉上冕乃得毋作毋擬毋蹴以登矣夫當冕未及席之時在坐之客方離席起立以迎冕乃未幾而皆坐矣吾聞之主人不問客不先舉凡在坐者皆然也冕當皆坐之時冕其知孰為某某者乎自子告之曰某在斯某在斯而屬在舊侶屬在新知冕乃不致盲於心而惘乃古矣而吾於此想夫子告冕詳盡之意而吾更於此觀夫子告冕真摯之情意貫流示於無盡而聖人於一事動以全神赴之此其意所以有加而無已也夫及階而致謹摳衣及席

又特變疊面折盡致妙無半語洩漏春光

而致慎蹴足列坐而致戒失言見亦諒同此意矣而無如眛於所不見也乃見方眛於所不見而意與爲迎子即示以所欲見而意與爲授階也席也某某在斯也詞之周詳而靡竟何莫非意之貫徹於靡窮也哉情每樂觀於其莫而聖人於一事悉以忠悃將之此其情所以流露於不覺也夫及階而亦步亦趨及席而盡前盡後皆坐而率度率獲見亦諒同此情矣而無如蔽於所不明也乃見方蔽於所不明而情若有待子即詔以所欲明而情無或壓階也席也某某在斯也言之諄懇而頻復何莫非情之勃發而難禁也哉意之盡情之摯見道之所存也聖人究何容心哉

階也及席

吳學院歲取童進
同安二場西巨四號　許萬春　志受

於階而必有詔可更觀其所及矣夫階之上即有席師冕豈不知之然微夫子詔之以階亦何由而及於此哉昔夫子攝齊升堂其於階恒致謹焉葢不待至席而後知然或以為自處則然耳不知拾級凜隕越之虞不敢於無見者而寬其捨引登堂尚安舒之雅更可於無見者而觀其徘徊也已一如師冕之及階而子則何如矣階之上必有席席之處未及席而甫及階其勢猶緩則或可相忽暫聽其躑躅階前而不顧然席之前即為接階之所未及席而已及階其勢漸迫則必欲相就宜俾其拱踰於階下以同登

斯時也師冕未得躋席上之賓已先備階前之客夫子未得申接席之好且先致一階之迎然而師冕未知其為階必至足將進而趦趄幸也夫子明指其為階自當目有見而運步階之言一出於口而師冕之所及已有階可升階之言一入於耳而師冕之所及又有席將即闢之禮請入為席然後出迎客接待之席然也玆或接待之席毋第未及接待之時雖歷階畢登自不至躐席之可患闢之詩肆筵設席授几有緝御燕享之席然也玆或燕享之席乎倘方及燕享之候即於階無失不且慮階席之何由一然吾因師冕之及席愈知夫子之詔以階為有故因夫子之詔以階更知師冕

之及席爲無憂何也於席而再詔以席何異於階而即詔以階也

乎

大師相學院吴老夫子原評曰滚做深合題位筆力更排奡異常

邑中尊李父師臺評曰

本學道老師臺評曰

及席　　張王典

亟矜之于席而又見其及之焉夫席則已進乎階矣見也由階而進一已又見其及之即且見之未見聖人也誠欲于聖人函丈問介一席以奉教焉耳不幸而目無所見雖几席在前即跬步不能自致然固已歷階而即至之也然猶不自意其歷階而已至之也蓋夫子有階也之語而見已稍稍進乎階矣為之拾級者幾時而已斷斷乎階也為之接武者幾時而乃遠去大階也無行而竟及席矣方其未及也見爲出几遷吃一席焉以為階以上其所及者必席耶而正恐不能遽及也惟是自階而進循其迹而且行且止若前若卻而遂及

之矣當其既及也覺意中謂轉遠乎席安必階之上其所及者為席
耶而遂不覺其反．惟是曰階形在閣足音而人步亦步人趨亦趨
而忽反之矣人之當此席者必有與主謙讓而不及之意于見將撫
席以辭于主而不自知其身之已𢧐也人之見此席者必有與客謙
退而不及之容乃見將避席以遜于客而不自知其足之已錯也欲
而顧而不見其有階也欲俯視而不見其有席也意欲前而徘徊不
已必至鄉酒于欲及未及之間欲處左而席已西酒人其也大尚右
行席已此鄉酒鄉也地可止而猶欲轉易且盤旋于將及已及之際
紙開授見之有待而候上焉然即一階之頃從來知肆張之在前而憫

惘然疑識席也見講或方虛席以請而見猶趦趄而不進或既登席以俟而見猶退避而不違容則欲共縱作見乃逡巡于策書琴瑟之旁而不覺容之忽作也衣則戒其無撥見乃踧踖于周旋揖讓之時而不啻衣之縱勝也此唐夫子又有席也之詔乎觀者闔問晉浮遜階時而知久矣

就席寫描寫及階數滿章浙欲更刻畫。

及席　張王典

觀聲者之于席而又見其及之焉夫席則已進于階矣冕也由階而進不已又見其及之耶且冕之來見聖人也誠欲于聖人函丈問分一席以奉教焉耳不幸而目無所見雖几席在前即跬步不能自致然固已歷階而即至之也然猶不自意其歷階而已至之也蓋夫子有階也之語而冕已稍稍進于階矣為之拾級者幾時乃于階也為之援武者幾時而乃遠去夫階也無何而覺及席矣吉其才後也冕意中且遲徙一席焉以為階以上其所及者乃席耶而正恐不能遽及也惟是自階而進備其遂而且行且止若前若卻而遂及

之矣當其既及此覺意中謂猶遠于席安必階之上其所及者爲席耶而遂不覺其及也雖是由階而進躡足晉而人步亦步人趨亦趨而忽及之矣人之當此際者必有與主謙讓而不及之意乃覺呼其

汪云只能人作叙

席以辭于主而不自知其身之已踐也人之見此席者必有與客謙退而不及之容乃覺將避席以遜于容而不自知其足之已躋也欲

只下皆上何而無意不判

回顧而不見其有階也欲俯視而不見其有席也意欲前而緋徊不已必至鄉獨于欲及未及之間欲尚左而帶已觸鄉東鄉也欲尚右而帶尼此鄉西鄉也此可止而舉趾轉高且盤旋于將及已及之際

溶將也也

雖聞使尼之有待而候焉然即席之無從亦知趺蹉之在前而惘

惘然疑灑席之見請或方虛席以請而覺猶趦趄而不進或既登席以俟而覺猶退避而不進容則欲其無作覺乃逡巡于兼書琴瑟之旁而不覺容之忽作也衣則戒其無撥覺乃踧踖于周旋揖讓之時而不齊衣之將撥也此吾夫子又有席也之語乎記者因曰吾于及階時而知之矣

（此叠後串）

就席字描寫及字較前輩作似更刻畫　河武曹

及席二字中有景有情有態此文細細描寫工妙直無其匹○前一半帶階說後半留階步地此行文次第法也先就覺意中揣摹後借他人來襯說此行文寬展法也

三摩科小題文選

席也皆坐　　　　　卅　張景菘

更以席為師詔者又可觀之於坐矣夫席所以別坐也有以詔之
而師可無庚于坐矣然坐者又寧獨一師哉聞昔考之禮矣客至
則主人正席客踐席乃坐是坐之有席為客布之不聞其為客詔
○看○出○分○妙○力○是
之也而以悵者當之則必以樂而相詔者俾得熟悉于几席之
○席○也○提不連及席句　○恰○如○題○位
間而後可從容于並坐之際此一堂晉接所由席無躐而坐無越
也如夫子於師冕之及席更可誌矣夫當日洙泗之庭群賢畢至
○為下皆字伏脈
其先冕而詔者必不一人則同冕而列者自不一席吾見南鄉北
○帶○起○皆○字○無痕　○反○擊○坐○字○熱○後○轉○入○上
鄉皆有位也東鄉西鄉皆有別也師于此亦應幾即席而坐相與

六科小題文編　論語

六科小題文編　論語

仲接手之歡通昭言之志哉而正不能無待于夫子之詔也聞之
食坐之席盡前虛坐之席盡後席以坐而殊矣（人挾坐字）而以師當其際則
為前為後且有惘然莫辨者又何以入坐而修攝席之文抑裹者
之坐尊席夏者之坐側席坐以席而異矣（席與坐相連二字交互點最為靈）而以師處其間則執側
孰尊（妙不同砌祓）皆有依然莫知者又何以共席而通昭坐之雅蓋自夫子詔
之曰席而師乃知有席也（引起皆字）詔之曰席而師乃知有坐也（經落坐字）獨幷斯特
也函丈既陳則就席之頃尊卑必叙而賓朋既衆則將坐之際揖
讓必煩吾知一堂之上整容布席不敢先客而坐者夫子也重席
請辭不敢當尊以坐者衆賓也鞠躬就席惟命是聽而必聞人之

坐然後坐者師是也乃即席而觀之則已見其皆坐矣長則異席欲少不中席欲高朋滿坐而主賓之晤對肅然各安其席者斯各安其坐也夫席有文欲躐席有戒欲禮數無愆而有整之儀容更暇辨其為席者斯無紊其為坐也獨思若坐也同堂聚首豈乏知交而難遽言欲誰非勝友其素觀於師者師固願以風昔之情通笑言於道故即素疎于師者師亦方以遭逢之偶結傾蓋之相知乃試為問坐何居請席何向而察焉皆坐之中正有誰歟不克辨者也則雖欲前席而陳之欲席而對於其得乎是師所已知者席也而所不知者此皆坐者也夫子又何以驗此

○卑諶席宇則與運及席句命題者何別○文妙在處處是詔之以○席綜毋兩句作話而宇句與切映帶工巧尤極花簇生新　張熹璵

席如皆　張

席也皆坐　陸輿

詔師以席可更觀之于坐矣夫冕知有席而不必見有席也夫子詔之而冕可以坐矣然寧冕一人也乎且至人矜恤之心至無盡也即當殷然接席之亦而必不令其有一人所之處焉固可優徵之以得其用意之所存矣蓋詔語必詳當不遺于就位之頃而周旋無失可進觀于羣聚之時蓋其殷然于前者遂至默然于後亟如既由階而及席矣聞之客至則布席也者所以伸主賓之情也使冕于斯時而所知有席焉不將雍容相接並坐談心也哉而無如人之意中以為階者冕之意中不知以為席也即冕之意中以為席者冕之目中不見所為席也上下徘徊無自為前席之計盤旋失次何從作席上之賓而夫子則有以詔之

矣謂此東鄉而西鄉者非猶夫私家堂下之時也謂此或前而或後者
非猶是亦步亦趨之會而以左以右之會也席也自有此語而見乃得
優游于几席間矣又何至躊躇莫定致令相聚言歡者徒離然于坐列
之間也歟雖然未至于席而進退無從者既至于席而席然幾語卒獲
矣不知為席而見之登降有異于衆人之登降者既知為席而衆人之
揖讓初無異于見之揖讓矣維時止見其皆坐云獨是坐之中下不敢
並上ゝ不得移下序次固有不易矣見第知己之坐亦知他人之坐耶
抑坐之時先不得列後ゝ不得擬先尊卑已有不紊矣見即知有人之
坐亦知為何人之坐耶使其彼此或辨則見之徬徨于坐間者猶之徬
徨于席上也見之心已不安矣使其姓氏罔聞則見之低徊于既坐之

時者猶之依細于郎席之時也而謂夫子之心其敢安乎憂之周旋亟
夫詔以席而見之謂夫子者爲已緩仲款蕭情至于坐而夫子之告見
者猶未已不然賓朋晉接而答其勝言之或失也不幾盲于目者并至
盲于心也哉夫子必將前席而陳之並坐而指之矣
當見之未知爲席則無從而坐及夫子既詔以席則見自可以坐矣
通篇聯合只是此意其妙處全在從詔席之前寫出師冕一段排細
失次之狀從既坐之後寫出師冕一揖經然不辭之情能使兩下
容寬然如在筆墨之神一至此耶　余叔向

席也

及階　　　科入晉江縣陳臨　學第三名

篇仕此用意確不可移

地有介于上下者及之則下而將上矣夫階上也及階則猶未上也然而行將上矣而覺則以為依然下也云爾且自積堁成地形勢於以有上下然人或因其下而下之不覺其何以下也或因其上而上之不覺其何以上也蓋上下之介習而忘者比比矣嚼則

戒當情相忘形愧參與二比乃下

于上上下下之會按地而誌之曰此固遠際乎其介者耶乃未見

保後

之師冕獨誌其及階也何居蓋冕瞽者也瞽者不能因地以上下

緊切題者蓋想恰好引起及階

故惟非上非下之所步焉亦步趨焉亦擬瞽者不能因時為上下故當既上既下之餘前亦知前却亦知却而熟則為階矣自上者

下下自下者上上上與下判于其間而此已俯而就者彼亦俯仰
盛○得○大○于○一○階○地○
而企而蹴則及階矣在下者將上將上者循下下與上争于俄頃
盡○出○及○至○
而我謂即之適者彼偏若去之遥自階而下而庭而門皆下也然
以○階　下○階　上　出○送
亦下則均下耳無所為上也于下而無上之際而忽有上而非下
夫出乃覺階也一者更不○蒼○遲○
者及乎其前則晃也但知有下烏知有上趾雖有宜高之勢而步
○木○西○情○形○隱○從○對○
猶無欲起之形也自階而上而堂而寢皆上也然亦上則均上耳
○而○有○出○
無所為下也于上而未上之頃而遂有下而非下者及于其際則
晃也欲下不可欲上不知心亦計夫拾級之不遠而足猶覺晃踵
之維艱也上有上之處主上自東階客上自西階晃也寧不審此

然冕即知上其所以上未必知其地之不得不上能毋意於東而
意於西上有上之儀上自東階則先右足上自西階則先左足冕
也寧不解此然冕即知上其所嘗上未必知其時之不容不上能
毋疑於左而疑于右其在冕也雖留于目不肯於以案居之上下
有常所苟定志以莫或可上下之率履不越而在今也雖審於音
未察乎地容地之上下有異宜即小心以測能必上下之尺寸不
喻曰階夫子之階也曰及階及夫子之階也夫子方將違步以上
忍令冕也履錯于下
不緊貼階字用意則及席句亦可移置矣又須將師冕情景隱

然若從對面看出。方使下句如響應弦。文乃筆〻切。字〻真。切處入細入微。真處如話如畫。不滅鶴灘作鄉黨題文也。就旁觀者看出師晃情景來上。將上恰好是及階二字。既不仰逼乎先條後無俯縵于後章。思緒獨抽。工巧殊絕。蕭雨釆

及階　陳

及席子曰席也

明文宗[illegible]　咸寧生員　陳煥世　[illegible]作

席之甫及也，詔之一如其階焉。夫曰及席，則尚未及夫子之詔之，其與階同。如此聞之，大夫之堂五尺，而席則再三焉。吾子從大夫後，猶此制也。特當肅客以入之頃，姑無論講說之資，享冬有定儀，而如橋之高，如衡之平，要亦奉之者之禮在則然也。乃自子之於冕，又見之於及階後已。斯時也，或東或西，冕方幸拾級之無失，旋懼聚足之有差。由階而進，若布席，若環席，冕固未之計也。未幾，夫子請入爲席，出迎冕，則席已在望矣。且夫席非階比也，降一等就階，主賓之等，有[illegible]足右足先後之分，維嚴請之謹

故如而辭少儀列重其文至升堂就席則從下　馬東卿

鄉北鄉席不一而所尚則一縱贅曰闡名豈有異耶然而予以竟之及席則拜甚古者席間函丈主跪正席客跪撫席登降之儀特詳若席而未及尚非登席之候乃子正不待其登也歷乎階而示以所緣之有自殫虛席之忱如歷前席之義進則揖退則揚冤何幸圖豚如流已獲毋撥毋蹶之容也歟古者席分上下賓升由西主升席北凌躐之防特謹若席之南及尚無席之愆乃子初不待其躐也繼乎階而示以所踐之有方申即席之意如凜請席之儀升由下降由上冤又幸摳衣趨隅得安不跪不立之常也已且

及席子曰席也　陳煥世

丙燕

夫禮當堂上接武之候冕皆有於目而不明於心我夫子獨何竊相連而必致其詞哉蓋不蓋席不除席吾儕之習於講說㣲已久使冕與乎其間書策琴瑟之旁稍越其節即冕之情亦弗適也所以升階三揖每深踖席之餘而詳緩而謹容儀固非猶是偃仰何之矣祭席上啐席末賓從之見於燕享者猶後使冕介乎其中趨蹌俯仰之餘偶違其則知不獨冕之情弗適也所以當階由前早訂設席之經而委曲而勸指導夫豈終於茫茫然次乎吾黨屬目久之一堂之上布席者有人環席者有人冕乃適適然相與就坐云

傳神設色妙行生動如讀道元水經注熊然(然)附注中別大(大)二封

古趣令人往復不窮　胡崑圖先生

鎔鑄經籍發爲奇光使新朋薏都從實位襯托　何曙亭

跌宕頓挫古韻鏗鏘妙在不用一直筆　吳信懷

從容按節古藻繽紛爲後學津梁　莊妝仲

目送手揮聲情典重　弟雲軒

踉跟階字暗留坐字步步關會末節及也不〻〻擒廗字不堆扯

恰合題位鍊字鍊意鍊格尤當三復　姪成章

席也皆坐　　歲入漳平學七名　陳經遠

詔師以席可同人並坐矣夫就席而詔欲冕知所坐也然坐者不獨冕聖人寧默然對客坐乎且吾夫子席不正不坐則客至請入為席而坐無不中禮況客而盲於視寧恐其躐席於羣賢列坐之堂耶當日師冕既由階及席使冕而非盲也則夫子為主將跪而正席冕為客將跪撫席而辭而冕且徹重席夫豈辭冕或席乃坐而同坐矣謂可於此觀士相見之禮而冕固盲者也且為之奈何嗟乎冕豈不思將即席摳衣趨隅禮儀卒度哉彼冕或偕從者而來必詔冕曰席也或冕無從者而侍吾夫子之門人亦必詔冕曰席也而夫子不及

待也方及階即曰階也此及席即曰席也然則冕雖未乎而夫子亦

必跪而正席冕既知席之所在亦可照而撫席以辭且詰重席大

子固辭冕乃踐席坐而冕與同堂之人皆坐矣於是坐中之人少

同席而冕知並坐不横肱也坐中之人多則異席禮所謂群居五人

○數○典○習○合○妙○在○摩○盪○去

則長者必異席也然而冕非飲食之答以與夫子分賓主而坐席間

○賓○主○歷○歷○盡○所○不到

函丈或客之中又有客則與冕並坐或冕有從者隅坐而侍吾夫子

之門人且負墻而坐以觀聖人之告冕矣

與第四名作典据略同布置各樣所謂一寸之插用之不竭

及階子曰階也及席子曰席也皆坐子告之曰某在斯某在斯

陳鍾華

歷詔其所不見者、聖人之因物而付也、蓋階也席也在坐之某某也、皆見所不見者也、不有詔之、見將何知、子故因其不見而歷示焉、今夫造物有缺憾之端、生人之官骸不必皆備、聖人有補救之術、因時而詔語自有深情、蓋一身之履蹈、恒期中矩而中規、晝接之周旋、豈容失色而失口、苟其盲於目者、而并使盲於心焉、則進退應對之閒、又何以使之一其儀而通其愫也乎、孰知夫子於見之見、固有昭然相示者、扶杖而入尼山之室、正

字斟句酌
筆力矜貴

硃卷　乾隆癸酉科

爾顏欽爾度亦見之自為作恭而作肅耳然而眇不能視而行
庭不見徘徊堂廡之下保無隕越貽羞乎故欲歷階而升尚虞
傾跌前席而請尤慮愆尤則跼蹐不安當亦見所無可如何者
矣晉謁而廁大雅之林友如雲朋滿座亦見之所欲導情而通
款耳然而口即欲言而熟視無覩接膝莫知之際欵云式禮莫
愆乎故欲面左致意疑於彼夲通名面右陳情又嫌我未問字
則交錯以徧抑又見所莫能自必者矣而孰知見也入其門而
行行且止時擬一階在前不勝顛躓之虞焉夫子於其及也而
詔之以階蓋揣其步之所逮予以領之能泰則拾級而登坦然

大開大闔如羅浮兩山以風雨為離即者自是雄才大力、

見蕩平之路由是登其堂而蹈蹈有循心擬一席在望不勝踖蹴之患焉夫子於其及也而又詔之以席蓋示以身之所止而悉其位之所存則摳衣而就晏然有即次之安當其時來見夫子者不獨一冕也或上坐或隅坐已有嘉賓之臨使皆坐之頃不悉其姓氏之伊誰列次之何方則同堂酬答將意向誰屬乎乃夫子則又歷歷詔之也曰某在斯某在斯冕於是可通情愫矣夫以冕之窮於失也在所足慮耳目為一身之官任耳以審音既聰於聽任目以察物偏絀於明故由階而席由席而坐冕所周旋者幾何地晤對者幾何人而徒以瞡瞭之躬介乎其側

則升降揖讓未見隨地咸宜語默與徐孰是因人而付將一見而參差畢形安在不貽譏於大雅然而見之不窮於子也抑又足幸禮樂均淑身之具蔽其明者養其聰天僅使之專於樂提其耳者代其目子又使之比於禮故自階而席自席而坐子所詔者幾何地所指者幾何人則雖以瞽矇之質廁乎其中而聞所聞恍若見所見而卒度者在禮儀名之悉一如面之諆而卒獲者在笑語則一見而律度不爽安往而非啓廸於尼山是故見得子之示無見儼乎有見子因見而詔有為而實無為何也道固存乎其間也

及階子曰階也及席子曰席也　焦袁熹

階與席之既及也。聖人因而語之焉。夫及階冕亦知有階也。及席冕亦知有席也。因而示之。予自有不容已者。且窮於天者。不能無待於人。然聖人惟視其時而已。時之未至。是境與人遠也。聽之可也。時之既至。是人與境覿也。非代為謀之。不可也。當夫入於門也。行於庭也。冕之為步也。遲而予之所以相為承迎者。亦若有畢前曳踵之思。冕之為容也。俯而予之所以相為扶掖者。亦自有傴僂循牆之意。一由是而階在望矣。予見冕之及階也。而慮冕之不知有階也。因而曰階也。一由是而席在前矣。予見冕之及席也。而慮冕之

倘着意○在兩及字

補筆為及字○蓄勢

未知為席也因而曰席也今夫無目者之於有目者其不相知也

精過題而寫得透徹也

亦久矣自夫人而論之謂吾見階彼不見階未及階而以為階者

法從上截仍曲折寫到下截當繳其中無之關

及階而又不以為階也謂吾見席彼不見席未及席而以為席者

及席而又不以為席也此夫以有目之心度無目之心似矣而未

只是從師冕身上體貼兩面反字鏤空而出

也天下無目之人最勤於卜度亦最善於揣量故雖不見階也而

都是實寫實理

意中有一階曰此其及階乎則果及階也雖不見席也而意中有

二句亦透

一席曰此其及席乎則果及席也生平未歷之地如有尺寸之可

二句又推進一層說

循夢寐不到之鄉如有鬼神之見諭此無他用志不分得之於內

不可得而傳也而有目者何以知之若是則冕之及階予不言階

也可覔之及席乎不言席也可而奚為其諱之也吾又思之矣一見（僭之剝入自有體義不）

階者之忘乎其階見席者之忘乎其席是無庸乎心之知之者也

天下之至粗也不見階者之不忘乎其階不見席者之不忘乎其（是踏襲他西江腔子）

席是不容使心之不知之者也天下之至精也然而忘乎其階并

登階而忘之忘乎其席并即席而忘之而不怵於心不矜於色者

天下之至易也不忘乎其階了了然以無形之階取有形之階不（用幻境二字猶貼切無目者）

忘乎其席歷歷然以正境之席證幻境之席而如獲故物如經舊

遊者天下之至難也以其至難者運其至精者終不若以其至易（真解入微原於辯至於達而天下之旨事畢矣）

者行其至粗者此無目者之所以深自憐而人亦相與憐之不期

然而然也況夫子哉況師冕之為夫子而來者哉一是故及階子不能不曰階也及席子不能不曰席也而冕之知有階而必不以階為席知有席而必不以席為階且未及階及席而足與衆人俱前既及階及席而耳為夫子而傾者夫子之所不暇計也嗚呼此其所以為聖與

此是相師之道下截須從上截透出凌空馳驟使兩及字分外生動其雋辨何必減儋州禿鬢翁只不肯為八股生活束縛然如此才筆何妨相賞於繩墨之外

及階子　焦

及階子曰　在斯　江南棠宗師歲入舒城縣學二名　賈元照

聖人于樂官之所不見者而皆有以詔之焉夫由階而席而坐冕莫（有先正積老之氣）得而見則亦莫得而知也歷歷而詔之于之于冕也如是夫昔夫子在魯嘗與太師正樂間又學琴于師襄蓋伶工賤伎每數與之相周旋而至問其時所為登降者何儀坐立者何節從容而暗數者更有何人則莫得而知也一日者衆賓雖坐有謂吾徒而來請相傳師冕其人云夫人與人之相見也賓及門主人接之入由西階升主人請入為席延之坐是禮之常無足異者乃冕固盲者也若不與之講降階指縱之文不與之論俯辭作儆之節不與之辨揖遜進反左右高

畢之等彼或歷階而不升或前席焉而不踰或求賓相對而不知其為誰何冕于此必且内顧傷懷愀然不樂矣乃當日者儼焉而登階儼焉而與席相向以行禮而相對以盡歡者冕固不異乎人也夫冕前者也而何以不異乎人也從旁而窺之歷之而記之蓋及階而子曰階也及席而子曰席也皆坐而子告之曰某在斯某在斯也然則冕之前而不致廢禮者是吾夫子之賜也

只為待師冕完然無缺隨而夫子天地平成手段近且見高甚　翼

由階而席而坐如何冕不能自知如何子必以相告記亦早照相

師之道隱〻描寫出來從此着眼句〻字〻跳脫玲瓏 方山

及階子 貢

陝西胡宗師歲入　萬旃
咸安府學三名

席也

與人示師以席而師亦如見席矣蓋明〻其為席也而師冕不知也予示之以席而冕豈慮其越席也哉今夫主賓相見之禮主人入為席然後出迎客斯時之即席者固目擊而知之矣乃有不能得之於目而必俟得之於耳者聖人於此又豈能然〻已乎如師冕將及席而夫子復惻然念之諄然語之曰予頃者當升階之時而不覺其為階吾固欲子之速步而拾級也予今者當登席之時而不覺其為席吾又恐子之蹩躄而不前也戶外之屨滿矣豈以言之不聞而有所逡巡〻而登几之〻者底定以待久矣吾子其無過却也櫓衡之

禮備矣豈以躐等為嫌而有所退避歟然而侍正之側者肆筵以俟（參神）久矣吾子其無多讓也或意其為南鄉歟或意其為東鄉歟席之所向雖不同而既已及席則當知其為席也撫席而肅賓子亦諒其之（也字坐得著實）微恍矣雖有重席子勿徹焉可也（典雅）或疑其西為上歟或疑其南為上歟席之所上雖各别而既已及席則無忘其為席也席間而函丈正深望子之晤言矣予雖正席子勿辭之可也想子自升階以來必逮（師故不可無相）而揣之曰此殆即席之候乎是席固在乎之意中而猶未敢決也（切席字妙）吾為子示之而衣可以無攝矣而足可以無蹶矣想子自上堂以後必懸而擬之曰斯殆布席之地乎然席固在子之目中而子尚未之信

也。吾黨子白之而可以由其前矣而可以虛其後矣。丑闇侍君子者（雖達人靖鼓鮮水）

必退席所以明讓也。而子之席無容退也。攝齊登焉。此其候也。抑聞（押得穩）

有憂者必側席所以示警也。而子之席無容側也。樵而安焉。此其地（不苟次第）

也。雖為蒲為莞于必不以此之故。席為嫌而俾筵俾几正正欲以子

之嫌席自懸。夫子以席詔師冕而冕遂與衆而皆坐矣。

清姿爽神致翩。無纖塵俗氣。　原評

精有既瞭得以就席而已。禮儀亦度非所及也。題句不止於春官

大師職中代三百人之事。人理近情。得盡其遺大意。　郭曉升

專事步處點換階上語頭。便可張冠李戴。緊從席字濃發。微緘淡

墨恣趣横生。　王巨川

階也

于李院歲取首場東丞
吾号永春州名　廉郎

以階詔樂師欲其拾級而登也夫階之爲階師冕固及而弗見者也夫子詔之非欲拾級而登哉且賓主之相見固無分於矇瞭皆當歷階而漸升者也然瞭者克完夫視遠之官固知其當肅容以進矇者有缺於作哲之德莫知其當舉止而登岂此翁弗與之言顛危失措之虞幾何不生於步武閒耶然知夫子之待師冕固知之矣方其及階也策杖而行接踵而進計門庭之遠迩量堂砌之將幾子即不舉以相示豈不知其有階也哉不知不盲者良在心而盲者已在目聽步趨之自至則階未至而逆料幾大費精神之躊躇盲者既在目

則肓若并在階任躡蹈之自移則階戾至而莫辨亦大防顛越之不恭
故其未及也子也与之步亦步固默〻而不言而其既及也子也不但
趨亦趨先明〻而相謂階每九尺之崇何難攝齊以升然亦師冕則不
了然于目而崇卑〻昧然矣夫子乎居冕乃如之人方且至少必作令
与之周旋何忍使之漫進漫退而崇卑何似不使聞於耳而飭其儀也
階有等級之制豈難聯步而趨然在師冕同在天地而日月已不見同
在旋階則等級亦惘如矣夫子平日遇彼其之子方且偶過必趨令
與之周旋何忍使之且前且却而等級之奚若不使明于中而慎尔止也
故師冕即不期其相詔而夫子則直詔之曰階也詔之則階之情形宛如在

自從玆而趨中采齊行中肆夏無患檢點未由且詔之則階之象貌瞭然若覿由是而周旋中規折旋中矩不患礼儀之有愆夫子何心方及階而待師冕如此哉雖然夫子此心不但他人不及知即及門如子張輩見之亦且不知此道何如道矣

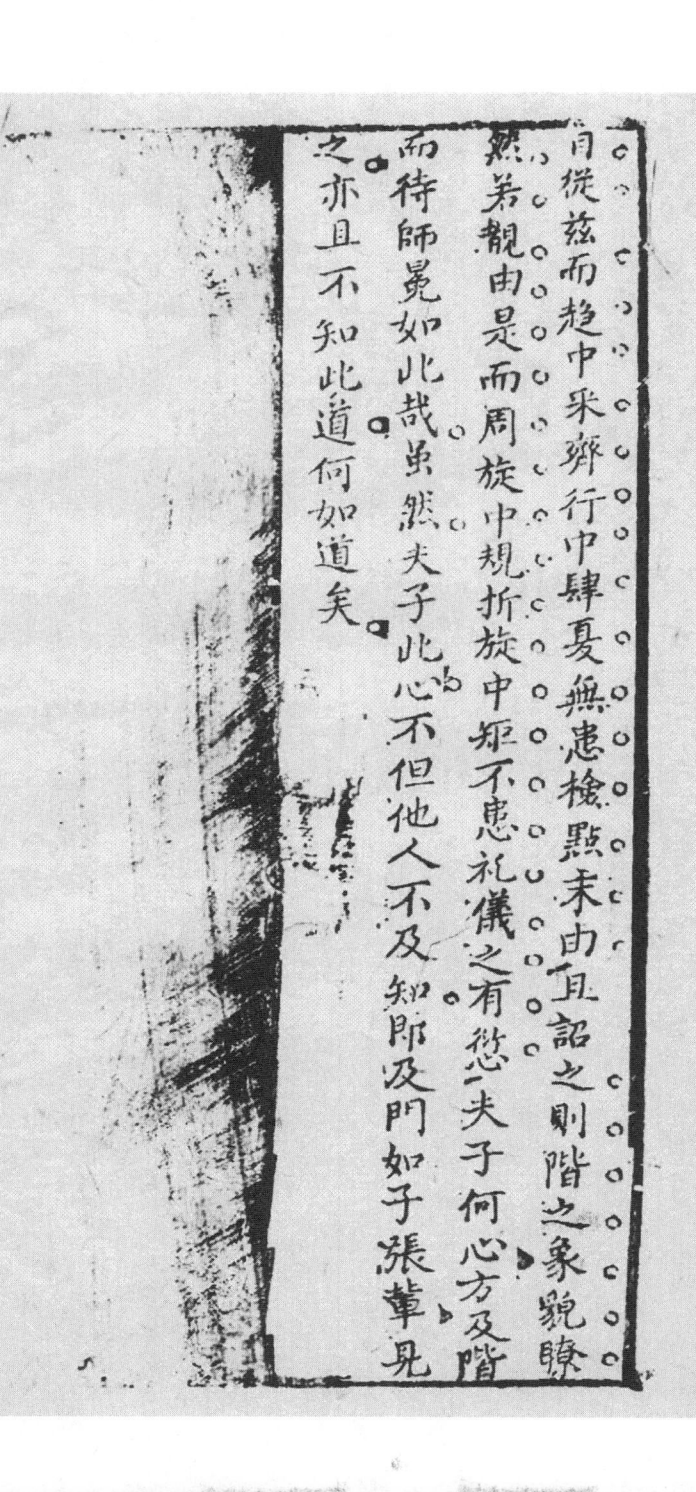

階也及席

歲入同安學一名　葉天訓

詔盲以階而盲又窮於席矣夫使不有階之詔冕幾難由階以及席也然冕不窮於階矣保無窮於席乎是又可觀其所及蓋自講席開於洙泗而謁于階者衆矣冕之見也拾級之登既煩指示而樞衣之就難免蹢躅一時景況真足誌於登堂即席間一如冕始及階夫冕則何知其為階哉聞之禮客至主人為席然後出迎客冕也瞽聞其至子亦離席階迎焉然而冕則何知君子曰瞽失夫造物者將以冕為此拘拘也方不階而困踤若是更有及席則奈之何而幸也有子之詔也有子之詔以階也先左先右冕幾欲以耳為目東階西階子之

旋且以口ゞ乎吾想其時晃明而見傷夷之象也階地而遇險坎（引易右別標不同雜砌卦名）
象也足不能進行之難又寒之象也夷而險險而難噫甚矣纏蓋自（古峭）
階也一詔而如得夷然以升階獨是階之上堂在焉堂以內席設（史筆）
焉席與階約可數武而遥見也瞽又何由緣階以及席乎乃無幾何
若前若却若跌若仆負杖貿貿接遲遲遲而席已在前矣嗟乎晃方（八字如畫）
窮於階而茲又及席乎東向歟西向歟晃奚知南向歟北向歟晃又
奚知意中有席之想目中無席之形目中無席之形意中已有及席（縮上不俗）
之憲廻念頃者詔階時茲得毋象之然乎君子曰億矣夫造物者又
將以晃為此拘拘也向方及階而茲又及席乎向即不窮於階茲能

不窮於席乎聞之禮將即席容毋怍兩手摳衣去齊尺冕即敬受命難強持也迨至席與階並詔冕且與坐客言歡焉弟問以誰氏冕也茫如又予所心惻矣（引禮與前配）

叙次綰合仍還記事體不墮俗派。集中間登搭截題思筆各出壹以雅潔為宗此別裁之徵精也

階也及　葉

硃卷　乾隆癸酉科

及階子曰階也及席子曰席也皆坐子告之曰某在斯某在

斯　　鄭科捷　榜姓陳

歷紀聖人之詔師、亦緣所見以俱呈而已、夫階也席也與某某之

在斯也、冕自不能無待於相詔耳、乃歷詔之不啻仍緣所見以為

示焉、聖人初何容心哉、今夫事有不厭其詳情若悉周其際者初

（軒然而來繚繞縈迴蒸蒸）

不必預設一成心於晉接之頃者也、蓋聖人日率其自然之性以稱

物為旋、而缺憾在斯人、既按之而少自知之態、則感孚在當境自

（精義雲委波屬）

觸之而多諄復之情、其動於有象者、皆其運以無心者也、而一時

歷詔之詳有畢見於周旋進反間而不自知者已、尊有師冕固瞽

硃卷　乾隆癸酉科

者也一日者進而見我夫子斯時也不與目謀而與耳謀似難協（提○擬○準○老）

夫雍容之度而盲於目不盲於心若可安其揖遜之常則子之所

以詔之者果何如哉斯世顛危之象弟能目擀一安全之策以相

深於靡盡而當前所不能自已者若有待於提撕則動以天而情（氣○足○全○神○力○大○於○身）

自廹不啻在在皆應念而酧以寫其休咎同原之志生人傾覆之

虞寧能懸擬一震撼之形以脫憂於無既而臨境所萬難自抑者

若轉深其語議則通以意而語加詳不啻一一皆迎機以導以慰

其吉凶同患之思盖瞽者既以耳而代目則詔瞽者自以口而代（氣○局○停○頓）

手吾於此正樂得以誌其所歷之異而徵其所詔之詳前此賓主

一相延或東階或西階先冕而進者諒不乏人矣而茲蓋甫及之也使高下尺寸之有違（波折自如絶去餖飣蹊）布武接武之莫準即及階保無窘步之苦乎自有以詔之而冕之乎趾可以不艮矣前此雍穆相將或前席或正席先冕而至者實煩指矣而茲又甫及之也使前後左右之莫明自行止坐立之靡定即及席能免躑躅之憂乎一有以詔之而冕之即席可以無怍矣未幾向之登降不違者至此皆酬接以言歡向之揖讓是凛者至此皆欵曲以致敬或面東或面西偕冕而列者不勝計數矣尊卑貴賤之既殊自語默笑言之各異即並坐可無式序之次乎惟有以詔之而冕之向背已隱合諸聲音

○重○規○疊○矩○進○退○揖○生

笑貌時矣且夫詔之必由其序者禮之所以無或愆也語之必極
其詳者仁之所以無不洽也主賓聚會之自原以覘進退之儀而
筆貽禮度惟由階而席由席而坐歷歷舉以相示則子既可以言
為傳冕自可以意為會將見禮儀卒度者亦笑語卒獲周中規而
○發○重○古○雅○聲○滿○天○地
折中矩吾知殷勤指示之際不特有以通賓主之意而並有以商
經緯之文斯觸而立應自無或愆於禮獻酬交錯之地本以達懸
摯之情而共饜仁心惟升階而後詔以席即席而後詔以坐歷歷
不憚其詳則子既可以口為授冕自可以心相印將見迷途倏開
○藻○[illegible]○淵○[illegible]○成○金
者斯覺體皆靈動與宜而靜與準吾知愷切詳明之餘不特有以

揭昭瞻之天而兼有以盡痌瘝之隱斯感而遂通已無不洽之仁

允此皆緣所見以相詔而初非有心於其際者也微子張問子幾

忘其為詔師之道歟

本房加批

採取固字消息自獲道字源流而樸茂老潔雅健雄深是題得

此宛如海外奇香

皆坐　　劉巖

坐而已畢焉師默坐于衆中而已矣夫坐而不知其坐者師是也雖皆坐矣師不觽然睞〻而坐爭哉且夫側席而坐者一人有憂于心則舉坐之懐不樂同席而坐者一人有盲于目則舉坐之情不通是故師晁之由階而及席也席則可坐矣于是坐云則師坐矣然師坐

出坐字還甚

不但點綴皆字　下爲茱在斯已動

而即有先師而坐者而即有後師而坐者而即有尊于師而上坐者而即有卑于師而隅坐者且即有與師夙知姓名而今又與師偕坐者亦即有與師素昧平生而今始與師接坐者則坐者固不獨一師

從師字生出幻想許妙

也然使一坐之中而皆如師之類也者則其于彼坐者非晉之師曠

劉天山真稿　　論語

意在擎動下文不徒以筆墨為游戲

也則于此坐者即衛之師涓也其于此坐者非鄭之師悝也則于彼坐者即宋之師慧也如是則衆皆坐而目不能見師亦猶師坐而目不能見衆也如是則衆皆坐而徒傾耳以聽師亦猶師坐而徒傾耳以聽衆也如是則衆皆坐而徒以心默識乎師亦猶師坐而徒以心默識乎衆也夫衆且不知師之坐于何方而所坐何嚮也而師獨何為乎汲汲而慮乎哉然而皆坐者固非師匹也故衆屬目于師而心知坐間之師無異于衆而師側耳于衆而心疑坐間之衆有異于師故以衆視師則師坐而衆皆雜坐師坐而衆皆並坐師坐而衆皆布席而坐皆聯席而坐而以師視衆則衆雜坐而師獨寘寘然如歷坐

衆並坐而師獨倀〻然如獨坐衆布席而坐聯席而坐而師獨蒙〻然如尊席而坐墨〻然如異席而坐禮曰坐如尸師之坐真如尸而不動禮曰坐必安師之坐又欲安而不能師豈獨無人情者而如是其坐乎哉子如之何其忍坐視也

昔人評張元長此題文云自苦自訴讀此作使元長聽之當復鼓掌軒渠剜纓索絶

皆坐　　劉巗

坐而已衆爲師默坐于衆中而已夫坐而不忘其坐者師是也雖皆坐矣師不猶然㦲而坐哉且夫側席而坐者一人有憂于心則容坐之懷不樂同席而坐者一人有喪于目則舉坐之情不適是故師覺之由階而及席也席則可坐矣于是坐云則師坐矣然師坐而即有先師而坐者有後師而坐者有尊于師而上坐者有卑于師而隅坐者且即有與師夙知姓名而今又與師偕坐者亦即有與師素昧平生而今始與師摠坐者則坐者固不獨一師矣然使一坐之中而皆如師之類也者則其于彼坐者非晉之師曠

也于此坐者即衛之師涓也其于此坐者非鄭之師悝也則于彼坐者即宋之師慧也師與師或平昔相與坐與坐必聞聲相應則衆不知師坐于何方而可傾耳而聽師了不知衆坐于何嚮而可傾耳而聽衆也無如此時之皆坐者師獨見而已矣見之外更有師乎哉見亦與為坐而已矣見坐之外能識衆人之坐乎哉其在衆也為同于師而心无坐間之師無異于衆則師坐而衆皆雜坐師也而衆皆並坐師坐而衆皆布席而坐皆聯席而坐其在師也則于衆而心疑坐間之衆有異于師則衆雜坐而師獨真了然知並坐衆並坐而師獨從然如獨坐與布席而坐聯席而坐而

[及階子曰階也及席子曰席也]皆坐（論語）　劉巘

師獨蒙〻然如尊席而坐儼〻然如異席而坐禮曰坐如尸師之坐其如尸而不動禮曰坐必安師之坐又欲安而不能師豈獨無人情哉而如是其坐乎哉子如之何其忍坐視也

衆中雜師〻外列衆如置身座中一〻背其顏肩警咳前輩論文謂必神理鬱已俱脩如此雕弄靈巧直是一腔心花化出明珠十斛　周鞏峰

中間幻師呈技誠奇趣天開矣入手無可穿衍即鋪排皆坐照下其字一邊講不嫌經書後比一比衆一比師照下斯字一邊寔疏皆字縣倆下文既不重複又不滲漏此小品之老法老手

應試小品者、論語

凡極虛極窄題、必有正面可寫、不具此一層、折兩層講寔求虛

手段如何育人聽馬夜來時油、即膺講

曾塗 [illegible]

皆坐子告之曰某在斯　歐陽鼎

坐不一人、故聖告有先及者焉、夫云皆坐、則莫非當告者矣、記之曰某在斯、豈舉一而可竟也耶、且令人與居、必有聚也、必有序也。於其聚徵賓主之錯焉、於其序徵後先之列焉、賓主錯而無餘席矣。後先列而無躐稱矣。如語師冕以背及席、皆師冕一身之事耳。至於坐、則伸款導情之會也、何以師冕歎未即申於子、而夫子亦情不遂導於師、或者揖讓之際、尚未有定位也。至於坐則親疎咸集之頃也、何以不聞師冕有通問衆賓之雅、而衆賓且無周旋師冕之情哉、者序列之間有坐有不坐也。而但見其皆坐矣。坐之中

昔坐處便見有而句其在斯

下不敢並上上不能衷下下不易之序也然異第知己之坐亦知他人之坐耶坐之時先不得列後後不得擬先不紊之次也然異知有人之坐亦知為何人之坐耶夫子又有難已於告矣曰某在斯其或舉尊者而告之耶不然一堂之上坐者嘗不知幾人何先告以所在也意必有係於師冕者先告之而有以致其敬乎抑或舉長者而告之耶不然相聚之際坐者又不知凡幾何首舉之以某也意必有關於師冕者首舉之而有以申其情乎將聚舉也雜雜存也坐之內惟某始足以處斯彼皆坐者莫敢引其席而並之將

先

亦總皆坐即此下句亦在斯

漸及也有先及也坐之頃非斯不足以處某彼皆坐者莫或前其

皆席更細

席而諭之曰某別姓字也此冕之所已知也曰在斯指布向也此冕之所未知也入冕之耳猶其在目矣出子之口猶其手指矣坐中靡不靡靡已哉又將有總其而告者

拈皆坐句分出上下先後便伏下某在斯地步第一個某在斯向作賓客中尊且長者說以禮接之周應如是拈以作柱便移不得第二個某在斯矣　前伏卷

就題結構指敘恰好運筆都能簡朴不滋宣雜餘有古韻也

階也及席

浙江李學臺科入
武康縣學第六名　駱思濬

以階示伶官可更觀其及席矣夫子詔以階晃始知其為階也則升階及席晃猶未知其及也記者於是乎觀聖且士大夫相見之禮升階有讓布席以須常也苟不能拾級以登又安望其從容就席乎乃諭階無失端資指示之般而前席非遥尚歷迦獨之悉晋接之餘固有樂得而進觀者師晃見而及階斯時堂之上爰有離席而俟者而子則降階以迎晃猶未歷階而升也吾聞之客至於寝門則主人請入為席然後出迎客〻入門而左就西階主入門而右就東階禮也又聞之上於東階則先右足上於西階則先左

足亦禮也冕也不盲於心詎昧讓登之節而既盲於目未占貞吉
趺八動宕
之升能無躑躅階前也乎而吾子早慮之矣爰詔之曰階也既非
步能我往及階三字不速
降等之客無庸就主人之階故惟明詔以階而子也由阼階入儀
固著於攝齊冕也由賓階進慶不爽於連步矣非同聘享之文詎
必凜歷階之等乃自明示以階而三揖而后至冕既切於志趨三
讓而后升冕亦庶無傾跌矣夫然而視履可以考詳允升占其元
夾繞補寫老成
吉堂上接武不愆於儀也端行履蹈無失其度也而去階漸遠者
不已即席漸近乎聞之少儀矣始入而辭曰辭矣即席曰可矣冕
固常見也不必等大賓大客之臨之必敬擯以告也聞之鄉飲酒

矣賓席於戶西主人席於阼階介席於西階冕也殆非飲食之客
則布席席間函丈可知也且夫大夫之堂五尺階五等階有定也
（育者愈辨愈滿愈測）
而惟席則無定席南向北向以西方為上東鄉西鄉以南方為上
（有華之在）
而且有憂者側席有喪者專席乃殆非專為冕設也然而專席不
（運筆於虛長袖善舞）
由前為躐席凡夫及席之時主人跪正席也客跪撫席而辭也客
徹重席主人固辭乃踐席其儀節有繁而不殺者冕既升階無失
足能保即席無怍容乎夫賓者接人以義主人者接人以仁吾聞
即席之儀兩手摳衣去齊尺與升階之節將無同特是冕固瞽者
也詔以階而始知為階豈及乎席而遽知其及碩何以盡階而升

堂升堂而就席上下辨而旋折宜無錢履（古趣油然）無踏席衣無撥足無蹶
獲與席上諸君子歡然道故成禮而出也則子之接以仁者至也

衣題摹次與彼肋瀾妙在不失方寸　原評

用古自然曲與題赴比之說經可以奪席矣　顧景嶽

隋也及　駱

及階子曰階也及席子曰席也皆坐子告之曰某在斯某在斯　薛訓焯

探驪得珠

聖人於宜詔者而詳詔之、情之真亦神之全也。夫及階及席以至皆坐、有待於詔者晁也、夫子歷舉以相詔、殆情與神之交致矣乎。今夫聖人於事所不容已之際、在在有相關之故、而其念之曲折周詳、適肖意中之情形以出、故接於目者既儼乎有象、而宣於口者遂貽若發蒙矣。情以摯運、神於周、一時相際之景、有可得於言與象之表者。若予於師冕見可微窺已、境真則情難恝、惘觀察之未能、作止語默、安望中節無虧乎。夫子無念不與萬物相流通、恒

（照道字、固字、宜聖一片婆心、和盤托出。）

（適篇骨子。）

（春容大雅。）

（函蓋一切。）

以已意暢人心之願而抒厥真情事適則神彌注念跬步之艱難
晉接周旋能無失足與口乎夫子無事不與物情相終始每於局
要○許○悟○適
外預局中之謀而領以全神則見其緣形而動念且按節而致詳
及階及席以至皆坐冕所必歷之境即子所必至之心也階也席
也其在斯其在斯子之所以口授其詳者即冕之所由心知其意
官○止○神○行○得○心○應○手○知○其○謹○嚴○大○家○不○同○凡○響
也此以知天壤間忽不加意之事人每安於相忽而聖人獨見其
切人樂樾於簡便而聖人不厭其詳夫登階固有度矣先右足若
串
升於東先左足者升於西倘非有以詔之冕其能拾級悟然雍容
逸○天○然
几席與衆賓作促膝歡乎惟子曰階也而舉趾間不覺連步以上

矣御列席亦不一矣南鄉北鄉異其儀東鄉西鄉別其等藉非有
以詔之冕雖不至隕越階下尚未知重席矣敢得毋失容諸君子
前乎惟子曰席也而踐履聞毋煩踏席之虞矣闕之見同等不起
惟上客則起冕既不謂虛無人客亦寧云曰無見意先冕而至者
用左入化　王犀話掛中肯書
子之肅客而入吾而入茲見子之延冕而進將毋降階以迎避席
而興乎於此非更有以告之則皆坐之餘矣由通其姓氏迺惟告
之曰某在斯某在斯則倡和有應神相契不啻貌相襲矣而吾於
一串年尽珠
此有以見子情之真而神之全焉天下情之淡者雖矜持一息不
轉盼無以自明恍弗屬也夫由階而席而坐其儀亦屢更矣夫子

硃卷　乾隆癸酉科

於不能已之時宣之以不容掩之情不先不後之頃而心為目動（照下二句沙射影）者口為心傳將片辭體要迷途中獨多覺路天下神之索者雖觸（兼力能舉卯山）境動懷數委折頓忘其故心先儀也夫詔階詔席詔坐其事亦愈瑣矣夫子於所宜盡之地宅之以無斂憐之神若即若離之間於其所未歷者亦之切旋於其所將歷者體之周而再三瀆告齒類閒倍切扶持覲子之告師如是是謂情之真而神之全乎

本房加批

玉壺氷鑑鐵畫銀鉤氣味在子政子固之間

及階子曰　皆坐　　謝斗佐

詔師於未坐之先者，可進觀於皆坐之時焉。夫及階未坐之，乃子則與席而並詔之，寧於皆坐而忽諭令？夫拜登讓坐之儀，非工瞽所自諭，而聖人矜恤之情，時流露而不自知，故於舉步維艱之際，既曲盡其公，豈于序列既定之餘，遂步弛其懷乎？上知師冕之造門（原評：詳入和相安頓甚）請謁，倘亦慕吾夫子而來者耶？私心自揣，以為得侍坐焉幸矣，然（老：階席亦循循諸上去）而不濩坐也，坐必就席，坐必升階，乃其步趨乎堂下者，未能洽乎布武之節，爾時之且行且止者，不勝其擬想，意中有階，而目中無（原評：叫轉便與人別）階，目中無階，則意中亦未敢信其為有階也，乃自子曰階也，而冕（類係皆坐截住則）

本朝考卷合真集補編　論語　學稼軒心本

于是連步以上有拾級聚足之安矣且其周旋於堂上者未能洽

上截及階及席宜詳其宜畧

乎揖武之度蕭時之若前若却者不勝其躊躇身與席漸近而心

原評細寫如畫

與足交疑心與足交疑則身亦不覺其與席漸近也乃自子曰席

也而冕於是撫席而躊躇可無專席側席之嫌矣吾想是時冕也處

逕落下兩字亦老

于賓客居于位次迴念及階及席方且惕乎其不自主也瞿然其

此比新出字作一ゝ原[illegible]

原評名句宋[illegible]著坐時情境

不自寧也夫精神定于倉皇之餘而欣從生于艱難之後冕于斯

此比寫出字以○出為主

坐也得毋有稱為自喜者乎然冕也雖居乎左右錯處乎後先迴

念及階及席亦幸而獲聖人之加軫恤也賴聖人之相扶持也夫

原評細用意[illegible]是

拖終身之憂而歷一境轉生一痛當聾萃之日而盲于目如盲于

皆坐時情境 起下

心冕于皆坐也得毋有更為愴然若乎是則冕雖升于階席而有懷莫遂爾抑辭于皆坐之時子亦與之皆坐而真情無已寧第止于階席之語進觀所以告冕者而其道備矣

不乞靈幽蔓不假途青史渉想幽微遺言淡永風格在元長思憤之間

原評

逆入坐字人所同也皆坐係記者統詞而以冕為主拆作兩層拖上起下渾想于虛無縹渺之間則作者所獨也前路用法亦俱臻老境妙不可言 澗川

及階　皆坐

歲入南安縣學三名謝斗佐

詔師於未坐之先者可進觀於皆坐之時焉夫及階未坐也乃子則與席而並詔之寧於皆坐而忽諸今夫拜登讓坐之儀非工瞽所自喻而聖人矜恤之情時流露而不自知故於舉步維艱之際既曲盡其心豈於序列既定之餘遂少弛其懷乎一如師冕之造門（逆入和題安插甚老）請謁倘亦慕吾夫子而來者耶私心自揣以為得侍坐焉幸矣然而不遽坐也坐必就席坐必升階乃其步趨於堂下者未能洽乎布武之節爾時之且行且止者不勝其趦趄意中有階而目中無（此轉便與入列）階目中無階則意中亦未敢信其為有階也乃自子曰階也而冕

于是連步以上有拾級聚足之安矣且其周旋於堂上者未能洽
乎接武之度爾時之若前若却若不勝其躊躇身與席漸近而心（細寫如畫）
與足交疑心與足交疑則身亦不覺其與席漸近也乃自子曰席
也而冕於是撫席而辭可無專席側席之嫌矣吾想是時冕也處
于賓客居于位次廻念及階及席方且惴乎其不自主也瞿然其
不自寧也夫精神定于倉皇之餘而欣慰生于艱難之後冕于斯（名句可味此是贊哲當時情境）
坐也得毋有稍為自喜者乎然冕也雖居乎左右錯處乎後先廻
念及階及席亦幸而獲聖人之加軫恤也賴聖人之相扶持也夫（翻用又別妙是）
抱終身之憂而歷一境轉生一痛當煢苹之日而盲于目如盲于

心冕于皆坐也得毋有更為愴然者乎是則冕雖升于階席而存懷莫遂偏梆鬱于皆坐之時子亦與之皆坐而真情無已寧第止于階席之詔進觀所以告冕者而其道備矣不乞靈曲萱不假逢盲史涉想幽微遺言淡永風格在元長思曠之間

及階　謝

皆坐　　繆錦宜

坐不一人。可以觀聖所處矣。夫曰皆坐。則不僅一人矣。以夫子而與
夫坐焉。賓主所伸于既坐之後耶。且夫人於周旋之際。其循次而與
居者。皆不可或愆于儀也。乃有關其人似難與于登降之數。而稱
序已並列于賓主之班。則即羣聚而處之時。有若難以自安者耳。一如
師冕之見。亦既歷階而至于席矣。方其逡巡階下也。三揖後至三讓
後升。殷勤于晉接之儀。猶未能從容而晤對也。即其排徊席上也。主
人遜賓。賓遜主人。酬酢于几杖之間。猶未能優游而伸款也。乃未敘
而坐矣。當斯時也。一堂之上。有尊者焉。有卑者焉。分有不同。則或尊

者坐而畢者未即坐有長者焉有幼者焉蓋有不一則或長者坐而
幼者未即坐且也主不升執爵是可坐矣而審視之明既夫則雖欲
坐而或未敢坐客不先主夫乎可坐矣而獻酬之禮未畢則將欲坐
而猶未遑坐然而非所論于此時也試觀其際不既坐乎不既皆坐
乎夫未坐之先則雖有中懷猶無自而即伸耳既坐之後則所以欲
契濶者在此時所以通情愫者亦在此時未坐之前則雖有欲言
無自而即白耳既坐之頃則所以導慇懃者在此際所以慰生平者
亦在此際吾想其時或南或北昭其向也或上或下昭其分也
一而坐之次不一或左或右昭其辨也或後或先昭其序也坐

而坐之列不同（仍以師冕收[illegible]）師冕于此即而聆之不啻佴人之旁矣而求其人而不得愈切聞聲相思之感徐而聽之可無室邇人遐之歎矣而今其人而莫覩能無咫尺千里之思雖在師冕第盲于目猶未盲于心則坐向之各異或不難詳審而知然在師冕即不盲于心未始了于目則坐次之攸殊寧無賴明示而得第見然然而居者師冕也肅然而與者夫子也環列于一室之中者衆賓也籍非夫子明告之師冕其能一一知之否

皆字極完全偏要寫得細零星皆字極斬齊偏要寫得極參差零星則下之某某始該參差則某某之次序始見讀此覺滿堂之人

各有態狀。得史公鴻門坐次之筆。面〻皆生。皆字寫其〻拉雜一堂。此主中賓也。衆人〻有師晃在。此賓中主也。其〻在師晃意內。師晃之其〻在孔子意內。此主中主也。下筆時賓主歷然。故能面〻皆生。

階也　于學院歲進永春州東生三号，顏毓儁

舉階以相詔，闇師之蔽也。夫冕之所蔽，莫先於階，夫子舉以相詔，其相關殆有深乎。且礼無不在，难越于升降之末節，而礼有由成，惟視乎主賓之交通，故將乎可升，主固以為然，賓亦不得不然，賓苟知其然，主即可聽其自然，夫惟當然而忘其所以然，大聖人處此，正不能相安於默然矣。此師冕及階，夫子所為殷殷相詔也。若以今日看惠然肯來，師固於予謀庭前之接也，孰意五行且止，意之所期已為足之所赴乎？不我遐棄，予樂與師修堂下之欢也，孰意亦步亦趨，心之所望已為躋之所接乎？夫礙之地，寧猶是坦坦可履哉？布武接武之

試草

試草

間有懸厥籌於當前欲躐焉而不得矣屬在知已敢曰相喻無言耶
茲之地亦尊卑懸々有備載獻主酬賓之所蓋明有級以相導駢拾
焉而可登矣素花同心幸得自伸一語就東就西主客各有其定位
師自雍々嫺礼也所不能已者誠履讓次正切已造其程或相忘于
弟知耳故跡有不容越而意不敢自隱惟相異以同升之雅焉矣三
揖三讓升至亦有其常儀師無庸拘々為此也所必共白者誠履揖
手方殷條經數武忽自至於不期耳故既動予之覌不覺期師之聽
惟相期以難足之慎焉矣夫向也遜々相憶方思覿面而末白安望
肯堂吾堂乎而茲何幸及此也下焉而上敢告師以先登高也自卑

欽步師之後塵是趨之可以免者也即須昔鑽〻然來衹覺相見

恨晚邊討惠入吾室乎而茲何幸至此也序有可循幸其子攜手

而進履蹤可錯願其子比肩而升是躋躋之所由著也噫是何地也

階也

于學院原評

皆坐　　　　顧風　行

坐中有師人坐亦坐而已夫子坐亦獨坐矣然既如有坐耳其與

子獨坐者然何耶且世之盛也講於朝廷之上公卿坐而論道

吹笙歌鹿鳴之章世之衰也式禮于像方之間君子坐而盡心乗

猶奏歸旁之賦其大較也亦有群居偶聚揖讓雍雍似共軒若等

於琴瑟琵琶共情有深于握手紀者亦樂清而志之也如乃階及席

夫子但為師冕言之矣但但何之雍雍與于登降之數然伊人既

然何况不既劉寔矣乎但動静資人師不能以自先懸也當倚於

而列衆嚮西嚮之儀然前後雖可外于酬對之煩然相對一堂

何况不將言同志乎乃似官雖長人又不敢以先客也當相遊

小題多勝

而齊布武撫武之節而要無論也但見其皆坐云鼓簧■鼓瑟■

生意羊

風詩咏之此坐閒之樂耳或來朋友此也坐而出于公馬者則論

論之雅于此申坐而出于私爲者則契濶之懷于此敍相對忘言

非其時矣然以晃而處此雖開本千人開布千人其門知無人

焉者又何悉四坐之嘉賓而慰勞〻風雨之思儘前■儘殺■礼

經載之此坐時也像耳或不僅于是也坐而有相知之雅者必亦

足以言懽坐而有殊遊之嫌者多僉見其雜合因人交接此其時

矣然以晃而與此即樂樂嗽衆樂樂樂行其庭不見其人矣

何悉勝友之如雲而傾蓋〻踐霧之慕且目雅韋撤逐而後夫子

素懷猶正而恒皆同調也無人令茲登君子之堂者羞所謂賢士

下論

聞者耶□躬篇□執鞭念矣人于西方□好音……雖與之
諸移日可也然燕居靜對則有餘廣樓稠材則不足人長領悄坐
風晃似遡生平于危形之下耳抑自師摯去國以還吾子知音之
落□深歷繼起之無人今誰與長者之席者非所稱可與言者乎
汝□唱予□和起王尺于淮水□□□□鄉雖與之旁若無人
可也然寥曠斯可以貫心絲歟僅堪于應對人且耳目收集晃似
鶯深情于不言之頃耶人曰坐矣晃亦曰坐矣夫子亦曰坐矣屢
舞仙之不敢出也發言晏之不亦空乎吁嗟晃也其何以處此
窮矣題窩得森之秀韻先輩謂作文當艷如花熱如火其所聽
之謂歟　　皆坐　顧

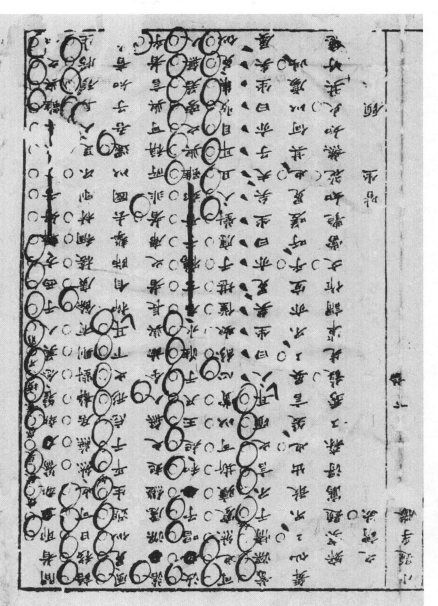